I0346587

STUDIOS
TALMA

Première publication au Royaume-Uni en 2014 par Commonwealth Publishing. Édition révisée et publiée en 2017.

Copyright Gary Wilson, 2014, 2017.

Les informations contenues dans ce texte ne sont ni suggérées ni destinées à remplacer un avis médical professionnel. Elles sont fournies à des fins éducatives uniquement. Consultez toujours votre médecin ou un autre professionnel de santé qualifié avant de commencer un nouveau traitement ou d'interrompre un traitement existant. Adressez-vous à votre professionnel de santé pour toute question concernant un problème médical. Rien dans ce texte n'est destiné à être utilisé comme un diagnostic ou un traitement médical.

Image de couverture : Valiantsin Suprunovich | Dreamstime.com

ISBN : 978-1-913191-62-7
Dépôt légal : 4e trimestre 2025

Talma Studios
231, rue Saint-Honoré
F-75001 Paris
www.talmastudios.com
info@talmastudios.com
© Tous droits réservés.

Gary Wilson

Avec la contribution de Mary Sharpe

LES RAVAGES DU PORNO SUR LE CERVEAU

Traduit de l'anglais par Stéphane Richer

Pour A. Masquilier, dont l'altruisme et la vision ont rendu possible le dialogue ouvert qui continue d'alimenter des milliers de rétablissements.

L'auteur

Gary Wilson enseigna pendant des années la pathologie, l'anatomie et la physiologie, et s'intéressa longtemps à la neurochimie de l'addiction, de l'accouplement et des liens affectifs. En 2015, la Society for the Advancement of Sexual Health lui décerna le *Media Award* pour ses contributions exceptionnelles aux médias et à l'éducation du public sur l'addiction à la pornographie.

Il présente en 2012 le discours TEDx intitulé *The Great Porn Experiment*, visionné plus de 9 millions de fois et traduit en dix-huit langues. Il est le créateur du site internet *Your Brain On Porn*, pour aider ceux qui cherchent à comprendre et à surmonter une utilisation compulsive de la pornographie : https://www.yourbrainonporn.com.

En 2016, il coécrit un article scientifique avec sept médecins de la marine américaine intitulé *Is Internet Pornography Causing Sexual Dysfunctions? A Review with Clinical Reports*, et un autre article publié dans une revue intitulé *Eliminate Chronic Internet Pornography Use to Reveal Its Effects*. Il fit don des recettes de ce livre à une organisation caritative visant à sensibiliser le public aux effets sans précédent de la pornographie sur internet.

Préface à la deuxième édition

La première édition de ce livre fut finalisée quelques mois après la publication des premières études de neuro-imagerie sur les utilisateurs de pornographie en ligne. Depuis, les scientifiques avancent tellement dans la compréhension des effets du porno sur le cerveau, et d'autres aspects encore, qu'une nouvelle édition était devenue indispensable. Je vais résumer ces nouvelles découvertes avant de me pencher sur quelques autres développements intéressants.

Un bref retour en arrière : à la fin de 2010, je crée mon site internet *Your Brain On Porn*. À l'époque, à part Norman Doidge, MD, dans son livre *The Brain That Changes Itself*, j'étais pratiquement seul à appliquer les principes et découvertes de la neuroplasticité aux problématiques des utilisateurs de pornographie sur internet. Il s'avère que l'addiction est une forme d'apprentissage pathologique, tout comme le conditionnement sexuel induit par le porno, et que le cerveau peut changer.

À travers des expérimentations, de nombreux utilisateurs de pornographie souffrant de symptômes graves trouvèrent ces informations réconfortantes et utiles pour surmonter leurs dysfonctions sexuelles induites par le porno, leurs goûts sexuels changeants et leurs symptômes d'addiction. Ces derniers incluaient l'incapacité à arrêter malgré des conséquences négatives, des symptômes de sevrage, et une escalade inquiétante vers du contenu plus extrême (tolérance).

Sur mon site internet et dans la première édition de ce livre, j'ai orienté les personnes en souffrance vers les centaines d'études existantes confirmant les changements cérébraux (cohérents avec le modèle de l'addiction) chez les accros au jeu, à la nourriture et à internet. Si cliquer sur Facebook ou jouer aux machines à sous pouvait entraîner des modifications cérébrales liées à l'addiction, alors regarder et se masturber devant des vidéos pornographiques en « streaming » (téléchargement en continu) et toujours nouvelles le pouvait certainement aussi.

En plus des inférences raisonnables tirées des recherches existantes sur l'addiction, je me suis largement appuyé sur des anecdotes, principalement d'hommes. Je l'ai fait en partie à cause du manque d'études neurologiques ou d'autres types de recherches sur les utilisateurs de pornographie en ligne. La plupart des témoignages de ces hommes figurent encore dans cette édition (bien qu'il aurait été possible de les remplacer tous par des récits similaires encore partagés aujourd'hui sur les forums de rétablissement). Je conserve ces témoignages personnels, car ils restent parmi les preuves les plus informatives des effets potentiels de la pornographie sur internet.

Qu'est-ce qui a changé ? Au cours des trois dernières années, les chercheurs ont publié de nombreuses études sur les utilisateurs de pornographie en ligne qui soutiennent le modèle de l'addiction. Certains résultats permettent également d'expliquer des symptômes chez les utilisateurs de pornographie sans addiction, tels que problèmes sexuels et goûts sexuels changeants.

Nous ferons référence à ces nouvelles recherches plus en détail dans les chapitres concernés, mais permettez-moi d'en donner un aperçu ici. Ces nouvelles recherches comprennent environ trente-sept études neurologiques sur les utilisateurs de pornographie, ainsi que douze nouvelles revues de la littérature, toutes réalisées par certains des meilleurs neuroscientifiques au monde. Il existe également une quinzaine d'études révélant une escalade de la consommation de pornographie ou une habituation à celle-ci (un signe de tolérance et d'addiction). Parmi elles, on trouve des preuves à la fois de tolérance et de symptômes de sevrage.

En ce qui concerne les problèmes sexuels induits par le porno, il existe désormais vingt-trois études établissant un lien entre la consommation de pornographie, l'addiction au porno, et des problèmes sexuels ainsi qu'une baisse d'excitation face aux stimuli sexuels. Dans quatre de ces études, des preuves de causalité sont également présentes, car les hommes ont résolu leurs problèmes en éliminant l'usage de la pornographie. En outre, plus de cinquante études relient désormais la consommation de porno à une moindre satisfaction sexuelle et relationnelle. De même, une quarantaine associent l'usage de la pornographie à un déclin des fonctions cognitives et à des problèmes de santé mentale.

L'utilisation de la pornographie sur internet est désormais reconnue comme un coupable plausible pour de nombreux types de problèmes signalés sur les forums de rétablissement liés au porno. Cela dit, la question de la direction de la causalité n'est pas encore établie de manière satisfaisante pour certains scientifiques. Comme le dit l'adage : « Davantage de recherches sont nécessaires. » Bien sûr, les manuels diagnostiques ne peuvent attendre indéfiniment lorsque des patients souffrent. En 2013, le *Diagnostic and Statistical Manual* a repoussé l'ajout d'un diagnostic spécifique pour l'addiction à la pornographie sur internet, invoquant le manque de recherches. Cependant, l'Organisation mondiale de la Santé a mis à jour sa position dans la nouvelle édition de son manuel *International Classification of Diseases* (ICD). L'ICD-11 inclut un diagnostic pour le *trouble du comportement sexuel compulsif*.[1] Il convient pour diagnostiquer ceux qui luttent contre l'usage de la pornographie et favorisera la recherche ainsi que l'éducation des professionnels sur les effets de la pornographie.[2]

Depuis la première édition de ce livre, j'ai coécrit deux articles scientifiques sur le sujet de la pornographie en ligne. Ils peuvent être consultés dans leur intégralité sur internet. Le premier, *Is Internet Pornography Causing Sexual Dysfunctions? A Review with Clinical Reports*, a été coécrit avec sept médecins de la marine américaine. Il examine la montée sans précédent des dysfonctions sexuelles chez les hommes de moins de 40 ans et discute des causes potentielles sous-jacentes. Le second, *Eliminate Chronic Internet Pornography Use to Reveal Its Effects*, a été rédigé à la demande des rédacteurs d'une revue académique turque sur l'addiction, suite à une présentation que j'ai donnée à Istanbul lors d'une conférence internationale sur l'addiction à internet. Il est évident que d'autres cultures s'inquiètent des effets potentiels de la pornographie.

---

1. Compulsive sexual behaviour disorder. Disponible sur : https://icd.who.int/browse11/l-m/en#/http://id.who.int/icd/entity/1630268048
2. Gola, M. & Potenza, M. *Promoting, educational, classification, treatment, and policy initiatives*. J. Behav Addict, 7, https://doi.org/10.1556/2006.7.2018.51 (2018).

D'autres signes d'inquiétude internationale se sont manifestés, notamment sous la forme d'une invitation à parler d'*Internet Porn and Sexual Dysfunctions* lors d'une grande réunion de professionnels de la santé sexuelle masculine et d'urologues latino-américains. Ces derniers constatent une baisse inquiétante de l'âge moyen de leurs patients et explorent toutes les causes plausibles.

Les statistiques sur l'utilisation de la pornographie chez les jeunes commencent enfin à refléter la réalité. L'étude *Young Australians' use of pornography and associations with sexual risk behaviours* a rapporté que 100 % des jeunes hommes (âgés de 15 à 29 ans) ont visionné du porno, ainsi que 82 % des jeunes femmes. De plus, l'âge de première exposition continue de baisser, avec 69 % des hommes et 23 % des femmes ayant visionné du porno pour la première fois à 13 ans ou moins.[3]

Divers pays appellent à davantage de recherches sur les effets de la pornographie. Une poignée d'États aux États-Unis ont adopté des résolutions déclarant que l'utilisation de la pornographie en ligne constitue une crise de santé publique et demandent des actions supplémentaires. Une initiative a également vu le jour au Royaume-Uni pour exiger une vérification d'âge indépendante, afin d'accéder aux sites pornographiques. Ces évolutions ont accru la visibilité des dangers potentiels de la pornographie et intensifié le débat public. J'espère que cette édition mise à jour pourra répondre à certaines questions et fournir des informations utiles pour nourrir cette discussion en cours.

Gary Wilson
Août 2017

---

3. Lim, M. S. C., Agius, P. A., Carrotte, E. R., Vella, A. M. & Hellard, M. E. *Young Australians' use of pornography and associations with sexual risk behaviours*. *Aust. N. Z. J. Public Health* (2017).
https://doi.org/10.1111/1753-6405.12678

Introduction

> Je considère plus courageux celui qui surmonte ses désirs que celui qui vainc ses ennemis, car la victoire la plus difficile est celle sur soi-même. — Aristote

Vous lisez peut-être ce livre parce que vous vous demandez pourquoi des centaines de milliers d'utilisateurs de pornographie dans le monde entier explorent l'idée de s'en passer.[4]

Toutefois, il est plus probable que vous le lisiez parce que votre consommation de matériel pornographique vous préoccupe. Peut-être passez-vous plus de temps en ligne à rechercher du contenu explicite que vous ne le souhaitez, malgré une décision bien arrêtée de réduire. Peut-être avez-vous du mal à atteindre l'orgasme pendant des rapports sexuels, ou souffrez-vous d'érections aléatoires pour lesquelles votre médecin ne trouve aucune cause organique. Peut-être remarquez-vous que les partenaires réels ne vous excitent tout simplement plus, tandis que les sirènes virtuelles vous appellent sans cesse. Peut-être avez-vous escaladé vers des contenus fétichistes qui vous perturbent ou ne correspondent pas à vos valeurs, voire à votre orientation sexuelle.

Si vous êtes comme les milliers d'autres personnes qui ont réalisé qu'elles avaient un problème, il vous a probablement fallu un certain temps pour faire le lien entre vos difficultés et votre consommation de pornographie. Vous avez peut-être pensé que vous luttiez contre un autre trouble. Peut-être avez-vous cru souffrir d'une dépression inhabituelle, d'anxiété sociale, ou, comme un homme l'a craint, de démence précoce. Ou peut-être avez-vous pensé que vous aviez un faible taux de testostérone ou que vous vieillissiez simplement. Il est même possible qu'un médecin bien intentionné vous ait prescrit des médicaments. Peut-être votre médecin vous a-t-il assuré que votre consommation de pornographie ne devait pas vous inquiéter.

---

4. *Chinese way of nofap*. Disponible sur https://www.reddit.com/r/NoFap/comments/28smcs/chinese_way_of_nofap/

De nombreuses voix d'autorité affirment qu'un intérêt pour les images explicites est tout à fait normal et, par conséquent, que la pornographie en ligne est inoffensive. Si la première affirmation est vraie, la seconde, comme nous allons le voir, ne l'est pas. Bien que tous les utilisateurs de pornographie ne développent pas de problèmes, certains en développent. Actuellement, la culture dominante a tendance à supposer que l'utilisation de la pornographie ne peut pas provoquer de symptômes graves. Et comme les critiques les plus visibles de la pornographie viennent souvent d'organisations religieuses et/ou conservatrices, il est facile pour les esprits progressistes de les rejeter sans les examiner.

Or, depuis neuf ans, j'écoute ce que les gens partagent de leurs expériences avec la pornographie. Et depuis plus longtemps encore, j'étudie ce que les scientifiques découvrent sur le fonctionnement de notre cerveau. Je suis ici pour vous dire que cela ne concerne ni les libéraux ni les conservateurs, et que ce n'est pas une question de honte religieuse ou de liberté sexuelle.

Il s'agit de la nature de notre cerveau et de la manière dont il réagit aux stimuli d'un environnement radicalement transformé. Cela concerne les effets d'une surconsommation chronique de nouveauté sexuelle, livrée à la demande en quantité illimitée. Cela concerne l'accès des jeunes à des vidéos hardcore illimitées en streaming – un phénomène qui évolue si rapidement que les chercheurs ont du mal à suivre. Par exemple, une étude de 2008 rapporte que 14,4 % des garçons avaient été exposés à la pornographie avant l'âge de 13 ans.[5]

Lorsque les statistiques sont recueillies en 2011, l'exposition précoce a bondi à 48,7 %.[6] Une étude transversale de 2017 menée en Australie auprès de jeunes de 15 à 29 ans constate que 69 % des hommes et 23 % des femmes ont vu de la pornographie pour

---
5. Sabina, C., Wolak, J., & Finkelhor, D. *The nature and dynamics of Internet pornography exposure for youth*. CyberPsychology & Behaviour, 11, 691-693 (2008).
6. Sun, C., Bridges, A., Johnson, J. A. & Ezzell, M. B. *Pornography and the Male Sexual Script: An Analysis of Consumption and Sexual Relations*. Arch. Sex. Behav., 45, 983–994 (2016).

la première fois à 13 ans ou plus jeune, comme indiqué ci-dessus.[7] Tous les hommes et 82 % des femmes avaient visionné de la pornographie à un moment donné.

De même, le visionnage quotidien de pornographie était rare dans l'étude de 2008 (5,2 %), mais en 2011, plus de 13 % des adolescents regardaient du porno quotidiennement ou presque. En 2017, 39 % des hommes et 4 % des femmes (âgés de 15 à 29 ans) en regardaient quotidiennement, souvent sur leur smartphone.[8]

Jusqu'à il y a une dizaine d'années, je n'avais aucune opinion sur la pornographie en ligne. Je pensais que les images en deux dimensions de femmes étaient un piètre substitut à celles en trois dimensions, mais je n'avais jamais été favorable à l'interdiction du porno. J'ai grandi dans une famille non religieuse à Seattle, dans le libéral Nord-Ouest des États-Unis. « Vivre et laisser vivre » était ma devise.

Cependant, lorsque des hommes commencèrent à apparaître sur le forum du site web de ma femme, en affirmant être dépendants de la pornographie, il devint clair que quelque chose de sérieux se passait. Enseignant depuis longtemps l'anatomie et la physiologie, je m'intéresse particulièrement à la neuroplasticité (comment les expériences modifient le cerveau), aux mécanismes d'appétit du cerveau et, par extension, à l'addiction. Je suivais de près les recherches biologiques dans ce domaine, fasciné par les découvertes sur les bases physiologiques de nos appétits et la manière dont ils peuvent devenir dysfonctionnels.

Les symptômes décrits par ces hommes (et plus tard par des femmes) suggéraient fortement que leur consommation de pornographie avait reconditionné leur cerveau et provoqué des changements matériels significatifs. Le psychiatre Norman Doidge explique dans son best-seller *The Brain That Changes Itself* :

> Les hommes devant leurs ordinateurs regardant du porno… avaient été séduits via des séances d'entraînement pornographiques qui remplissaient toutes les conditions nécessaires au

---
7. Voir note de bas de page n° 3.
8. Voir note de bas de page n° 3.

changement plastique de la topographie cérébrale. Étant donné que les neurones qui se déclenchent ensemble se connectent ensemble, ces hommes ont reçu une quantité massive d'entraînement pour connecter ces images aux centres de plaisir de leur cerveau, avec l'attention soutenue nécessaire au changement plastique. [...] Chaque fois qu'ils ressentaient une excitation sexuelle et avaient un orgasme en se masturbant, une 'giclée de dopamine', le neurotransmetteur de la récompense, consolidait les connexions établies dans le cerveau pendant les séances. Non seulement la récompense facilitait ce comportement, mais elle éliminait aussi la gêne qu'ils pouvaient ressentir en achetant *Playboy* dans un magasin. C'était un comportement sans « punition », seulement de la récompense.

Le contenu de ce qu'ils trouvaient excitant changeait à mesure que les sites web introduisaient des thèmes et scénarios qui modifiaient leur cerveau à leur insu. Parce que la plasticité est compétitive, les configurations cérébrales pour les nouvelles images excitantes augmentaient au détriment de ce qui les attirait auparavant – la raison, je crois, pour laquelle ils commençaient à trouver leurs copines moins attirantes...

Quant aux patients qui s'impliquèrent dans la pornographie, la plupart purent arrêter net après avoir compris le problème et la manière dont ils le renforçaient plastiquement. Ils constatèrent devenir à nouveau attirés par leurs partenaires.

Les hommes sur le forum trouvaient ces informations et les recherches sous-jacentes à la fois réconfortantes et utiles, en comprenant enfin comment la pornographie avait détourné les mécanismes primitifs d'appétit de leur cerveau. Ces structures cérébrales anciennes nous poussent vers des comportements bénéfiques sur le plan évolutif, comme l'appréciation de nouveaux partenaires, contribuant ainsi à décourager la consanguinité.

Cependant, nos choix comportementaux influencent à leur tour l'équilibre neurochimique de ces mêmes structures cérébrales. C'est ainsi que la surconsommation chronique peut avoir des effets inattendus. Elle peut nous rendre hyperréactifs à nos tentations préférées, au point que nos envies immédiates prennent trop de place par rapport à nos désirs à long terme. Elle peut aussi gâcher notre plaisir – et réduire notre réactivité – face aux joies simples du quotidien. Elle peut nous pousser à rechercher des stimulations toujours plus extrêmes ou provoquer des symptômes de sevrage si intenses qu'ils font flancher même les plus déterminés d'entre nous. Elle peut également brouiller notre humeur, déformer nos perceptions et chambouler nos priorités – tout cela sans que nous en ayons pleinement conscience.

Armés d'une compréhension de « comment fonctionne la machine », basée sur les meilleures connaissances scientifiques disponibles, les ex-utilisateurs de pornographie réalisaient que leur cerveau était malléable et qu'il y avait de bonnes chances qu'ils puissent inverser les changements induits par le porno. Ils décidèrent qu'il n'était pas logique d'attendre un consensus d'experts sur la question de savoir si la pornographie en ligne était potentiellement nocive ou non, alors qu'ils pouvaient simplement l'éliminer et observer leurs propres résultats.

Ces pionniers commencèrent à reprendre le contrôle de leur comportement et à s'orienter vers les résultats qu'ils désiraient. Ils constatèrent les bénéfices de la constance sans paniquer face aux échecs qu'ils apprenaient désormais à accepter avec davantage de compassion envers eux-mêmes.

En cours de route, ils découvrirent et partagèrent des idées véritablement fascinantes sur le rétablissement des problèmes liés à la pornographie en ligne – des découvertes inédites qui rendirent le retour à l'équilibre moins éprouvant pour ceux qui suivaient leurs traces. Cela tombait à point nommé, car une vague de jeunes ayant commencé à consommer de la pornographie en ligne plus tôt alors que leur cerveau était bien plus malléable allait bientôt grossir les rangs de ceux cherchant à se libérer des problèmes liés à la pornographie.

Tristement, beaucoup étaient motivés par des dysfonctions sexuelles graves (éjaculation retardée, anorgasmie, dysfonction érectile et absence d'attirance pour des partenaires réels). De façon inquiétante, dès 2007, les célèbres chercheurs en sexologie Janssen et Bancroft découvrirent des indices montrant que le visionnage de pornographie en streaming semblait causer des troubles érectiles. Ils notèrent également que « l'exposition élevée à l'érotisme semblait entraîner une moindre réactivité à l'érotisme de type "vanille" et un besoin accru de nouveauté et de variation ». Malheureusement, ils choisirent de ne pas tirer la sonnette d'alarme et n'approfondirent pas leurs recherches.[9]

En l'absence d'un avertissement, la dysfonction érectile persistante causée par la pornographie chez les jeunes hommes prit la profession médicale par surprise. En 2014, les médecins commencèrent finalement à reconnaître le phénomène. Abraham Morgentaler, professeur d'urologie à Harvard et auteur de *Why Men Fake It: The Totally Unexpected Truth About Men and Sex*, déclara : « Il est difficile de savoir exactement combien de jeunes hommes souffrent de dysfonction érectile causée par la pornographie, mais il est clair que c'est un phénomène nouveau, et qu'il n'est pas rare. »[10] Un autre urologue et auteur, Harry Fisch, écrivit sans détour que la pornographie tue le sexe. Dans son livre *The New Naked*, il met en lumière l'élément décisif : internet. Il « fournit un accès ultra-facile à quelque chose qui est acceptable comme un plaisir occasionnel, mais qui est un enfer pour votre [santé sexuelle] au quotidien. »[11]

En mai 2014, le prestigieux journal médical *JAMA Psychiatry* publia une recherche montrant que, même chez les utilisateurs modérés de pornographie, l'usage (en nombre d'années et d'heures hebdomadaires) est corrélé à une réduction de la matière grise et à une diminution de la réactivité sexuelle. L'étude était sous-titrée *The*

---

9. Janssen, E. & Bancroft, J. *The Psychophysiology of Sex.*, Chapitre : *The Dual-Control Model: The role of sexual inhibition & excitation in sexual arousal and behavior.* in The Psychophysiology of Sex 197–222 (Indiana University Press, 2007).
10. *LIVE BLOG: Porn-induced erectile dysfunction and young men.* Globalnews.ca. Disponible sur : http://globalnews.ca/news/1232800/live-blog-porn-induced-erectile-dysfunction-and-young-men/.
11. Fisch MD, H. *The New Naked: The Ultimate Sex Education for Grown-Ups.* (Sourcebooks, Inc., 2014).

Brain on Porn.[12] Les chercheurs avertirent que les cerveaux des grands consommateurs de pornographie pourraient avoir été préalablement réduits, plutôt que rétrécis par la consommation de porno, mais considérèrent que le degré de consommation de porno était l'explication la plus plausible. La principale auteure, Simone Kühn, déclara :

> Cela pourrait signifier que la consommation régulière de pornographie use plus ou moins votre système de récompense.

Puis, en juillet 2014, une équipe d'experts en neurosciences dirigée par un psychiatre de l'Université de Cambridge révéla que plus de la moitié des sujets de leur étude sur les addicts à la pornographie avaient rapporté

> qu'en raison d'une utilisation excessive de matériel sexuellement explicite, ils avaient... ressenti une diminution de la libido ou des troubles érectiles, spécifiquement dans leurs relations physiques avec des femmes (mais pas en lien avec le matériel sexuellement explicite).[13]

Depuis lors, des dizaines d'études et de revues de la littérature ont trouvé des preuves de changements cérébraux pertinents chez les utilisateurs de pornographie en ligne. Cependant, les pionniers dont je parle ici n'avaient pas l'avantage d'une confirmation formelle. Ils comprirent en échangeant des témoignages personnels.

J'ai écrit ce qui suit pour fournir un résumé clair de ce que nous savons aujourd'hui sur les effets de la pornographie chez certains utilisateurs, comment cela se rapporte aux découvertes en neurosciences et en biologie évolutive, et comment nous pouvons le mieux aborder les problèmes associés à la pornographie, tant individuellement que collectivement.

---

12. Kühn, S. & Gallinat, J. *Brain Structure and Functional Connectivity Associated With Pornography Consumption: The Brain on Porn*. JAMA Psychiatry, 71, 827–834 (2014).
13. Voon, V. et al. *Neural correlates of sexual cue reactivity in individuals with and without compulsive sexual behaviours*. PloS One, 9, e102419 (2014).

Si vous rencontrez des problèmes liés à la pornographie en ligne, accordez-moi quelques heures d'attention totale, et il y a de bonnes chances que je puisse vous mettre sur la voie de la compréhension de votre situation et de la manière d'y faire face.

Maintenant, comment un homme peut-il savoir si ses problèmes sexuels (érection lente ou absente) sont liés à sa consommation de pornographie ou s'ils proviennent plutôt d'une anxiété de performance (le diagnostique standard pour les hommes sans problème organique sous la ceinture) ?

1. Consultez d'abord un bon urologue pour exclure toute anomalie médicale.

2. Ensuite, masturbez-vous une fois en utilisant votre porno préféré (ou imaginez simplement comment c'était, si vous avez décidé de ne plus en consommer).

3. Puis masturbez-vous une autre fois sans porno et sans fantasmer sur du porno.

Comparez la qualité de vos érections et le temps nécessaire pour atteindre l'orgasme (si vous *pouvez* jouir). Un jeune homme en bonne santé ne devrait avoir aucun mal à obtenir une érection complète et à se masturber jusqu'à l'orgasme sans porno ni fantasme lié au porno.

- Si vous avez une érection forte dans le cas #2, mais une dysfonction érectile dans le cas #3, vous souffrez probablement de dysfonction érectile (DE) induite par la pornographie.

- Si le cas #3 est solide, mais que vous rencontrez des difficultés avec un partenaire réel, alors vous souffrez probablement d'une anxiété de performance.

- Si vous avez des problèmes dans les cas #2 et #3, vous souffrez peut-être d'une DE en progression, induite par le porno ou d'un problème physiologique sous la ceinture, pour lequel vous devrez consulter un médecin.

Je commence ce livre par le récit de la façon dont l'addiction à la pornographie en ligne est devenue un problème à mesure qu'un grand nombre de personnes ayant accès à du porno en haute vitesse se sont mis à parler des problèmes qu'ils pensaient que cela leur avait causés. J'inclurai des témoignages directs sur la manière dont le phénomène s'est développé et sur les symptômes souvent rapportés.

Le chapitre suivant aborde les neurosciences contemporaines et la lumière qu'elles apportent sur les mécanismes délicats de l'appétit dans le cerveau. J'y résumerai certaines recherches récentes sur l'addiction comportementale, le conditionnement sexuel, et pourquoi les cerveaux adolescents sont particulièrement vulnérables face à un super-stimulus qui entraîne le cerveau, comme la pornographie moderne.

Le troisième chapitre relate différentes approches de bon sens que les gens ont utilisées pour se libérer de leurs problèmes liés au porno, ainsi que certains écueils à éviter. Je ne propose pas de protocole unique. Les circonstances de chacun sont légèrement différentes, et il n'existe pas de solution miracle. Par exemple, les tactiques qui fonctionnent bien pour les célibataires doivent parfois être adaptées à ceux qui sont en couple. Et les jeunes hommes qui développent une dysfonction érectile induite par la pornographie ont parfois besoin de plus de temps que les hommes plus âgés. Souvent, plusieurs approches différentes s'avèrent utiles, soit simultanément, soit en séquence.

Dans la conclusion, j'examinerai pourquoi un consensus sur les risques de la pornographie reste à venir et quelles lignes de recherche sont les plus prometteuses. Enfin, je réfléchirai à la manière dont la société pourrait aider les utilisateurs de pornographie à faire des choix plus éclairés.

Une dernière chose avant de commencer : je ne dis pas que vous devriez avoir un problème avec la pornographie, et ne cherche pas à provoquer une sorte de panique morale ni à dire ce qui est ou n'est pas « naturel » dans la sexualité humaine. Si vous ne ressentez aucun problème, je ne chercherai pas à vous contredire. C'est à chacun de décider ce qu'il pense des contenus sexuels explicites et de l'industrie qui en produit une grande partie.

Si vous sentez que la pornographie vous nuit, ou nuit à quelqu'un que vous connaissez, alors continuez à lire. Je ferai de mon mieux pour expliquer comment la pornographie en ligne peut produire des effets inattendus, et ce que vous pouvez faire à ce sujet.

1
À quoi avons-nous affaire ?

> Ce n'est pas la réponse qui éclaire,
> mais la question. — Eugene Ionesco

La plupart des utilisateurs considèrent la pornographie en ligne comme une solution – à l'ennui, à la frustration sexuelle, à la solitude ou au stress. Cependant, il y a environ dix ans, certains consommateurs de pornographie commencèrent à relier divers problèmes à leur utilisation de celle-ci. En 2012, un utilisateur sur un forum en ligne connu sous le nom de Reddit/NoFap raconta l'histoire de la manière dont les hommes découvrirent ce à quoi ils étaient confrontés (le terme onomatopéique *fap* est un argot anglais pour « masturbation en regardant du porno ») :

> Vers 2008/2009, des gens commencèrent à apparaître sur internet, paniqués parce qu'ils avaient des troubles érectiles, mais, en même temps, pouvaient obtenir une érection solide en regardant des niveaux variés de porno extrême avec l'aide d'une bonne vieille « deathgrip » (NdT : *deathgrip* : expression anglaise décrivant une masturbation avec une pression excessive sur le pénis, souvent évoquée comme une cause de désensibilisation). Ce qui était étrange, c'est que dans certains cas, des milliers de personnes répondirent à ces publications sur les forums, disant qu'elles avaient exactement les mêmes symptômes.

> En prenant ces symptômes en compte, les gens conclurent qu'ils s'étaient désensibilisés aux vraies femmes en escaladant vers des genres de porno de plus en plus extrêmes et en se masturbant d'une manière telle qu'aucun vagin de femme ne pouvait égaler cette stimulation. Ils espéraient/devinaient que s'ils arrêtaient de regarder du porno et de se masturber pendant une période significative, cette désensibilisation pourrait être inversée.

> Ces personnes qui, à l'époque, n'avaient ni YBOP [www.yourbrainonporn.com], ni NoFap, ni des dizaines d'autres forums

sur le sujet, pensaient être seules. Les seuls « cinglés » sur la planète incapables d'avoir une érection avec une vraie femme, mais excités par des genres de pornographie qu'ils trouvaient eux-mêmes répugnants. Beaucoup d'entre eux étaient encore vierges. D'autres échouaient depuis des années avec des femmes réelles, ce qui dévastait leur confiance en eux. Ils se disaient qu'ils ne pourraient jamais avoir une relation normale et épanouissante avec une femme et, se considérant comme des anomalies de la nature, s'isolaient de la société et devenaient des ermites. ... [Arrêter le porno] aida à inverser la dysfonction érectile induite par la pornographie chez ces hommes et, en plus d'un retour à une libido normale, ils commencèrent à rapporter d'autres changements positifs : disparition de la dépression et de l'anxiété sociale, augmentation de la confiance en soi, sentiment d'épanouissement et d'être au sommet du monde...

Je suis l'un de ces hommes. J'avais eu plusieurs échecs avec des femmes à partir du milieu de la puberté. Cela était devenu la chose la plus dévastatrice pour mon esprit. Dans ce monde moderne où il n'y a pratiquement pas de publicité, de film, de série télévisée ou même de conversation sans sous-entendus sexuels, j'étais constamment rappelé à ma bizarrerie. J'étais un échec en tant qu'homme à un niveau très fondamental, et j'avais l'impression d'être le seul.

Un an avant d'[arrêter le porno], j'étais même allé voir des psychiatres et des psychologues, qui m'avaient diagnostiqué un trouble anxieux social sévère et une dépression, et voulaient me mettre sous antidépresseurs, ce que je n'ai jamais accepté.

Quand je découvris que le problème central de ma vie, qui occupait mon esprit 24h/24 et 7j/7, pouvait être inversé, c'était comme si le poids le plus lourd avait été retiré de mon cœur. Quand je fis mon premier essai NoFap (environ 80 jours), je commençai à remarquer des « superpouvoirs » similaires à ceux rapportés par d'autres. Est-ce vraiment si étrange ? La chose centrale qui détruisait ma confiance et me faisait me sentir seul sur une planète de 7 milliards de personnes était en train de disparaître, et il s'avéra que c'était très courant.

Aujourd'hui, à mon 109ᵉ jour de série, je me sens heureux, confiant, sociable, intelligent, capable de relever n'importe quel défi, etc., etc.

Les premières personnes à signaler des problèmes liés à la pornographie sur des forums en ligne étaient généralement des programmeurs informatiques et des spécialistes des technologies de l'information. Ils avaient eu accès à la pornographie en haute vitesse avant tout le monde – et avaient ensuite développé des goûts sexuels inhabituels, une éjaculation retardée ou une dysfonction érectile (DE) pendant les rapports sexuels. Finalement, certains connurent même une DE en utilisant de la pornographie. La plupart avaient près de trente ans ou plus.

Comme le nota un membre de forum, la pornographie en ligne était *différente*, étrangement irrésistible :

Avec les magazines, je consommais du porno quelques fois par semaine et pouvais en gros le réguler, parce que ce n'était pas vraiment si « spécial ». Mais quand je suis entré dans l'univers trouble de la pornographie en ligne, mon cerveau avait trouvé quelque chose dont il voulait toujours plus. J'étais hors de contrôle en moins de six mois. Des années de magazines : aucun problème. Quelques mois de porno en ligne : accro.

Un peu d'histoire nous donne des indices sur les raisons pour lesquelles la pornographie actuelle pourrait avoir des effets inattendus sur le cerveau. La pornographie visuelle a intégré le grand public avec les magazines, mais les utilisateurs devaient se contenter d'érotisme statique. La nouveauté de chaque édition et son potentiel d'excitation s'estompaient assez vite, et une personne devait soit revenir à fantasmer sur sa voisine sexy, soit entreprendre une démarche substantielle – peut-être gênante ou coûteuse – pour se procurer plus de contenu. Il existait quelques films classés X, dont certains furent de grands succès commerciaux. Les fans les plus assidus de porno hardcore pouvaient également trouver des extraits explicites dans des boutiques pour adultes, mais l'offre restait limitée à une poignée de lieux publics ou semi-publics, et la plupart des gens ne voulaient pas passer beaucoup de temps dans des salles de cinéma ou des cabines de peep-show.

Puis vinrent les vidéoclubs et les chaînes câblées diffusant tard dans la nuit. Ces médias étaient plus stimulants que la pornographie statique,[14,15] et bien moins gênants d'accès qu'un film au cinéma. Pourtant, combien de fois pouvait-on regarder la même vidéo avant qu'il ne soit temps de retourner au vidéoclub (et de faire une pause) ? Les spectateurs devaient souvent suivre une intrigue avec une montée érotique avant d'arriver aux scènes excitantes. La plupart des mineurs avaient encore un accès très limité. Ensuite, les spectateurs se tournèrent vers le modem bas débit : privé, moins cher, mais encore largement limité à des images fixes... au début. On pouvait y accéder plus facilement, mais c'était lent. Le contenu ne pouvait pas être consommé d'un simple clic :

> Il fallait télécharger la vidéo, puis l'ouvrir en risquant d'attraper un virus. Parfois, on n'avait pas le bon logiciel, alors on passait beaucoup de temps à s'assurer que c'était bien ce qu'on voulait voir avant de le télécharger et de l'« apprécier », ou bien on allait sur un site spécifique dont le contenu nous plaisait, on regardait une ou deux nouvelles vidéos et on s'arrêtait là.

Tout cela était sur le point de changer. En 2006, l'internet à haut débit donna naissance à une toute nouvelle créature : des galeries de courts extraits pornographiques montrant les minutes les plus chaudes d'un flux ininterrompu de vidéos hardcore en streaming. On les appelle des sites web « tube » (NdT : sites de vidéos en visionnement continu ou « streaming ») parce qu'ils diffusent des vidéos comme YouTube. Le monde de la pornographie ne serait plus jamais le même.

Les utilisateurs décrivent la transformation :

> Pendant des années (bien plus d'une décennie), j'ai regardé des images et, de temps en temps, des extraits vidéo. Quand les sites de vidéos en streaming sont devenus mon quotidien, ce n'est que peu de temps après que j'ai développé des problèmes

---

14. Mouras, H. et al. *Activation of mirror-neuron system by erotic video clips predicts degree of induced erection: an fMRI study.* NeuroImage, 42, 1142–1150 (2008).
15. Julien, E. & Over, R. *Male sexual arousal across five modes of erotic stimulation.* Arch. Sex. Behav. 17, 131–143 (1988).

de dysfonction érectile. Je pense que les sites en streaming, avec leurs extraits sans fin accessibles immédiatement, ont complètement surchargé mon cerveau.

*

Sur un site de streaming, vous passez directement de 0 à 140 km/h. L'excitation n'est pas une montée lente, détendue, avec une attente taquine. C'est directement de l'action orgasmique intense. Comme les extraits sont si courts, vous cliquez BEAUCOUP plus pour trouver de nouveaux clips, pour diverses raisons : un seul extrait est bien trop court pour créer une montée d'excitation ; vous ne savez pas ce qu'il y aura dans le clip avant de le regarder ; curiosité sans fin, etc.

*

Je peux totalement comprendre ce besoin de « vouloir regarder dix vidéos en même temps, diffusées simultanément... » C'est incroyable d'entendre quelqu'un d'autre le dire. C'est comme une surcharge sensorielle, une accumulation compulsive, ou juste une façon de se gaver de votre malbouffe préférée.

*

Les sites de vidéos en streaming, en particulier les grands, sont le crack de la pornographie sur internet. Il y en a tellement, et tellement de nouveaux contenus chaque jour, chaque heure, toutes les dix minutes, que je pouvais toujours trouver une stimulation nouvelle en continu.

*

Maintenant, avec le haut débit, même sur les téléphones intelligents, ça m'a poussé à regarder encore plus, et en haute résolution. Cela devient parfois une affaire de toute une journée à chercher la vidéo parfaite sur laquelle finir. Cela ne satisfait jamais. « Encore plus » dit toujours le cerveau... un mensonge total.

*

Avant de découvrir que j'avais une dysfonction érectile, j'étais passé à des compilations sur les sites de streaming, chacune composée des quelques secondes les plus torrides de dizaines de vidéos hardcore.

*

> La pornographie à haut débit a tout changé. J'ai commencé à me masturber plus d'une fois par jour. Si je n'avais pas envie de me masturber, mais que je voulais soulager le stress ou m'endormir, le porno m'aidait à m'exciter. Je me suis retrouvé à regarder du porno avant d'avoir des rapports sexuels avec ma femme, parce qu'elle ne pouvait plus m'exciter. L'éjaculation retardée était un énorme problème : je ne pouvais plus avoir d'orgasme avec un rapport oral et j'avais parfois des difficultés à atteindre l'orgasme avec une pénétration vaginale.

Dans une région primitive du cerveau, surfer sur les sites de streaming est perçu comme extrêmement précieux à cause de toute la nouveauté sexuelle qu'ils offrent. Cette excitation supplémentaire renforce les circuits cérébraux qui vous poussent à rechercher toujours plus de pornographie. Vos propres fantasmes sexuels pâlissent en comparaison. Fait intéressant, des recherches confirment que les problèmes des utilisateurs sont plus étroitement liés à des facteurs comme le nombre d'onglets ouverts (variété) et le degré d'excitation (indicateurs d'addiction), plutôt qu'au temps passé à visionner de la pornographie en ligne.[16]

Un autre risque de ce buffet qu'offre la pornographie en ligne aujourd'hui est la surconsommation. Sherry Pagoto, PhD, professeure à la faculté de médecine de l'Université du Massachusetts, écrit :

> Les études sur l'appétit montrent que la variété est fortement associée à la surconsommation. Vous mangerez plus à un buffet que si vous avez seulement un pain de viande sur la table. Dans aucun des cas vous ne repartirez affamé, mais dans l'un vous repartirez avec des regrets. En d'autres termes, [si vous voulez contourner la surconsommation et ses problèmes] évitez les buffets de la vie.[17]

---

16. Brand, M. et al. *Watching pornographic pictures on the Internet: role of sexual arousal ratings and psychological-psychiatric symptoms for using Internet sex sites excessively. Cyberpsychology, Behav. Soc. Netw.* 14, 371–377 (2011).
17. Pagoto PhD, S. *What Do Porn and Snickers Have in Common? Psychology Today.* Disponible sur : http://www.psychologytoday.com/blog/shrink/201208/what-do-porn-and-snickers-have-in-common.

Il convient également de noter que les vidéos remplacent l'imagination d'une manière que les images fixes n'équivalent pas. Livrés strictement à notre imagination, nous, les humains, avions tendance à jouer le rôle principal dans nos fantasmes sexuels, et non celui de simple voyeur, comme c'est le cas en regardant des vidéos. Cependant, certains de ceux qui commencent à consommer régulièrement du porno très jeunes vivent une expérience différente :

« Alien » est le mot que j'utiliserais pour décrire ce que j'ai ressenti lorsque j'ai essayé d'avoir des rapports sexuels avec de vraies femmes. Cela me semblait artificiel et étranger. C'est comme si je m'étais tellement conditionné à être assis devant un écran en me masturbant que mon esprit considère cela comme le sexe « normal » au lieu d'une réelle relation sexuelle.

Lors de rapports sexuels réels, le spectateur ne se retrouve généralement pas dans la position d'un voyeur, encore moins celle d'un voyeur focalisé sur une partie spécifique du corps ou un fétiche particulier qu'il a peut-être visionné pendant des années avant d'entrer en relation avec un(e) partenaire.

Un éléphant dans la pièce
À la fin de 2010, ma femme me suggère de créer une ressource en ligne dédiée à ce nouveau phénomène. À ce moment-là, son forum sur les relations sexuelles est envahi par des hommes cherchant des réponses à leurs problèmes liés à la pornographie : perte d'attirance pour leurs partenaires réels, éjaculation retardée ou incapacité totale à atteindre l'orgasme pendant les rapports, goûts sexuels alarmants apparaissant à mesure qu'ils escaladent vers des fétiches pornographiques, et même des épisodes inhabituels d'éjaculation précoce. Elle pense qu'ils ont besoin d'un site web dédié où ils pourraient lire les témoignages des autres et se tenir informés des nouvelles recherches sur l'addiction à la pornographie sur internet, le conditionnement sexuel et la neuroplasticité. C'est ainsi que naît le site *Your Brain On Porn* (YBOP).

Curieux de savoir ce qui se produit sur cette nouvelle ressource, je commence à suivre mes visiteurs. Je suis stupéfait : des liens vers le site apparaissaient dans des discussions partout sur le web, souvent dans d'autres langues. Des hommes du monde entier cherchent des réponses. Aujourd'hui, YBOP reçoit jusqu'à 20 000 visiteurs uniques par jour. Des forums pour ceux qui arrêtent le porno apparaissent et se développent rapidement. Le plus grand et le plus ancien forum anglophone est Reddit/NoFap (2011), qui compte actuellement plus de 250 000 membres. Reddit/PornFree en compte plus de 30 000. Plus de 100 000 « Fapstronautes » se sont rassemblés sur NoFap.com, RebootNation.org en regroupe environ 11 000, et YourBrainRebalanced presque 20 000. Le même phénomène se produit à l'international. Par exemple, en Chine, trois de ces forums réunissent actuellement trois millions et demi de membres luttant pour se remettre des effets de la pornographie en ligne.[18]

Où que les hommes se rassemblent, on peut les trouver débattant des effets de la pornographie. Des fils de discussion – parfois longs de milliers de messages – apparaissent sur des sites pour amateurs de musculation, « artistes de la drague », anciens élèves d'université, chercheurs de conseils médicaux, passionnés de voitures, fans de sport, usagers de drogues récréatives, et même guitaristes !

La plupart des hommes ne peuvent croire que la pornographie soit à l'origine de leurs symptômes avant plusieurs mois d'abstinence :

> Après des années de pornographie, j'avais des problèmes d'érection. Cela empirait de plus en plus depuis quelques années. J'avais besoin de plus en plus de types de stimulation pornographique. J'étais vraiment inquiet, mais l'anxiété me poussait simplement plus profondément vers du porno plus extrême. Maintenant, plus je vis sans porno, masturbation, fantasmes ou orgasme, plus il devient difficile de ne pas avoir une érection. LOL. Plus de problèmes de DE ou d'éjaculations faibles comme il y a quelques mois à peine. J'ai guéri.

Même après avoir arrêté et observé des améliorations, beaucoup restent sceptiques. Ils retournent à la pornographie en ligne – pour

---

18. Zou, Wenxue, Xinyu Zhang, and Jingqi He. *"Making sense of jiese: An interview study of members from a porn-free self-help forum in China." Archives of Sexual Behavior* 52.1 (2023): 385-397. https://doi.org/10.1007/s10508-022-02456-8

constater que leurs problèmes reviennent progressivement (ou rapidement). Et bien que les forums anonymes en ligne soient en effervescence, personne ne veut en parler publiquement au début :

> Les jeunes hommes ne vont pas chez le médecin pour parler de DE. La DE induite par le porno et l'addiction au porno sont nos secrets personnels. Nous sommes trop anxieux, honteux, confus et en colère pour pouvoir sensibiliser autrui à ces problèmes. Nous nous cachons dans l'ombre parce que, individuellement, nous ne voulons pas être vus. Par conséquent, collectivement, on pense que nous n'existons pas.

Pour certains, arrêter déclenche des symptômes de sevrage inattendus et perturbants :

> Voici ce à quoi je fais face : irritabilité, fatigue, incapacité à dormir (même les somnifères n'aident pas beaucoup), tremblements, manque de concentration, essoufflement et dépression.

*

> J'ai combattu plusieurs addictions dans ma vie, de la nicotine à l'alcool et d'autres substances. Je les ai toutes surmontées, et celle-ci a été de loin la plus difficile. Pulsions, pensées folles, insomnie, sentiments de désespoir, de détresse, d'inutilité, et bien d'autres choses négatives faisaient partie de ce que j'ai traversé avec ce problème de porno. C'est une chose horriblement mauvaise à laquelle je n'aurai plus jamais à faire face dans ma vie – jamais.

Si vous ne réalisez pas que de tels symptômes sont liés à l'arrêt et à la récupération, mais que vous remarquez qu'un retour au porno les soulage, vous êtes fortement incité à continuer à consommer du porno. Je reviendrai sur cet obstacle des symptômes de sevrage dans le chapitre sur la récupération.

Le plus alarmant est que ceux souffrant de dysfonction érectile qui arrêtent le porno rapportent souvent une perte temporaire, mais absolue, de libido et des organes génitaux anormalement inertes. Même les hommes sans DE expérimentent parfois une perte temporaire de libido et de légers dysfonctionnements sexuels peu après avoir arrêté :

Je n'ai absolument aucune libido. Pas d'érections spontanées. C'est une sensation très étrange de regarder une belle femme et, dans votre tête, d'avoir des pensées normales comme : « Wow, elle est magnifique. J'aimerais la connaître ! » et pourtant, vous n'avez aucune pensée ou intention sexuelle. C'est une expérience très étrange et, pour moi, assez effrayante. C'est comme si vous aviez été castré.

À moins d'avoir été prévenus de ce point mort (*flatline*), la peur d'une impuissance permanente poussait certains hommes à retourner précipitamment dans le cyberespace pour tenter de sauver leur virilité. Escalader vers des contenus pornographiques plus extrêmes, même avec un pénis partiellement flasque, semblait un faible prix à payer pour endiguer la perte totale de libido. La consommation de porno semblait être une solution.

Cependant, beaucoup furent horrifiés de découvrir qu'ils ne pouvaient pas surmonter ce point mort en revenant au porno. Ils devaient attendre que leur libido revienne naturellement – ce qui prenait parfois des mois.

Fait intéressant, les rats mâles qui copulent jusqu'à l'épuisement sexuel montrent également des signes d'un mini-point mort avant que leur libido ne revienne.[19] Le point mort induit par la pornographie aurait-il un fondement biologique ? Les chercheurs étudient les rats parce que leurs structures cérébrales primitives sont étonnamment similaires aux nôtres. Comme le dit John J. Medina, PhD, biologiste moléculaire spécialisé dans le développement, la recherche animale « agit comme une 'lampe torche' pour la recherche humaine, éclairant les processus biologiques ».[20] En d'autres termes, les chercheurs n'étudient pas les rats pour les *aider* avec leurs addictions, leurs érections ou leurs troubles de l'humeur. Heureusement, une

---

19. Rodríguez-Manzo, G., Guadarrama-Bazante, I. L. & Morales-Calderón, A. *Recovery from sexual exhaustion-induced copulatory inhibition and drug hypersensitivity follow a same time course: two expressions of a same process? Behavioural Brain Research*, 217, 253–260 (2011).
20. Medina PhD, J. J. *Of Stress and Alcoholism, Of Mice and Men. Psychiatric Times* (2008). Disponible sur : https://www.psychiatrictimes.com/view/stress-and-alcoholism-mice-and-men.

fois avertis de la possibilité d'un point mort temporaire, la plupart des hommes traversent cette période avec un relatif sang-froid :

> Concernant mon point mort. Quand les gens disent qu'ils ont l'impression que leur sexe est mort, ils n'exagèrent pas. Il semble littéralement inerte. C'est comme un poids à porter en permanence.

À mesure que les sites de streaming deviennent plus populaires et plus accessibles, une vague de jeunes hommes, au début de la vingtaine et à la fin de l'adolescence, développent *les mêmes* dysfonctions sexuelles que les visiteurs plus âgés. Rapidement, ils constituent la majorité des visiteurs des sites où les hommes se plaignent de ce qu'ils comprennent comme des dysfonctions sexuelles induites par le porno.

L'autre expérience sur la pornographie
Dès 2011, des jeunes hommes au début de la vingtaine commencent à créer des forums en ligne entièrement dédiés à l'expérimentation de l'arrêt de la pornographie en ligne, dans l'espoir d'inverser les problèmes liés à son usage. Souvent, ils découvrent qu'il est également utile de cesser temporairement la masturbation. En effet, beaucoup sont incapables de se masturber sans porno, du moins au début du processus. Leur objectif est de donner à leur cerveau une pause face à la surstimulation chronique provoquée par l'érotisme en ligne. Ils appellent cette approche le *redémarrage* (*rebooting*).

Le forum anglophone le plus connu est Reddit/NoFap. D'autres forums populaires en anglais incluent Reboot Nation, Reddit/PornFree, YourBrainRebalanced et NoFap.com.[21] Les femmes y sont les bienvenues et leur nombre est en augmentation. Certaines ont même créé un sous-forum appelé Reddit/NoFapWomen. Je surveille certains de ces forums depuis leur création, car leurs membres renvoient fréquemment à YBOP.

---

21. http://www.reddit.com/r/NoFap ; http://www.rebootnation.org ; http://www.reddit.com/r/pornfree ; http://www.yourbrainrebalanced.com ; http://www.nofap.com.

Ce mouvement populaire reste largement en dehors du radar de la presse grand public, du moins jusqu'à ce que le magazine *Time* publie en 2016 un article de couverture intitulé *Porn and the Threat to Virility*. Des milliers de personnes à travers le monde se lancent désormais dans l'expérience révolutionnaire d'arrêter la stimulation sexuelle artificielle en ligne (pornographie sur internet, interactions via webcam, littérature érotique, navigation sur des annonces d'escortes, etc.). Beaucoup partagent leurs résultats sur plusieurs mois.

Cette vaste expérience est menée sans contrôles ni protocoles en double aveugle (de telles études seraient impossibles, car les chercheurs devraient demander à certains participants d'arrêter de se masturber en regardant du porno). C'est la seule expérience à grande échelle que je connaisse qui élimine la variable de l'utilisation de la pornographie et compare les antécédents avec les résultats ultérieurs.

Évidemment, les « sujets » ne sont pas choisis au hasard : ils doivent souhaiter expérimenter l'arrêt du porno. De plus, la grande majorité est de la génération numérique, et non un échantillon représentatif de la population générale. Bien que le nombre de membres sur ces forums de défi autour de la pornographie ait explosé depuis le lancement du premier en 2011, ces forums ne permettent pas de connaître les pourcentages précis de personnes ayant des problèmes liés à la pornographie dans chaque tranche d'âge.

Les sceptiques affirment parfois que ceux qui expérimentent l'arrêt doivent être motivés par des raisons religieuses. Pourtant, tous les forums mentionnés plus haut sont laïcs. Le plus grand de ces nouveaux forums, probablement le plus jeune en terme d'âge moyen, réalisa un sondage interne il y a quelques années : seulement 7 % de ses membres l'avaient rejoint pour des raisons religieuses.[22]

Les informations générées par ces forums et discussions en ligne sont anecdotiques, mais il serait une erreur de les rejeter sans enquête plus approfondie. D'une part, les personnes qui arrêtent le porno et en tirent des bénéfices sont d'origines étonnamment di-

---

22. *NoFap Survey*, www.reddit.com/r/NoFap, mars 2014, https://docs.google.com/file/d/0B7q3tr4EV02wbkpTTVk4R2VGbm8/edit?pli=1.

verses, et aussi d'horizons, de cultures et de degrés de religiosité variés ; certaines prennent des médicaments psychotropes ; certaines sont en couple ; d'autres fument ou consomment des drogues récréatives ; certaines pratiquent la musculation ; les âges couvrent une large gamme, et ainsi de suite.

Supprimer l'utilisation de la pornographie dans les études

L'une des raisons pour lesquelles cette vaste expérience informelle a de la valeur est que ses participants éliminent généralement la variable de l'utilisation de la pornographie en ligne. Seule une poignée d'études formelles et de rapports de cas ont demandé aux participants de le faire, et toutes témoignent de différences significatives.[23]

La plupart des études formelles sur la pornographie sont corrélationnelles. Elles peuvent nous révéler des informations intéressantes sur les effets *associés* à l'utilisation de la pornographie, mais elles ne peuvent pas démontrer quel facteur en *cause* un autre (ou si l'effet est bidirectionnel, c'est-à-dire si un même facteur, par exemple la dépression, peut à la fois résulter d'un comportement chez certains et le favoriser chez d'autres). Dans le cas des effets de la pornographie en ligne, il est essentiel d'établir une relation de causalité.

Pourquoi est-ce important ? Parce qu'un utilisateur de pornographie dont les symptômes résultent de l'utilisation du porno ne peut pas guérir sans y renoncer. Les psychologues et psychiatres sont généralement formés à supposer que certains symptômes indiquent des pathologies sous-jacentes, et que l'usage problématique excessif d'une substance ou d'un comportement *découle* de ces troubles. Peu de prestataires de soins de santé sont invités à considérer que la surutilisation d'internet peut exacerber ces symptômes, ou même provoquer des symptômes *réversibles*, qui ne font que ressembler à ceux de troubles sous-jacents (comme l'anxiété sociale, la dépression, l'apathie, de graves problèmes de concentration ou l'anxiété de performance). Ils risquent de diagnostiquer à tort des patients comme souffrant de troubles mentaux sous-jacents et de leur prescrire des médicaments qui, au mieux, masquent temporairement

---

23. Wilson, G. *Eliminate Chronic Internet Pornography Use to Reveal Its Effects.* ADDICTA Turk J Addict, 3, 1–13 (2016).

leurs symptômes. Comme les médicaments ont souvent des effets secondaires, beaucoup de souffrances pourraient être évitées en identifiant l'utilisation de la pornographie comme cause pour ceux qui n'ont qu'à abandonner son usage pour résoudre leurs symptômes.

Cela importe également parce que seule une compréhension correcte de la causalité permet aux parents et aux décideurs politiques de prendre des décisions éclairées sur qui peut accéder à la pornographie en ligne et à quel âge. Cela est compliqué parce que la recherche académique est lente et étroite (et encore plus lente à se corriger lorsqu'elle s'égare). En revanche, le phénomène de la pornographie d'aujourd'hui évolue à une vitesse fulgurante et peut contribuer à une large gamme d'effets. Au cours de la dernière décennie, la technologie de diffusion de la pornographie a changé si rapidement – d'une manière qui augmente les risques pour les utilisateurs (comme le streaming, l'accès aux téléphones intelligents pour les jeunes et maintenant la pornographie en réalité virtuelle) – qu'au moment où une étude est publiée, ses conclusions deviennent rapidement obsolètes. Même une recherche bien conçue s'avère vite dépassée, et les chercheurs académiques n'ont guère d'autre choix que de s'appuyer sur des hypothèses périmées dans leurs travaux ultérieurs. Les décideurs politiques font de même. Dans la mesure où la recherche accuse un retard sur la réalité, elle peut alimenter de mauvaises décisions.

Pour toutes ces raisons, il est vital de mener des recherches distinguant clairement le sens de la causalité. La manière la plus pratique pour les chercheurs de révéler les véritables effets du porno sur les utilisateurs est de concevoir des études dans lesquelles les sujets *cessent* d'utiliser la pornographie pendant une période prolongée, et où les chercheurs mesurent les changements éventuels. Il peut falloir des mois, voire quelques années, pour que de jeunes hommes ressentent pleinement les bienfaits de l'abandon de la pornographie, mais la plupart constatent des améliorations bien avant cela. Ceux qui ne voient pas d'amélioration peuvent effectivement avoir des troubles sous-jacents.

Que révèlent les recherches qui éliminent l'utilisation du porno ?

Compte tenu de l'importance de mener des recherches qui établissent les effets du porno en l'éliminant, il est regrettable que seules six études dans des revues académiques aient demandé aux participants de cesser leur consommation de pornographie pour en évaluer les effets. Toutes rapportent des changements significatifs.

En 2015, des chercheurs corrèlent l'utilisation du porno avec une capacité réduite à différer la gratification après avoir évalué les utilisateurs de porno avant et après une période de trente jours. Ensuite, ils divisent les participants en deux groupes : la moitié doit s'abstenir de leur aliment préféré ; l'autre moitié doit s'abstenir de porno. Les abstinents de porno obtiennent de meilleurs scores en terme de capacité à différer la gratification. Les chercheurs déclarent : « Le résultat suggère que la pornographie sur internet est une récompense sexuelle qui contribue à la dévaluation du délai différemment des autres récompenses naturelles. Il est donc important de traiter la pornographie comme un stimulus unique dans les études sur la récompense, l'impulsivité et l'addiction, et de l'appliquer en conséquence dans le traitement individuel ainsi que relationnel. »[24]

Une étude de 2012 révèle que lorsque les participants tentent de s'abstenir de consommer du porno pendant trois semaines, ils déclarent des niveaux plus élevés d'engagement relationnel.[25] Ces deux études montrent que, même chez des personnes qui ne sont pas dépendantes mais entreprennent l'abstinence, et seulement pendant trois semaines, les changements sont significatifs.

Dans une étude de cas israélienne, un homme souffrant d'un désir anormalement faible pour le sexe avec partenaire, de fétichismes et d'anorgasmie, chercha un traitement. Il lui fut prescrit une abstinence de six semaines de pornographie et de masturbation. Après huit mois, l'homme constata l'augmentation du désir sexuel, des rap-

---

24. Negash, S., Sheppard, N. V. N., Lambert, N. M. & Fincham, F. D. *Trading Later Rewards for Current Pleasure: Pornography Consumption and Delay Discounting.* J. Sex Res. 53, 689–700 (2016).
25. Lambert, N. M., Negash, S., Stillman, T. F., Olmstead, S. B. & Fincham, F. D. *A Love That Doesn't Last: Pornography Consumption and Weakened Commitment to One's Romantic Partner.* J. Soc. Clin. Psychol., 31, 410–438 (2012).

ports sexuels réussis avec orgasme, et l'appréciation des « bonnes pratiques sexuelles ».[26]

Une revue de littérature de 2016 sur les problèmes sexuels liés au porno, coécrite par des médecins de la marine américaine, incluait trois rapports cliniques d'hommes ayant développé des dysfonctions sexuelles induites par le porno.[27] Deux des trois hommes guérirent leurs dysfonctions sexuelles en éliminant l'utilisation du porno. Le troisième homme ne réussit pas à arrêter sa consommation de pornographie.

En 2016, un psychiatre français rapporta son expérience clinique avec trente-cinq hommes ayant développé une dysfonction érectile et/ou une anorgasmie liées à leur consommation habituelle de pornographie.[28] Son approche thérapeutique impliquait de leur faire « désapprendre » les habitudes masturbatoires associées à leur consommation de porno. Les dysfonctions sexuelles régressèrent chez dix-neuf des trente-cinq patients, qui purent profiter d'une activité sexuelle satisfaisante. Trois patients continuaient à progresser, tandis que treize avaient abandonné. Il existe également une étude britannique décrivant un « sujet composite » jeune et masculin, qui récupéra d'une éjaculation retardée après avoir arrêté le porno.[29]

En 2016, un chercheur européen a rapporté les résultats préliminaires d'une enquête novatrice sur les effets d'une période d'abstinence de pornographie et de masturbation chez les « Fapstronautes » de NoFap.[30] Les résultats suggèrent que l'abstinence :

---

26. Bronner, G. & Ben-Zion, I. Z. *Unusual masturbatory practice as an etiological factor in the diagnosis and treatment of sexual dysfunction in young men.* J. Sex. Med., 11, 1798–1806 (2014).
27. Park, B. Y. et al. *Is Internet Pornography Causing Sexual Dysfunctions? A Review with Clinical Reports.* Behav. Sci., 6, (2016).
28. Porto, R. *Habitudes masturbatoires et dysfonctions sexuelles masculines.* Sexologies (2016). https://www.sciencedirect.com/science/article/abs/pii/S1158136016000360
29. Blair, L. *How difficult is it to treat delayed ejaculation within a short-term psychosexual model? A case study comparison.* Sexual and Relationship Therapy, 0, 1–11 (2017).
30. Sproten, A. *How Abstinence Affects Preferences.* Disponible sur : https://www.alec-sproten.eu/language/en/2016/01/18/how-abstinence-affects-preferences/ (2016).

1. augmente la capacité à différer les récompenses,
2. rend les individus plus enclins à prendre des risques,
3. les rend plus altruistes, et
4. plus extravertis, plus consciencieux et moins névrosés.

Pris ensemble avec les milliers de témoignages de rétablissement partagés sur les forums en ligne, ces études démontrent l'importance de concevoir des recherches isolant la variable de l'utilisation de la pornographie sur internet afin de démontrer les effets réels sur les utilisateurs.

Les difficultés de la recherche et leurs conséquences
Les chercheurs tardent à informer le public que certaines populations sont plus à risque face aux problèmes liés à la pornographie, comme les adolescents, les hommes de la génération numérique et les utilisateurs de porno célibataires.[31] Trop souvent, les scientifiques rapportent des statistiques sur l'addiction et les dysfonctions sexuelles pour l'ensemble de la population d'un pays. Ou, s'ils examinent des groupes d'âge spécifiques, ils incluent les femmes. Par exemple, une rare étude de 2017 sur les taux d'addiction rapporte que, dans une population universitaire, 10,3 % des sujets entrent dans la catégorie clinique de l'addiction au cybersexe. Cependant, il faut lire les détails pour découvrir que près *d'un homme sur cinq* (19 %) en âge universitaire est dépendant, contre moins *d'une femme sur vingt* (4 %).[32] Certes, il est approprié d'examiner les effets sur tous les utilisateurs, mais les rapports groupés masquent l'ampleur des problèmes liés à la pornographie chez les hommes natifs numériques, qui sont les plus à risque.

---

31. Harper, C. & Hodgins, D. C. *Examining Correlates of Problematic Internet Pornography Use Among University Students*. Journal of Behavioral Addictions, 5, 179–191 (2016).
32. Giordano, A. L. & Cashwell, C. S. *Cybersex Addiction Among College Students: A Prevalence Study*. Sexual Addiction & Compulsivity, 24, 47–57 (2017).

Les chercheurs qui étudient les utilisateurs masculins de porno trouvent des taux d'addiction avoisinant les 28 %.[33,34] Cependant, ces études, tout comme celle mentionnée dans le paragraphe précédent, sont pratiquement inconnues de la presse grand public. Par conséquent, les personnes qui consomment du porno de manière intensive depuis la puberté font rarement le lien entre leur consommation et des symptômes tels que l'anxiété sociale, la dépression ou des érections faibles, jusqu'à ce qu'elles arrêtent. Peu importe leur mal-être, le porno est largement perçu comme un moyen de se sentir bien – une solution plutôt qu'une source de problèmes. En fait, malgré l'absence de preuves convaincantes, une croyance populaire veut que la masturbation fréquente (aujourd'hui souvent accompagnée de porno) soit un remède infaillible pour prévenir le cancer de la prostate.[35]

Tout cela signifie qu'il est peu utile pour les chercheurs de demander aux sujets si leur consommation de porno a causé leurs symptômes, car la plupart n'en ont aucune idée. Par exemple, sauf s'ils ont essayé des rapports sexuels avec partenaire, même ceux qui commencent tout juste à développer des dysfonctions sexuelles liées au porno peuvent ne pas en être conscients. La plupart des hommes vierges se masturbent jusqu'à l'orgasme en utilisant du porno et supposent naturellement qu'ils seront des partenaires super virils au lit.

Les utilisateurs de porno ont peu de raisons de soupçonner qu'il puisse causer des symptômes. Au contraire, la société a classé leurs problèmes dans des cases bien définies ne tenant pas compte de la surutilisation d'internet. Aujourd'hui, les utilisateurs de porno se voient régulièrement diagnostiquer et prescrire des traitements pour l'anxiété sociale, une faible estime de soi, des problèmes de

---

33. Wéry, A. & Billieux, J. *Online sexual activities: An exploratory study of problematic and non-problematic usage patterns in a sample of men*. Comput. Hum. Behav., 56, 257–266 (2016).
34. Kraus, S. W., Martino, S. & Potenza, M. N. *Clinical Characteristics of Men Interested in Seeking Treatment for Use of Pornography*. J. Behav. Addict., 5, 169–178 (2016).
35. Aboul-Enein, B. H., Bernstein, J. & Ross, M. W. *Evidence for Masturbation and Prostate Cancer Risk: Do We Have a Verdict? Sex. Med. Rev.*, 4, 229–234 (2016).

concentration, un manque de motivation, la dépression, et d'autres situations. On peut même leur dire que leur problème est assurément de l'anxiété de performance lorsqu'ils sont incapables d'avoir une érection ou d'atteindre l'orgasme sans porno.

Certains souffrent en silence, paniqués à l'idée que leur orientation sexuelle se soit mystérieusement métamorphosée, ou qu'ils soient des pervers non avoués parce qu'ils ne parviennent plus à jouir *sauf* en regardant des contenus illégaux ou des pornos fétichistes perturbants, ou qu'ils ne pourront jamais avoir de relations sexuelles, et donc d'intimité, à cause de leurs dysfonctions sexuelles. Sans vouloir être alarmiste, j'ai lu beaucoup trop de témoignages de rétablissement mentionnant des pensées suicidaires antérieures. De façon troublante, une recherche menée à l'Université d'Oxford révéla que l'addiction modérée ou sévère à internet était associée à un risque accru d'automutilation.[36] Voici les commentaires de trois hommes :

> J'ai sérieusement envisagé le suicide tout au long de ma vie à cause de ces problèmes, mais j'ai réussi à tenir jusqu'à ce que je découvre que le porno en était la cause. Après 115 jours, je me suis enfin libéré de ses chaînes. C'est encore difficile, mais je sais que si je n'y touche pas, je pourrai faire l'amour avec ma magnifique copine le lendemain.
>
> *
>
> Arrêter le porno fait vraiment la différence ! Je pensais que c'était impossible au point d'envisager la castration et le suicide. Voici quelque chose que je ne savais pas et qui m'a aidé : les gens qui regardent du porno « transsexuel » le font à cause de la surstimulation, et même les producteurs admettent qu'ils créent ce fétiche pour un public hétéro. Mes pensées que je pourrais être bi/gay étaient plus une illusion optique/psychologique.
>
> *
>
> Enfant, j'étais très sportif, intelligent et sociable. J'étais toujours heureux et j'avais des tonnes d'amis. Tout changea vers l'âge

---

36. Daine, K. et al. *The Power of the Web: A Systematic Review of Studies of the Influence of the Internet on Self-Harm and Suicide in Young People*. PLOS ONE, 8, e77555 (2013).

de 11 ans, après avoir téléchargé KaZaA et commencé à explorer presque tous les types de porno imaginables (domination, animal, amputation, etc.). J'ai commencé à souffrir d'une dépression et d'une anxiété sévères. Les quinze années suivantes de ma vie furent un cauchemar. J'étais incroyablement asocial, je ne parlais à personne et je déjeunais seul. Je détestais tout le monde. J'ai abandonné tous les sports que je pratiquais, même si j'étais parmi les meilleurs. Mes notes chutèrent au point d'être à peine passables. Aussi difficile que ce soit d'y repenser aujourd'hui, j'avais même commencé à planifier ma propre sortie de ce monde de type *Columbine High School*.

Après avoir arrêté la pornographie, les bienfaits rapportés sont souvent impressionnants. Indirectement, ces témoignages suggèrent que certains cerveaux ont été profondément affectés par la pornographie à haut débit, ultra-stimulante, d'aujourd'hui. Comme nous le verrons, des recherches commencent à corroborer ces récits, même si la direction de la causalité reste débattue. Des corrélations émergent entre l'utilisation du porno, ou son usage problématique, et de nombreux phénomènes observés régulièrement sur les forums, comme la dépression, l'anxiété, le stress, l'anxiété sociale, les problèmes d'attention, la perte d'attraction pour les personnes réelles, les dysfonctions sexuelles, l'insatisfaction sexuelle et relationnelle, les goûts sexuels modifiés, et la consommation de contenus de plus en plus extrêmes.

Compte tenu du poids des témoignages de première main issus de ces forums à travers le monde démontrant que l'élimination de la pornographie a des effets profonds, l'accent devrait être mis sur des recherches supplémentaires pour éclairer les mécanismes de ce qui se passe réellement. Elles pourraient également aider à distinguer ceux qui souffrent des effets du porno de ceux ayant d'autres troubles, comme les traumatismes d'enfance ou les problèmes d'attachement. Il va sans dire que tout ne peut être imputé à l'utilisation de la pornographie sur internet. Il va également sans dire qu'une attraction pour les personnes transgenres, un intérêt pour la domination, ou d'autres inclinations, peuvent faire partie d'une identité sexuelle durable et épanouissante. Le problème réside dans les effets du porno sur le cerveau, et non dans un aspect particulier de la diversité colorée des désirs humains.

Symptômes courants

Bien que la plupart des premiers essais d'abandon de la pornographie en ligne aient été des tentatives désespérées pour inverser des dysfonctions sexuelles en détérioration, aujourd'hui, beaucoup tentent l'expérience pour obtenir une large gamme de bienfaits. Dans cette section, vous trouverez une sélection de témoignages décrivant les améliorations après l'arrêt du porno, répartis par catégories. Cependant, de nombreux utilisateurs rapportent une variété d'améliorations diversifiées. Par exemple, cet ancien utilisateur écrit :

Améliorations depuis l'arrêt :

– l'anxiété sociale s'est drastiquement améliorée : plus de confiance, meilleur contact visuel, plus d'aisance dans les interactions, plus de fluidité, etc.

– plus d'énergie en général ;

– esprit plus clair, plus vif, meilleure concentration ;

– visage plus éclatant ;

– dépression atténuée ;

– désir d'interagir avec les femmes ;

– les érections sont de retour !!

Un autre homme se décrit *pendant* sa consommation de porno :

– Mes amis s'éloignaient de moi. J'avais abandonné la vie sociale pour m'enfermer dans ma chambre et me faire plaisir ;

– ma famille m'aimait inconditionnellement, mais ne prenait pas plaisir à ma compagnie ;

– j'avais du mal à me concentrer sur mon travail ainsi que sur mes cours à l'université ;

– je n'avais pas de petite amie ;

– j'avais une énorme anxiété dans mes interactions humaines en général ;

– je m'entraînais furieusement, mais je ne semblais jamais en tirer de bénéfices ;

– tout le monde me disait que j'étais mentalement absent. Je me suis même vu dans une vidéo où l'on pouvait apercevoir un regard vide dans mes yeux. Personne n'était là. Définition du « perdu dans l'espace » ;

– pas d'ÉNERGIE, peu importe combien je dormais, RIEN. AUCUNE. Toujours fatigué. Cernes sous les yeux, teint pâle, acné et déshydraté ;

– j'étais terriblement déprimé ;

– je souffrais de dysfonction érectile (DE) causée par la pornographie ;

– j'étais stressé, anxieux, confus et perdu ;

– je ne vivais pas la vie, mais je n'étais pas mort non plus. J'étais un zombie.

Les gens se demandent naturellement comment des symptômes aussi disparates pourraient être associés à l'utilisation de la pornographie sur internet, et quels changements physiologiques expliqueraient les améliorations. Ils se demandent également pourquoi certains utilisateurs constatent des résultats différents ou pas de résultat du tout.

La recherche sur les raisons sous-jacentes des effets de la pornographie en ligne ne fait que commencer, mais dans le chapitre suivant, je proposerai des hypothèses basées sur les nombreuses données scientifiques disponibles sur la plasticité cérébrale et l'utilisation d'internet. En attendant, examinons de plus près les témoignages de ce qui est vécu.

Interférence avec la vie, perte de contrôle

L'incapacité de contrôler l'usage et une utilisation qui interfère avec la vie quotidienne sont deux signes cardinaux de l'addiction. Les priorités ont changé en raison de modifications dans le cerveau, que nous examinerons plus tard. En pratique, les récompenses naturelles de la vie, comme l'amitié, l'exercice et les accomplissements, ne peuvent plus rivaliser. Votre cerveau croit désormais que CELA – dans ce cas, l'utilisation de la pornographie sur internet – est un objectif important, équivalent à votre survie :

> La plupart des jours, je me branlais tellement qu'à la fin de la journée, quand j'atteignais l'orgasme, il ne sortait même plus rien. La dysfonction érectile de ma première fois m'a envoyé dans une spirale de porno. Je me réveillais littéralement, me tournais et me masturbais, toute la journée, puis le soir, je me masturbais et m'endormais. Six fois par jour ou plus, sans blague. Autant dire que ma vie était un vrai désastre, tous les effets néfastes du porno multipliés par 10. Je savais que le porno et la masturbation me nuisaient, mais j'étais dans le déni. La masturbation, c'est bon pour la santé, non ? On ne peut pas être accro au porno.

*

> Mon pire moment, c'est quand j'ai perdu mon diplôme de pharmacie et ma copine le même jour, à cause du porno et de la procrastination.

*

> J'utilisais du porno transgenre pour me stimuler afin de finir avec du porno hétérosexuel. Sans m'en rendre compte, je regardais bientôt beaucoup de porno tabou et extrême, que je n'aurais jamais envisagé il y a quelques années. Je n'arrivais pas à croire que je m'étais laissé aller à ce point. Je ne pouvais tout simplement pas m'arrêter.

*

> (Femme) Je peux jouir un nombre ridicule de fois en une nuit, car le corps féminin le permet. Beaucoup de femmes (pas toutes) passent beaucoup de temps, non pas avec du porno, mais avec de l'érotisme. Nous fantasmons beaucoup pour jouir, tandis que les hommes sont très visuels. Avec internet, c'est facile de trouver de l'érotisme partout, et il y a des forums entiers dédiés au type d'érotisme que vous voulez. Au pire de ma consommation, j'ouvrais sept ou huit sites différents et je passais environ trois ou quatre heures, voire plus, à chercher l'histoire parfaite pour jouir.

*

Je pensais que c'était à cause d'une libido accrue que je regardais autant de porno. Maintenant, je sais que j'avais tort. J'étais accro. Je sortais à peine et, certainement, je n'avais aucun contact avec des femmes.

*

Avant d'arrêter, je me sentais comme une merde 24h/24. Je n'avais aucune énergie, aucune motivation. J'étais léthargique à chaque heure de chaque jour. Je ne mangeais pas bien. Je ne faisais pas d'exercice. Je n'étudiais pas. Je ne me souciais pas de mon hygiène personnelle. Et je ne pouvais pas m'en soucier. Dans l'état où j'étais, il était extrêmement difficile de tenir debout plus de trois minutes, et encore moins de faire quelque chose de productif. Ça fait maintenant plus d'un mois et je me sens tellement mieux.

*

Tout, de ma vie sociale à ma santé physique, a été abîmé par cette addiction. Le pire, c'est que je me justifiais constamment dans ma tête en me disant que c'était « bon pour moi » et « au moins ce n'est pas une drogue ».

*

Pendant les sommets de mon addiction au porno, je n'attendais jamais grand-chose avec impatience : je redoutais d'aller au travail et je ne trouvais pas que socialiser avec mes amis et ma famille était si génial, surtout en comparaison avec mes rituels pornographiques, qui me procuraient plus de plaisir et de stimulation que tout le reste. Avec l'addiction disparue, les petites choses me rendent vraiment heureux. Je me surprends souvent à rire, à sourire sans raison particulière, et à être simplement de bonne humeur en général.

*

Je pensais que j'étais pessimiste, mais, en réalité, j'étais juste accro.

Incapacité à atteindre l'orgasme pendant les rapports sexuels

Des années d'utilisation de porno peuvent provoquer une variété de symptômes sexuels qui, lorsqu'ils sont examinés, s'inscrivent sur un spectre. Les utilisateurs de porno rapportent souvent que l'éjaculation retardée ou l'incapacité à atteindre l'orgasme (anorgasmie) précèdent une dysfonction érectile complète. Les symptômes suivants peuvent précéder ou accompagner l'éjaculation retardée et la dysfonction érectile :

- les genres de porno visionnés avant ne sont plus excitants ;
- des fétiches inhabituels se développent ;
- le porno est plus excitant sexuellement qu'un(e) partenaire ;
- la sensibilité du pénis diminue ;
- l'excitation sexuelle avec des partenaires sexuels décline ;
- les érections disparaissent lors de la tentative de pénétration ou peu après ;
- les rapports sexuels pénétratifs ne sont pas stimulants ;
- le fantasme pornographique est nécessaire pour maintenir une érection ou l'intérêt avec un(e) partenaire.

Une étude de 2015 portant sur des patients de cliniques sexuelles révèle que 71 % des hommes se masturbant devant du porno plus de sept heures par semaine rapportent des problèmes de fonctionnement sexuel, et 33 % déclarent souffrir d'éjaculation retardée. Dans trois des cinq études mentionnées précédemment, où les sujets ont cessé d'utiliser du porno, l'anorgasmie se résorba. Sans surprise, sept autres articles rapportent des liens entre l'utilisation du porno, une baisse du désir sexuel, ou des difficultés à atteindre l'orgasme.[37]

---

37. Janssen, E. & Bancroft, J. *The Psychophysiology of Sex.*, Chapitre : *The Dual-Control Model: The role of sexual inhibition & excitation in sexual arousal and behavior.* in The Psychophysiology of Sex 197–222 (Indiana University Press, 2007).
Voon, V. et al. *Neural correlates of sexual cue reactivity in individuals with and without compulsive sexual behaviours.* PloS One 9, e102419 (2014).
Blair, L. *How difficult is it to treat delayed ejaculation within a short-term psychosexual model? A case study comparison.* Sex. Relatsh. Ther. 0, 1–11 (2017).
Pizzol, D., Bertoldo, A. & Foresta, C. *Adolescents and web porn: a new era of sexuality.* Int. J. Adolesc. Med. Health 28, 169–173 (2015).

Quelques exemples issus des forums :

> Je suis tellement heureux en ce moment ! J'ai 25 ans et, jusqu'à hier soir, je n'avais jamais atteint l'orgasme en présence d'une femme. J'ai déjà eu des rapports sexuels, mais je n'ai jamais été proche de jouir, quelle que soit la stimulation. J'ai commencé comme beaucoup d'entre vous, en utilisant du porno sur internet à partir de mes 15 ans. Si seulement j'avais su ce que je me faisais à moi-même.

*

> (29 ans) dix-sept ans de masturbation et douze ans de porno extrême/fétichiste. J'ai commencé à perdre tout intérêt pour le « vrai » sexe. L'excitation et la libération du porno sont devenues plus fortes que celles du sexe. Le porno offre une variété illimitée. Je pouvais choisir ce que je voulais voir sur le moment. Mon éjaculation retardée pendant les rapports sexuels est devenue si grave que parfois je ne pouvais pas du tout avoir d'orgasme. Cela a tué mon dernier désir de sexe.

*

> J'ai vécu avec des problèmes d'éjaculation retardée toute ma vie, et je n'ai jamais trouvé personne (y compris des médecins) qui connaisse ce dysfonctionnement ou qui ait des suggestions pour l'améliorer. J'ai commencé à utiliser du Viagra et du Cialis pour maintenir une érection suffisamment longtemps pour atteindre l'orgasme – ce qui prenait souvent plus d'une heure de stimulation intense. Je pensais également que des doses régulières de porno étaient nécessaires. Bonne nouvelle : en me tenant éloigné du porno, je vis désormais certaines des expériences sexuelles les plus satisfaisantes de ma vie, sans aucun

---

Daneback, K., Traeen, B. & Månsson, S.-A. *Use of pornography in a random sample of Norwegian heterosexual couples.* Arch. Sex. Behav. 38, 746–753 (2009).

Carvalheira, A., Træen, B. & Štulhofer, A. *Masturbation and Pornography Use Among Coupled Heterosexual Men With Decreased Sexual Desire: How Many Roles of Masturbation?* J. Sex Marital Ther. 41, 626–635 (2015).

Wright, P. J., Sun, C., Steffen, N. J. & Tokunaga, R. S. *Associative pathways between pornography consumption and reduced sexual satisfaction.* Sex. Relatsh. Ther. 0, 1–18 (2017).

médicament pour la dysfonction érectile. Et j'ai deux décennies de plus que la plupart d'entre vous. Mes érections sont plus fréquentes, plus fermes, et durent plus longtemps. Nos moments d'intimité sont relaxants et durent aussi longtemps que nous le souhaitons, ma partenaire et moi.

*

(Quatre mois sans porno) Hier, c'était mon anniversaire, et ma petite amie et moi avons eu un rapport sexuel. Nous sommes actifs sexuellement depuis des mois, mais je n'avais jamais atteint l'orgasme une seule fois pendant nos rapports, jusqu'à hier. C'était la plus grande sensation que j'aie jamais ressentie. Un énorme poids s'est envolé de mes épaules et de celles de ma petite amie, car elle se sentait assez complexée par ce problème.

*

J'avais de sérieux problèmes d'éjaculation retardée avec ma précédente petite amie. Je parle de deux à trois heures de rapports pour réussir à atteindre l'orgasme (donc, en général, je finissais par arrêter et rentrer chez moi pour me masturber).

*

Mon succès continue à la semaine 10 de mon « redémarrage » (rebooting)... une session encore meilleure avec ma femme ce soir. Non seulement j'ai réussi à jouir relativement rapidement (vainquant l'éjaculation retardée), mais je l'ai fait sans avoir besoin d'être aussi intense que d'habitude pour finir. Je suis resté lent tout le temps, comme jamais auparavant, et c'était génial. Je pourrais même dire que j'ai essayé de ralentir à la fin parce que je ne voulais pas terminer si vite ! Pas mal pour quelqu'un qui a eu de sérieux problèmes d'éjaculation retardée pendant plusieurs années.

Problèmes d'érection lors des rapports sexuels
Comme mentionné, sur la plupart des forums, la dysfonction érectile (DE) est la principale motivation pour éliminer le porno. L'éminent urologue Harry Fisch, MD, observe également des dysfonctionne-

ments sexuels liés au porno dans sa pratique. Dans *The New Naked*, il écrit :

> Je peux savoir combien de porno un homme regarde dès qu'il commence à parler ouvertement de ses dysfonctionnements sexuels... Un homme qui se masturbe fréquemment peut rapidement développer des problèmes d'érection lorsqu'il est avec son partenaire. Ajoutez du porno à l'équation, et il peut devenir incapable d'avoir des relations sexuelles... Un pénis habitué à un type particulier de stimulation menant à une éjaculation rapide ne fonctionnera pas de la même manière lorsqu'il est excité différemment.

Entre 1948 et 2002, les taux historiques de DE chez les hommes de moins de 40 ans étaient constamment de 2 % à 3 %, et ils ne commençaient à augmenter significativement qu'ensuite.[38, 39] Cependant, depuis 2010, six études ont trouvé des taux de DE allant de 14 % à 33 % chez les hommes jeunes, soit une augmentation de 1 000 % au cours des quinze dernières années.[40]

Une autre preuve de cette augmentation sans précédent des dysfonctionnements sexuels provient d'une enquête sur la fonction sexuelle (*Global Study of Sexual Attitudes and Behaviour*), menée auprès d'un grand nombre d'hommes dans plusieurs pays européens. En 2001-2002, l'enquête fut administrée à 13 618 hommes sexuellement actifs dans 29 pays.[41] Une décennie plus tard, en 2011, elle le fut à 2 737 hommes sexuellement actifs en Croatie, Norvège et Portugal.[42] Le groupe de 2001-2002 était âgé de 40 à

---

38. De Boer, B. J. et al. *Erectile dysfunction in primary care: prevalence and patient characteristics. The ENIGMA study. Int. J. Impot. Res.* 16, 358–364 (2004).
39. Prins, J., Blanker, M., Bohnen, A., Thomas, S. & Bosch, J. *Prevalence of erectile dysfunction: a systematic review of population-based studies. Publ.* Online 13 déc. 2002, https://doi.org/10.1038/sj.ijir.3900905 .
40. Park, B. Y. et al. *Is Internet Pornography Causing Sexual Dysfunctions? A Review with Clinical Reports. Behav. Sci.* 6, (2016).
41. Nicolosi, A. et al. *Sexual behavior and sexual dysfunctions after age 40: the global study of sexual attitudes and behaviors. Urology* 64, 991–997 (2004).
42. Landripet, I. & Štulhofer, A. *Is Pornography Use Associated with Sexual Difficulties and Dysfunctions among Younger Heterosexual Men? J. Sex. Med.* 12, 1136–1139 (2015).

80 ans. Celui de 2011 avait 40 ans ou moins. Selon les études historiques, on s'attendrait à ce que les hommes plus âgés aient des taux de DE beaucoup plus élevés que les jeunes (voir ci-dessus). Cependant, en seulement une décennie, la situation changea radicalement : alors que le taux de DE pour les hommes de 40 à 80 ans était d'environ 13 % en Europe en 2001-2002, il variait en 2011 de 14 % à 28 % chez les jeunes Européens âgés de 18 à 40 ans.

En résumé, plusieurs études de la dernière décennie utilisant divers outils d'évaluation révèlent que des difficultés lors des relations sexuelles avec partenaire touchent jusqu'à un jeune homme sur trois.

Les adolescents mâles souffrent de manière disproportionnée. En 2016, une étude menée par des sexologues canadiens montra que les problèmes de fonctionnement sexuel étaient étrangement plus élevés chez les adolescents masculins que chez les adultes masculins (dont les taux augmentent aussi). Sur une période de deux ans, 78,6 % des hommes (âgés de 16 à 21 ans) rapportèrent un problème lors d'activités sexuelles avec un partenaire. Les troubles les plus courants incluaient la dysfonction érectile (45 %), un faible désir sexuel (46 %) et des difficultés à atteindre l'orgasme (24 %).[43]

Incidemment, les problèmes sexuels féminins étaient également élevés. Par exemple, près de la moitié des femmes (47,9 %) déclarèrent des douleurs lors des relations sexuelles avec un partenaire. En 2014, une équipe britannique intriguée par la fréquence à laquelle les jeunes rapportaient pratiquer le sexe anal hétérosexuel mena une étude qualitative auprès de participants âgés de 16 à 18 ans. Les résultats ? « Le sexe anal hétérosexuel semblait souvent douloureux, risqué et coercitif, en particulier pour les femmes. »[44]

Des taux élevés de dysfonction érectile et de faible désir sexuel chez les adolescents mâles devraient surprendre tout le monde. Imaginez

---

43. O'Sullivan, L. F., Byers, E. S., Brotto, L. A., Majerovich, J. A. & Fletcher, J. *A Longitudinal Study of Problems in Sexual Functioning and Related Sexual Distress Among Middle to Late Adolescents. J. Adolesc. Health Off. Publ. Soc. Adolesc. Med.* (2016). doi:10.1016/j.jadohealth.2016.05.001

44. Marston, C. & Lewis, R. *Anal heterosex among young people and implications for health promotion: a qualitative study in the UK. BMJ Open* 4, e004996 (2014).

à quel point ces conditions seraient inédites chez de jeunes taureaux ou étalons. Les sexologues qui collectèrent les données pour l'étude sur les adolescents étaient « incertains » quant à la raison de ces taux élevés et ne mentionnèrent même pas la surconsommation de porno en ligne comme une possible influence.

Cependant, à mon avis, aucune autre variable n'a changé au cours des vingt dernières années pour expliquer une si forte augmentation des cas de dysfonction érectile (DE) juvénile et de faible libido. Par exemple, les modes de vie malsains, tels qu'une mauvaise alimentation conduisant à l'obésité, l'abus de substances et le tabagisme (facteurs historiquement corrélés à la DE organique), n'ont pas changé proportionnellement ou ont diminué au cours des vingt dernières années. Les taux d'obésité chez les hommes américains âgés de 20 à 40 ans n'ont augmenté que de 4 % entre 1999 et 2008[45] ; les taux de consommation de drogues illicites chez les citoyens américains âgés de 12 ans ou plus sont restés relativement stables au cours des quinze dernières années[46] ; et les taux de tabagisme chez les adultes américains ont diminué, passant de 25 % en 1993 à 19 % en 2011.[47]

Certains suggèrent que l'anxiété ou la dépression pourraient expliquer cette augmentation marquée, mais ce ne sont pas des causes évidentes de DE. Par exemple, une étude révèle que l'anxiété augmente l'intérêt sexuel chez 21 % des sujets, tout en le diminuant chez 28 %.[48] En ce qui concerne la dépression et la DE, les études suggèrent que la DE entraîne une dépression plutôt que l'inverse.[49]

---

45. Flegal, K. M., Carroll, M. D., Ogden, C. L. & Curtin, L. R. *Prevalence and trends in obesity among US adults, 1999-2008. JAMA* 303, 235–241 (2010).
46. *Results from the 2013 NSDUH: Summary of National Findings*, SAMHSA, CBHSQ. Disponible sur : https://www.samhsa.gov/data/sites/default/files/NSDUHresultsPDFWHTML2013/Web/NSDUHresults2013.htm#fig2.2.
47. Health, C. O. on S. and. *Smoking and Tobacco Use; Data and Statistics; Tables, Charts, and Graphs; Trends in Current Cigarette Smoking. Smoking and Tobacco Use*. Disponible sur : http://www.cdc.gov/tobacco/data_statistics/tables/trends/cig_smoking/.
48. Bancroft, J. et al. *The relation between mood and sexuality in heterosexual men. Arch. Sex. Behav.* 32, 217–230 (2003).
49. Mathew, R. J. & Weinman, M. L. *Sexual dysfunctions in depression. Arch. Sex. Behav.* 11, 323–328 (1982).

Même si davantage de jeunes hommes sont anxieux et déprimés en 2017, une légère augmentation par rapport à 2001 pourrait-elle expliquer la hausse rapide et multipliée des troubles sexuels chez les jeunes, tels qu'un faible désir sexuel, des difficultés à atteindre l'orgasme et la DE ? Peut-être que les sexologues canadiens n'avaient aucune idée qu'au moins vingt-trois études lient l'utilisation de la pornographie ou la dépendance à la pornographie à des problèmes sexuels et à une moindre activation cérébrale face à de la pornographie « vanille ».[50]

J'ai observé deux schémas divergents de rétablissement parmi ceux qui décrivent leurs expériences dans des témoignages en ligne. Quelques hommes récupèrent en un laps de temps relativement court : environ deux à trois semaines. Peut-être que leurs difficultés sont dues à un conditionnement léger, à des niveaux excessifs de masturbation (alimentés par la pornographie sur internet) ou à un cas mineur de désensibilisation (un changement lié à l'addiction que nous discuterons dans le prochain chapitre).

La grande majorité des hommes ont besoin de deux à six mois (ou plus) pour se rétablir *complètement*. La plupart des cas de « redémarrage long » traversent une variété de symptômes de sevrage, notamment la redoutée phase de « plat ». Typiquement, il s'agit de jeunes hommes qui ont commencé tôt avec la pornographie sur internet. Je soupçonne que cette tendance malheureuse est le résultat naturel de cerveaux adolescents[51] très malléables entrant en collision avec la pornographie sur internet :

> Quand j'ai perdu ma virginité, cela n'a vraiment pas été bien agréable. Je m'ennuyais, en fait. J'ai perdu l'érection après peut-être dix minutes. Elle voulait plus de sexe, mais j'avais terminé.

---

50. *Your Brain On Porn. Studies linking porn use or porn/sex addiction to sexual dysfunctions, lower arousal, and lower sexual & relationship satisfaction. Your Brain On Porn.* Disponible sur : https://www.yourbrainonporn.com/relevant-research-and-articles-about-the-studies/porn-use-sex-addiction-studies/studies-linking-porn-use-or-porn-sex-addiction-to-sexual-dysfunctions-and-poorer-sexual-and-relationship-satisfaction/.
51. Harper, C. & Hodgins, D. C. *Examining Correlates of Problematic Internet Pornography Use Among University Students.* J. Behav. Addict. 5, 179–191 (2016).

La fois suivante où j'ai essayé d'avoir des relations sexuelles avec une femme a été un désastre. J'ai eu une érection au début, mais je l'ai perdue avant même de pénétrer. L'utilisation d'un préservatif était hors de question – l'érection n'était pas assez ferme.

*

Mon point le plus bas a été quand je n'ai pas pu bander avec ma copine (maintenant ex-copine) non seulement une seule fois, mais à plusieurs reprises au cours de notre relation de trois ans. Nous n'avons jamais atteint l'orgasme lors des rapports vaginaux. Je consultais des médecins ; j'achetais des livres avec des exercices pour le pénis ; j'essayais de changer mes habitudes en me masturbant sur de la pornographie POV (au lieu de la pornographie extrême dont j'étais accro). Elle m'a toujours soutenu pendant tout ce temps (cette fille m'aimait vraiment de tout son cœur). Elle a même acheté de la belle lingerie et a fait des efforts pour être « la salope dans la chambre ». MAIS même avec cela, je n'étais pas excité parce que la pornographie que je regardais était bien plus extrême que ça (viol, sexe forcé).

*

Je n'ai jamais eu de problème à bander avec de la pornographie, mais lorsqu'il s'agissait de la vraie chose, j'ai commencé à prendre du Cialis. Avec le temps, j'en prenais de plus en plus, et même avec ça, il y avait des moments où cela fonctionnait seulement partiellement. C'était quoi ce bordel ? Pourtant, je pouvais toujours bander devant de la pornographie.

En revanche, la plupart des hommes plus âgés commencèrent leur parcours de masturbation avec un catalogue, un magazine, une vidéo, de la pornographie à la télévision de mauvaise qualité ou, de manière étonnante (pour les jeunes d'aujourd'hui), leur imagination. Ils eurent également, en général, *quelques* expériences sexuelles réelles, ou au moins des relations amoureuses avec un(e) partenaire réel(le), avant de tomber sous le charme de la pornographie en ligne à haut débit. Leurs circuits cérébraux liés au « sexe réel » peuvent temporairement être submergés par la pornographie hyper-stimulante d'internet, mais ils restent fonctionnels une fois la distraction de la pornographie écartée :

> (Marié, 52 ans) J'ai plusieurs décennies de pornographie derrière moi (si je puis dire). Je n'ai pas regardé de porno ni me suis masturbé depuis presque quatre semaines, et tout ce que je peux dire, c'est que le changement est spectaculaire. Ce matin, je me suis réveillé avec l'une des érections les plus intenses que j'aie jamais eues. Ma femme l'a remarquée et a eu la gentillesse de me faire une magnifique fellation, tout ça avant 7 heures du matin ! Avant cela, je ne me souviens pas m'être réveillé comme ça depuis mon adolescence. De plus, la sensation était très intense, bien meilleure que n'importe quel orgasme lié au porno dont je me souvienne.

*

> (Marié, 50 ans) Je n'ai jamais pensé que j'avais une DE. J'arrivais à avoir des relations sexuelles avec ma femme. Mais, mon Dieu, comme je me trompais ! Depuis ma récupération, mes érections sont bien plus grosses, pleines et durables, et le gland est enflé. Ma femme le remarque à chaque fois. Je reste aussi en érection même après l'orgasme et je pense que je pourrais rester comme ça trèèèès longtemps. Mon érection matinale est également plus grande et plus grosse. J'avais vraiment une DE, mais j'étais trop pris dans mon addiction pour m'en rendre compte. Et, rappelez-vous, j'ai 50 ans.

*

> La récompense de quatre mois sans porno a été l'amélioration de ma vie sexuelle avec ma femme, et après presque quinze ans ensemble, c'est une récompense considérable. Hourra pour le sexe « vanille ». J'ai l'impression de ressentir plus qu'avant.

Voici un homme qui se situe entre les deux, ayant commencé avec de la pornographie sur internet, mais pas à haut débit :

> Je me masturbais beaucoup à partir de l'âge de 13 ans et je regardais du porno à partir de 14 ans. Progressivement, il me fallait de plus en plus pour m'exciter : des fantasmes plus grands ou de la pornographie plus hardcore, et j'ai arrêté d'avoir des érec-

tions sans stimulation physique. Pendant les rapports sexuels, j'avais du mal à avoir ou à maintenir une érection, surtout pour la pénétration. Au cours des sept dernières années, je n'ai pas réussi à maintenir une relation, et la principale raison était ce problème. Maintenant, la bonne nouvelle : quand j'ai réalisé la cause, j'ai immédiatement arrêté la pornographie. Au cours des six dernières semaines, j'ai évité de me masturber autant que possible. (Mon meilleur record était de neuf jours !) Tous ces efforts ont porté leurs fruits. Je viens de passer un week-end avec une fille, et c'était le meilleur de ma vie. J'ai encore beaucoup d'anxiété à cause de toutes les mauvaises expériences accumulées au fil des années. Mais je voulais juste vous dire que cela peut fonctionner, et que ça en vaut vraiment la peine !

Et qu'en est-il des femmes ? L'utilisation de la pornographie semble également affecter la réactivité sexuelle de certaines femmes :

Pour nous, les filles, une sorte de DE liée à la pornographie est difficile à repérer, mais je le ressens de la même manière que les hommes la décrivent. Il y a du désir, mais pas d'excitation. Pas de pulsation, de tiraillement, de sensation envahissante et agréable dans le clitoris et le bas-ventre, seulement une sorte d'élan mental vers le climax. Et moi aussi, j'ai une EP [éjaculation précoce], sauf que cela pourrait plus précisément être décrit comme un OP [orgasme précoce] : un orgasme survenant alors que l'excitation est faible, avec une qualité d'orgasme assez médiocre et imprévue, sauf pour une sorte de tension proche de l'anxiété, localisée dans les organes génitaux.

Éjaculation précoce inhabituelle

Bien que plus rare que la dysfonction érectile ou l'éjaculation retardée, les utilisateurs intensifs de pornographie rapportent parfois une amélioration de ce symptôme après avoir arrêté d'en consommer. L'éjaculation précoce liée à l'utilisation de la pornographie peut sembler contre-intuitive. Deux explications viennent à l'esprit : peut-être qu'un homme a conditionné son système nerveux à éjaculer très rapidement (ou alors qu'il est partiellement en érection), comme cet homme le décrit :

La masturbation et la pornographie peuvent causer l'éjaculation précoce, surtout si vous commencez jeune. Vous voulez atteindre le climax/l'orgasme rapidement par peur d'être surpris. Alors vous apprenez à votre esprit que, quand vous êtes en érection, votre travail est d'éjaculer rapidement sans profiter des sensations intermédiaires.

Pour d'autres, la pornographie peut devenir un puissant déclencheur en raison d'une forte association entre le porno et l'éjaculation. Cette réponse automatique et fortement excitante est similaire au chien de Pavlov qui salive au son d'une cloche :

> Je n'éprouve plus l'EP extrême que j'avais pendant de nombreuses années avant mon redémarrage. C'est vraiment un miracle, car j'avais toujours supposé que c'était un défaut génétique. Je n'avais pas fait le lien avec la possibilité que ce soit induit par le porno. Avant mon redémarrage, mon pénis en érection était très sensible (hypersensible), rendant l'éjaculation embarrassante de facilité (et de rapidité). Mon pénis devenait dur comme du roc et se tenait à 12 heures, la peau tendue comme une peau de tambour. Il était une fusée prête à être lancée depuis la rampe de lancement. Le compte à rebours commençait à 10 secondes : 10, 9, 8, 7, 6, 5, 4, 3, 2 … 1, ORGASME. Les mots « Désolé, ma chérie » étaient devenus ma devise. Mais aujourd'hui, après 52 jours de redémarrage, mon pénis n'est plus sur la rampe de lancement de la fusée. Il se tient à 10 heures. J'ai une érection plus douce, mais plus volumineuse. Ne vous méprenez pas, elle est toujours très dure et capable de pénétration vaginale, mais elle est plus plastique, moins rigide, moins sensible et moins explosive. Le plus important pour ma relation avec ma femme, c'est que je peux durer plus longtemps. Le redémarrage fonctionne très bien pour mon EP induite par le porno !

*

Quand vous regardez du porno, vous êtes sur-stimulé et l'éjaculation n'est qu'à un coup près. J'ai parlé à de nombreux hommes plus âgés que moi et leur ai demandé comment ils faisaient pour durer longtemps. Beaucoup m'ont dit qu'ils duraient naturellement parce qu'ils ne regardaient pas de porno et ne se masturbaient pas. Mon cousin, qui dit durer vingt à trente minutes, m'a dit qu'il dure encore plus longtemps quand il ne regarde pas de porno ni ne se masturbe.

*

Je sortais avec ma maintenant ex-petite amie depuis deux ans avant que nous ne rompions. Je n'avais jamais eu de problème sexuel (que ce soit une DE ou une EP). Je n'étais pas accro au porno, bien que je m'y masturbais occasionnellement. Après notre rupture, j'ai commencé à utiliser du porno régulièrement et à aller dans des salons de massage avec « extras ». Après six mois, je suis retourné avec la même fille et j'ai quelque peu réduit la fréquence de mes autres activités. Le sexe était horrible avec ma petite amie (ou du moins, ça l'était pour elle). Je n'avais pas de problème pour bander (sauf peut-être une ou deux fois), mais je ne pouvais pas durer plus d'une minute. La relation a duré un an, pendant lequel je ne l'ai pas, même une seule fois, fait jouir par pénétration. La même fille à qui je donnais des orgasmes multiples six mois auparavant.

Pour d'autres, l'EP peut être liée à un historique d'orgasmes forcés avec des érections faibles :

Je me forçais à éjaculer le matin avant l'école, et plusieurs fois après. Je n'étais même pas excité ni dur, simplement poussé par une sorte de besoin compulsif de continuer à me forcer à jouir. Mes habitudes mécaniques avec le porno ont complètement enlevé toute sensualité à l'acte d'orgasme, le réduisant à une courte poussée et un spasme musculaire automatique. Si vous avez une EP induite par le porno, réfléchissez aux nouveaux comportements, sensations et sentiments qui sont apparus avec son début. Avant, les orgasmes étaient absolument phénoménaux (mes putains de genoux tremblaient littéralement), mais maintenant je jouis avec une contraction mécanique sans aucune réelle gratitude pour l'acte (et cela inclut avec des femmes). Ça semble différent, et nul.

Des fétiches pornographiques troublants

Autrefois, les hommes pouvaient faire confiance à leur pénis pour leur indiquer tout ce qu'ils devaient savoir sur leurs préférences sexuelles ou leur orientation. Or, cela, c'était avant l'arrivée des vidéos pornographiques facilement accessibles.

Les cerveaux sont malléables. La vérité est que nous entraînons constamment notre cerveau, que ce soit avec ou sans notre participation consciente. De nombreux témoignages montrent qu'il n'est pas rare que les utilisateurs de pornographie passent d'un genre à un autre, arrivant souvent à des contenus qu'ils trouvent personnellement perturbants ou déconcertants. Qu'est-ce qui pourrait être à l'origine de ce phénomène ?

Une explication possible est la rencontre entre l'ennui ou l'habituation et le cerveau adolescent en plein développement. Les adolescents recherchent des sensations fortes et se lassent facilement. Ils adorent la nouveauté. Plus c'est étrange, mieux c'est. De nombreux jeunes hommes décrivent se masturber d'une main tout en cliquant sur des vidéos de l'autre. La pornographie lesbienne devient ennuyeuse, alors ils explorent de la pornographie incestueuse. La nouveauté et l'anxiété s'installent – et toutes deux augmentent l'excitation sexuelle. Avant même qu'ils ne s'en rendent compte, ils atteignent l'orgasme, et une nouvelle association commence à s'imprimer dans leurs circuits sexuels.

Jamais auparavant les adolescents en développement n'eurent la possibilité de passer aussi facilement d'un genre à un autre tout en se masturbant. Cette pratique banalisée pourrait bien représenter l'un des principaux dangers de la pornographie actuelle :

> Avant de commencer à regarder du porno sur internet, je ne m'intéressais pas aux trucs bizarres. Je regardais juste des vraies filles de mon âge. Maintenant, j'aime les femmes à forte poitrine, les femmes rondes et pulpeuses, les femmes matures séduisantes, les transgenres, les travestis, les femmes corpulentes, les très minces, et les adolescentes. Une fois, j'ai vu quelques secondes d'une vidéo bisexuelle (une femme, deux mecs) et j'ai commencé à ressentir ce sentiment de « tabou »,

mais je ne lui ai pas donné sa chance, je ne me suis pas masturbé dessus et j'ai changé la vidéo. Donc, je ne regarde pas de vidéos bisexuelles et je n'en ai pas envie. C'est parce que je ne leur ai pas donné leur chance. Mais j'ai donné une chance à tous les types de porno que j'ai vus. Si j'avais donné une chance au porno de grand-mères, j'en aurais aussi envie maintenant.

La tendance à rechercher des contenus pornographiques plus extrêmes ne se limite pas aux adolescents. Dans une étude menée avant l'ère d'internet, des participants furent exposés soit à de la pornographie courante et non violente, soit à des vidéos innocentes pendant une heure chaque semaine pendant six semaines consécutives. Deux semaines plus tard, ils visionnèrent des cassettes en privé, avec le choix entre des vidéos classées tous publics, réservées aux adultes, ou classées X. Les participants qui avaient regardé de la pornographie montrèrent peu d'intérêt pour la pornographie non violente, préférant visionner des contenus avec des pratiques d'attache ou d'immobilisation érotique (*bondage*), de sadomasochisme et de bestialité. Cette préférence de consommation était beaucoup plus marquée chez les hommes, bien qu'elle soit également présente, dans une certaine mesure, chez les femmes.[52]

L'un des auteurs de l'étude fit remarquer que les consommateurs de pornographie sont peu susceptibles de se limiter à de la pornographie courante lorsqu'ils ont la possibilité de consommer du contenu présentant des pratiques sexuelles moins communes, y compris des comportements sadomasochistes et sexuels violents. Il nota également qu'après une exposition fréquente à la pornographie, « les érections étaient moins prononcées et moins bien maintenues ». La vision de contenus pornographiques plus extrêmes devenait donc attrayante, car elle était encore capable de provoquer de l'excitation sexuelle. Cependant, l'introduction de pornographie nouvelle ne parvenait pas à ramener l'intérêt aux niveaux initiaux. Les réactions de plaisir étaient inexistantes ou traduisaient une déception, et

---

[52]. Zillmann, D. & Bryant, J. *Pornography's Impact on Sexual Satisfaction. J. Appl. Soc. Psychol.* 18, 438–453 (1988).

ce manque de réactivité persistait pendant des semaines, bien qu'il finisse par s'améliorer progressivement.[53]

En résumé, il y a plus de vingt-cinq ans, il existait déjà des preuves indiquant que les spectateurs de vidéos pornographiques tendaient à s'habituer, à ressentir une diminution de leur réactivité sexuelle, un besoin de stimuli visuels plus extrêmes et une insatisfaction générale. Pourtant, ces preuves furent largement ignorées par les professionnels de la santé sexuelle. Lorsque les chercheurs d'aujourd'hui pensèrent enfin à explorer ce phénomène en lien avec l'utilisation de la pornographie à haut débit et la nouveauté illimitée, il s'avéra que la moitié des participants masculins consommateurs de pornographie rapportaient avoir escaladé vers du matériel en ligne qui ne les intéressait pas auparavant ou qu'ils considéraient comme répugnant. Les chercheurs trouvèrent également les preuves d'une fonction érectile réduite et d'une satisfaction sexuelle globale diminuée.[54]

Une raison connexe à l'escalade des goûts pornographiques est la tolérance, un processus de dépendance plus durable qui pousse à rechercher une stimulation toujours plus intense. J'en parlerai dans le prochain chapitre.

Comme nous le verrons, la nouveauté sexuelle est une méthode infaillible pour réveiller un membre défaillant. Si une nouvelle star du porno ne suffit pas, essayez le viol collectif ou les vidéos gore. Non, vous ne violeriez ni ne démembreriez personne, mais vous avez peut-être maintenant besoin de matériel extrême et d'une angoisse sous-jacente pour vous exciter. Comme mentionné dans l'introduction, le psychiatre Norman Doidge observa également ce processus chez ses patients.

Ce phénomène est si commun, et les preuves de rétablissement si rassurantes, que je vais partager plusieurs témoignages :

---

53. Zillmann, D. *Effects of Prolonged Consumption of Pornography. Pap. Prep. Surg. Gen. Workshop Pornogr. Public Health*. Disponible sur : https://www.taylorfrancis.com/chapters/edit/10.4324/9780203052167-7/effects-prolonged-consumption-pornography-dolf-zillmann.
54. Wéry, A. & Billieux, J. *Online sexual activities: An exploratory study of problematic and non-problematic usage patterns in a sample of men*. Comput. Hum. Behav. 56, 257–266 (2016).

À mesure que ma consommation de porno a progressé pendant mes années d'université, je suis lentement tombé dans des trucs hardcore de plus en plus bizarres, vraiment étranges, qui aujourd'hui ne m'excitent même plus quand j'y pense. C'est l'un des plus grands soulagements – savoir que mes fantasmes reviennent à quelque chose de normal, humain, terrestre et sain.

*

J'en ai assez d'entendre les gens dire : « Tu aimes ce que tu aimes. » Beaucoup des choses que je regarde ne me plaisent même pas. Je n'arrive simplement plus à jouir avec des trucs « normaux ». Je n'aurais jamais pensé me masturber devant des filles qui urinent les unes sur les autres – et aujourd'hui, même ça ne me fait plus rien. La sexualité est complexe, et je pense que nous commençons seulement à explorer les effets de la pornographie sur internet sur les êtres humains. Nous sommes tous des cobayes, et d'après ce que j'ai lu maintes et maintes fois, les gens remarquent des changements.

*

Je peux dire avec certitude absolue que les fantasmes que j'avais sur le viol, l'homicide et la soumission n'étaient jamais là avant ma consommation de porno hardcore de 18 à 22 ans. Quand j'ai arrêté le porno pendant cinq mois, tous ces fantasmes et envies ont disparu. Mes goûts sexuels naturels étaient redevenus « vanille » et le sont toujours. Avec le porno, il faut du contenu de plus en plus hardcore, plus tabou, plus excitant et « interdit » pour arriver à jouir.

*

Je n'aurais jamais pensé que je pourrais avoir des relations sexuelles normales. J'ai toujours cru que mon cerveau était câblé pour n'être excité que par mon fétichisme de domination féminine *femdom* [pornographie où des femmes humilient des hommes], un peu comme un homme gay qui ne pourrait être excité que par des pénis et pas par une femme. Je ne savais pas que le fétichisme que je pensais être ancré dans mon cerveau n'était en réalité que le résultat de mes habitudes de visionnage de porno. C'était un enfer que j'avais créé moi-même. Après trois mois sans porno, ma dernière expérience sexuelle a dissipé tous mes doutes sur l'efficacité d'arrêter.

*

Je suis un homme de 23 ans en bonne condition physique. J'ai commencé à regarder du porno à haut débit à 15 ans, escaladant rapidement de la pornographie « normale » au bukkake [éjaculation répétée sur une femme par plusieurs hommes], à la pornographie transgenre, à la domination féminine, à l'inceste, etc. Je n'ai pas réalisé à quel point je me faisais du mal jusqu'à ce que je perde ma virginité à 20 ans et que j'aie des problèmes pour obtenir et maintenir une érection. Cela a gravement nui à ma confiance en moi et m'a fait craindre le sexe. Résultat similaire avec d'autres femmes. J'ai continué à augmenter la fréquence et la durée de mes sessions de porno, tout en escaladant vers des fétiches de plus en plus troublants. Après un an, j'ai essayé d'avoir des relations sexuelles avec une fille attirante. Je n'ai pas pu tenir. J'ai sombré dans un trou de désespoir. J'ai commencé à regarder des vidéos de « sissy hypno » [hypnose féminisante] et à me masturber occasionnellement de manière anale. Je pensais que j'étais peut-être devenu gay, mais le porno gay ne m'attirait pas. J'ai découvert NoFap et j'ai arrêté. Après quelques rechutes, j'ai atteint la barre des 90 jours. Je n'ai plus aucune envie de porno, surtout de porno extrême. À 87 jours, j'ai eu mon premier rendez-vous depuis des lustres. À 96 jours, ma première fellation depuis que j'avais arrêté. Aucun problème, ce qui est incroyable, car avant, je m'ennuyais pendant les fellations et perdais mon érection. Et à 113 jours, j'ai eu des relations sexuelles et performé mieux que jamais, avec une érection dure comme de la pierre tout le temps. J'ai l'impression qu'on m'a donné une seconde chance dans la vie.

*

Comme tout accro au porno le sait, plus vous regardez de porno, plus vous en avez besoin, et plus vous avez besoin de porno plus hardcore pour vous sentir pleinement excité. Au pire de ma consommation, je m'aventurais dans la bestialité, les scènes fréquentes d'inceste ou d'autres contenus hardcore. Le sexe vaginal réel ne m'a jamais vraiment excité. Le sexe oral ou d'autres types de pratiques non vaginales étaient beaucoup plus attirants. Ils réduisaient la femme à un simple objet de plaisir. Après des mois de «détox mentale», si l'on peut dire, et plusieurs partenaires dans la vraie vie, j'ai perdu ma fixation sur les types de sexe alternatifs. Je suis maintenant réellement attiré par les vagins. Ça paraît drôle, non ? J'apprécie encore d'autres types de sexe à l'occasion, mais l'intimité d'être à l'intérieur d'une femme n'a pas d'égal. Sincèrement, c'est beaucoup, beaucoup plus sexy maintenant. Dans la vraie vie, c'est évidemment gagnant-gagnant. Et mon envie de regarder du porno est passée d'un rugissement constant à un léger gémissement occasionnel. Ce n'est pas une exagération.

Depuis longtemps, les hommes croient que ce qui les excite jusqu'à l'orgasme est une preuve infaillible de leur orientation sexuelle. Ainsi, il peut être particulièrement perturbant d'escalader à travers des fétiches pornographiques changeants qui finissent par jeter un doute sur leur orientation sexuelle. Pourtant, une telle escalade vers des goûts inattendus est étonnamment courante aujourd'hui, en particulier chez les jeunes qui ont grandi en explorant les sites de streaming « tout est permis » dès leur plus jeune âge :

> Quand j'ai eu internet à la fin de mon adolescence, j'ai découvert de nombreux sites pornographiques semblables à YouTube, qui catégorisaient les contenus par fétiches. Au début, mes goûts étaient ceux d'un adolescent normal, mais, au fil des années, ils ont évolué vers du contenu plus agressif. Des thèmes violents contre les femmes pour être plus précis, notamment ces vidéos d'anime/hentai avec des scénarios trop abjects pour être montrés dans la vie réelle. Finalement, je me suis lassé de tout ça, et dans la vingtaine, j'ai trouvé de nouveaux contenus. En un an, j'avais acquis de nombreux nouveaux fétiches, chacun changeant dans des délais de plus en plus courts. Je suis en train d'essayer d'arrêter parce que mes goûts me mettent maintenant très mal à l'aise. Ils sont en conflit avec ma sexualité.

Pire encore, une idée répandue en ligne affirme que la pornographie sur internet permet aux utilisateurs de « découvrir leur sexualité ». Certains jeunes explorateurs audacieux cherchent avec diligence le matériel le plus excitant qu'ils puissent trouver, dans la croyance qu'il révèle qui ils sont sexuellement. Ils ne réalisent pas qu'une érection n'est pas le seul indicateur des tendances sexuelles fondamentales d'une personne. Par exemple, le processus de dépendance lui-même peut conduire à une escalade vers du contenu plus extrême, tout en rendant le porno autrefois excitant confusément inintéressant. De plus, le matériel anxiogène augmente l'excitation sexuelle.[55] Comme l'a expliqué un chercheur, un rythme cardiaque accéléré, des pupilles dilatées et une peau moite – la réaction du corps à l'adrénaline – peuvent être confondus avec une attraction sexuelle. « Nous interprétons mal notre excitation. C'est une erreur de présomption. »[56]

Les intérêts sexuels sont conditionnables (changeables).[57] En fait, plusieurs études ont réussi à conditionner des sujets à des signaux associés à des images érotiques afin de comparer les réponses cérébrales des utilisateurs de pornographie avec celles de groupes témoins.[58] Incidemment, les intérêts sexuels diffèrent des orientations sexuelles fondamentales.[59]

---

55. Wolchik, S. A. et al. *The effect of emotional arousal on subsequent sexual arousal in men. J. Abnorm. Psychol.* 89, 595–598 (1980).
56. Spencer, B. *Why a hungry man loves a curvy woman: They have evolved to prefer people who seem to have better access to food.* Disponible sur : http://www.dailymail.co.uk/news/article-2650221/Why-hungry-man-loves-curvy-woman-They-evolved-prefer-people-better-access-food.html.
57. Brom, M., Both, S., Laan, E., Everaerd, W. & Spinhoven, P. *The role of conditioning, learning and dopamine in sexual behavior: A narrative review of animal and human studies. Neurosci. Biobehav. Rev.* 38, 38–59 (2014).
58. Banca, P. et al. *Novelty, conditioning and attentional bias to sexual rewards. J. Psychiatr. Res.* 72, 91–101 (2016); Gola, M. et al. *Can Pornography be Addictive? An fMRI Study of Men Seeking Treatment for Problematic Pornography Use. Neuropsychopharmacol. Off. Publ. Am. Coll. Neuropsychopharmacol.* (2017). doi:10.1038/npp.2017.78; Stark, R. & Klucken, T. *Neuroscientific Approaches to (Online) Pornography Addiction.* in *Internet Addiction* 109–124 (Springer, Cham, 2017). doi:10.1007/978-3-319-46276-9_7
59. Müller, K. et al. *Changes in sexual arousal as measured by penile plethysmography in men with pedophilic sexual interest. J. Sex. Med.* 11, 1221–1229 (2014).

En suivant leurs érections de genre en genre, certains jeunes utilisateurs migrent vers des contenus qu'ils perçoivent comme étant en décalage avec leur identité sexuelle :

> Je suis gay, mais la pornographie peut m'intéresser aux femmes sexuellement. Enfin... pas leurs seins, mais les autres parties féminines deviennent excitantes. La pornographie est une atmosphère érotique surchargée. Toutes les inhibitions tombent, et le désir d'excitation devient dominant.

*

> Avec les années, le gonzo ne suffisait plus. Récemment, j'ai regardé du porno gay parce que je m'ennuyais. C'était comme : « Me voici, à 28 ans, et j'ai vu tout le porno sur internet en gros, alors autant regarder du porno gay. » C'est à ce moment que l'idée s'est plantée en moi : « Sérieusement, c'est du grand n'importe quoi, tu dois arrêter ça. » Bien sûr, je ne l'ai pas fait immédiatement.

*

> Reddit et les forums comme Empty Closets sont remplis de personnes, gays, bi ou hétéros, complètement perdues et troublées par leur orientation, qui paniquent en se demandant pourquoi elles ont envie de faire des fellations ou de regarder des trucs bizarres après avoir consommé du porno. La génération du haut débit se tourne vers internet pour chercher des réponses. Sur les forums français, c'est pareil. Des milliers de personnes postent, et beaucoup ne comprennent pas pourquoi elles ont développé des fétiches liés au pénis ou une addiction à la domination féminine. Le facteur commun est l'utilisation d'Internet (pornographie, messageries, sites de rencontres).

Une étude de 2016 rapporte qu'il est désormais courant que des hommes regardent du porno qui ne correspond pas à leur identité sexuelle déclarée. Des hommes se déclarant hétérosexuels rapportent regarder du porno mettant en scène des relations sexuelles entre hommes (20,7 %), tandis que des hommes se déclarant homosexuels rapportent regarder des scènes hétérosexuelles (55,0 %).[60]

---

[60]. Downing, M. J., Schrimshaw, E. W., Scheinmann, R., Antebi-Gruszka, N. & Hirshfield, S. *Sexually Explicit Media Use by Sexual Identity: A Comparative*

Malheureusement, l'ignorance de la fréquence de cette escalade, combinée à l'ignorance du fait que l'arrêt du porno peut souvent inverser ces goûts, peut laisser un consommateur de porno très anxieux. Quand les utilisateurs deviennent obsédés par des doutes sur leur orientation sexuelle, ils appellent cela « TOC d'orientation sexuelle », c'est-à-dire « trouble obsessionnel-compulsif » lié à l'orientation sexuelle en général ou spécifiquement à l'orientation homosexuelle :

> (19 ans) Je pensais sérieusement devenir gay. Mon TOC homosexuel était si fort à l'époque que je pensais sauter du plus haut immeuble à proximité. Je me sentais tellement déprimé. Je savais que j'aimais les filles et que je ne pourrais pas aimer un autre mec, mais pourquoi avais-je une DE ? Pourquoi avais-je besoin de contenu transgenre/gay pour me choquer et m'exciter ?

Permettez-moi d'insister sur le fait que ce ne sont pas seulement les hétérosexuels qui deviennent anxieux au sujet de leur orientation sexuelle en raison de l'escalade vers de nouveaux genres pornographiques :

> Moi-même, j'ai eu un TOC homosexuel, dans le sens où je craignais en fait d'être hétérosexuel, puisque j'étais exclusivement excité par du porno « hétéro » et « lesbien ». Oui, « craignais », parce que toute mon identité sociale était celle d'un homme gay, et que je suis marié à un homme. Si je revenais à l'hétérosexualité – une démarche que personne ne croirait jamais et qui est aujourd'hui plus taboue que de faire son coming out comme gay – je serais un paria social. Finalement, j'ai réalisé que j'avais érotisé cette peur elle-même.

Toute forme de TOC est potentiellement un trouble médical grave. Que vous soyez gay, hétéro ou indécis, si vous ressentez ces symptômes, cherchez de l'aide auprès d'un professionnel de santé comprenant que le TOC est une compulsion consistant à vérifier constamment pour se rassurer, et qui ne sautera pas à la conclusion que vous êtes dans le déni de votre sexualité.

Analysis of Gay, Bisexual, and Heterosexual Men in the United States. Arch. Sex. Behav. (2016). doi:10.1007/s10508-016-0837-9

Je suis allé voir un psychiatre. Il a confirmé que j'avais un TOC et m'a prescrit de l'alprazolam (Xanax). Maintenant, mes symptômes de TOC homosexuel sont très très légers. Je peux penser beaucoup plus clairement. Mon appétit s'est amélioré, et j'ai eu certains des meilleurs sommeils de ma vie. De plus, maintenant je sais que je ne suis ni gay ni bi, et mon sevrage de la pornographie est devenu beaucoup plus facile parce que mon anxiété a diminué. Donc, si quelqu'un vous demande : « À quel point l'addiction au porno est-elle grave ? », dites que vous connaissez un gars qui a dû prendre du Xanax pour traverser le sevrage.

Perte d'attraction pour les partenaires réels
« Les jeunes Japonais deviennent indifférents, voire hostiles au sexe, tandis que les couples mariés commencent à le pratiquer encore moins », rapportait le *Japan Times*, citant un sondage de 2010 révélant une tendance frappante. Plus de 36 % des hommes âgés de 16 à 19 ans n'avaient aucun intérêt pour le sexe, soit plus du double des 17,5 % recensés en 2008. Les hommes âgés de 20 à 24 ans montraient une tendance similaire, passant de 11,8 % à 21,5 %, tandis que les hommes âgés de 45 à 49 ans passaient de 8,7 % à 22,1 %.[61] Le Japon n'est pas un cas isolé. En France, une enquête menée en 2008 révélait que 20 % des hommes âgés de 18 à 24 ans n'avaient aucun intérêt pour le sexe.[62] La pornographie actuelle est-elle un facteur ? Une étude italienne de 2015 rapporte que 16 % des lycéens utilisant de la pornographie plus d'une fois par semaine ont une libido anormalement faible, tandis que 0 % de ceux qui n'en utilisent pas déclarent avoir une faible libido.[63] Quelque chose de particulier se passe, qui a également envahi les États-Unis. Le pourcentage d'élèves du secondaire sexuellement

---

61. Tomikawa, Y. *No Sex, Please, We're Young Japanese Men - Japan Real Time - WSJ*. The Wall Street Journal (2011). Disponible sur : https://blogs.wsj.com/japanrealtime/2011/01/13/no-sex-please-were-young-japanese-men/.
62. Samuel, H. *French women 'are the sexual predators now'*. The Telegraph (2008). Disponible sur : http://www.telegraph.co.uk/news/worldnews/1581043/French-women-are-the-sexual-predators-now.html.
63. Pizzol, D., Bertoldo, A. & Foresta, C. *Adolescents and web porn: a new era of sexuality*. Int. J. Adolesc. Med. Health 28, 169–173 (2015).

actifs est passé de 38 % en 1991 à 30 % en 2015.[64] Les chercheurs suggèrent que « l'accès facile à la pornographie [et] le temps passé devant un écran » pourraient en être les causes potentielles. Dans une étude menée en 2016, les jeunes hommes consommant beaucoup de pornographie étaient plus susceptibles d'y recourir pour s'exciter et le rester, et plus enclins à l'utiliser pendant des activités sexuelles avec un partenaire. De plus, ils appréciaient moins le sexe que les hommes consommant moins de pornographie.[65] En 2017, des chercheurs relevèrent que des niveaux élevés de consommation de pornographie étaient corrélés avec une préférence pour le porno plutôt que pour les personnes en matière d'excitation sexuelle.[66]

Il n'est pas rare que des personnes sur des forums de récupération liés à la pornographie posent la question : « Pensez-vous que je suis asexuel ? » Lorsqu'on leur demande s'ils se masturbent, la réponse est souvent : « Oui, deux à trois fois par jour en regardant du porno. » Sont-ils réellement asexuels ou simplement affectés par leur consommation de pornographie ? La stimulation incessante qu'elle procure peut continuer à offrir une excitation bien après que les partenaires réels aient perdu de leur attrait.

> Je ne suis pas asexuel à proprement parler, car je trouve toujours les femmes belles, mais je ne suis plus attiré par elles, ni sexuellement ni romantiquement, bien que je sache consciemment qu'elles sont séduisantes. Est-ce que vous ressentez cette douleur lorsque vous regardez une fille sexy ? Vous aimeriez être excité, mais vous n'y arrivez pas. Ça me met en colère.

*

> (18 ans) Avant de commencer à regarder du porno à 15 ans, j'étais EXTRÊMEMENT excité et je courais après tout ce qui avait

---

64. *Researchers reveal that today's teens are having LESS sex than previous generations - and why. Mirror Online.* Disponible sur : http://www.mirror.co.uk/science/researchers-reveal-todays-teens-having-8547144.
65. Sun, C., Bridges, A., Johnson, J. A. & Ezzell, M. B. *Pornography and the Male Sexual Script: An Analysis of Consumption and Sexual Relations.* Arch. Sex. Behav. 45, 983–994 (2016).
66. Wright, P. J., Sun, C., Steffen, N. J. & Tokunaga, R. S. *Associative pathways between pornography consumption and reduced sexual satisfaction.* Sex. Relatsh. Ther. 0, 1–18 (2017).

deux jambes. J'embrassais des filles et j'avais des érections de fou. Après que le porno m'ait détruit, j'étais complètement désintéressé par les filles et je ne pouvais jamais maintenir une érection. À mon jeune âge, je savais qu'il y avait quelque chose qui n'allait pas chez moi, car je suis censé être obsédé par les femmes comme je l'étais avant le porno. À 17 ans, j'ai commencé mon redémarrage. Hier, j'ai eu des relations sexuelles avec succès sans médicaments pour traiter la DE, et mon érection était incroyable.

*

Il y a une nouvelle aura lumineuse autour des femmes. Elles sont juste belles, adorables et enjouées. Et oui, j'aime les regarder et admirer leur beauté et leur sensualité, parce que nous sommes des hommes ; c'est ce que nous faisons, mais c'est tellement plus que ça. C'est presque indescriptible de voir comment arrêter le porno m'a permis de valoriser les femmes et le temps passé avec elles de manière beaucoup plus saine. Après des années à me masturber cinq à douze fois par semaine en regardant de la pornographie, le sexe était embarrassant. Non seulement il n'y avait pas assez de friction, mais cela semblait être le « mauvais » type de stimulation. Six mois plus tard, je n'ai plus aucun problème de performance. Le sexe est maintenant vingt fois plus satisfaisant que la masturbation. Il me faut des préliminaires pour atteindre mon excitation maximale, et mes partenaires adorent ça. Je me moque de moi-même quand je me masturbe encore parfois et que je reste un peu déçu.

*

(19 ans) Pendant des années, je pensais que je regardais du porno parce que j'étais excité. Je pensais que si je pouvais avoir une fille pour coucher avec moi, je n'aurais plus besoin de me masturber. Mais récemment, j'ai refusé de coucher avec une collègue deux fois ! Et ensuite, je suis rentré chez moi et je me suis masturbé en fantasmant sur le fait de coucher avec elle. Ce qu'il y a de plus fou, c'est que je n'ai pas réalisé à quel point c'était tordu jusqu'à hier. Je veux dire, si je m'étais masturbé

parce que je voulais du sexe, j'aurais juste couché avec elle, non ? J'étais dans le déni.

*

(Jour 46) Ces trois derniers jours, j'ai ressenti une forte et naturelle attraction sexuelle pour des femmes réelles quand je sortais. Je remarque juste naturellement la silhouette d'une femme, et cela m'excite sans que j'aie à y penser. C'est comme ça que ça devrait fonctionner ! Bon sang, c'est incroyable à quel point le porno te détraque ! Ma sensibilité pénienne est également hors normes. Honnêtement, je ne me souviens pas avoir jamais ressenti ça avant.

*

Mes amis me connaissent comme « le gars avec des standards irréalistes sur les filles », et pourtant, je ne séduis presque jamais. Après quarante jours, j'aborde plus de filles que jamais, pas seulement pour leur physique, mais aussi pour leur façon d'être et ce qu'elles racontent. Avant, les filles n'avaient rien de spécial. Elles étaient « juste ok ». Mon cerveau voulait des prostituées irréalistes, et c'est seulement maintenant que je réalise combien d'années j'ai perdu à courir après des relations fantasmées au lieu d'être heureux avec ce que la vie m'offrait (qui, rétrospectivement, étaient certaines des filles les plus sympas que j'ai rencontrées).

*

Dans le passé, je remarquais la beauté, bien sûr, mais je n'ai jamais RESSENTI de DÉSIR d'être avec une fille. Je dirigeais toute ma pulsion sexuelle vers le porno. Tout ce qui était sexuel pour moi ÉTAIT le porno. Je ne pouvais jamais imaginer que moi, ce mec avec ce pénis, puisse avoir un vrai rapport avec une vraie fille. Maintenant, j'ai l'impression que le sexe est la chose la plus naturelle à faire. « Bien sûr que je peux avoir des rapports. Bien sûr qu'il y a plein de filles qui en ont envie avec moi ! » Soudain, les pensées autodestructrices semblent tellement stupides et une perte de temps. Je ressens enfin ce que la plupart des hommes ressentent. Et c'est génial.

Effets sur la vie amoureuse

Les relations amoureuses sont également affectées par l'usage de la pornographie, ce qui paraît logique. Une stimulation excessive peut interférer avec ce que les scientifiques appellent « l'attachement de couple » ou « tomber amoureux ». Lorsque les scientifiques administrèrent des amphétamines à des animaux connus pour former des liens monogames, ils ne développèrent plus de préférence pour un partenaire unique.[67] Une stimulation artificielle et anormalement intense détourne leur mécanisme de liaison affective, les rendant semblables à des mammifères non monogames, dans lesquels les circuits cérébraux favorisant des liens durables sont inhibés.

Les recherches chez les humains suggèrent également qu'une stimulation excessive affaiblit les liens de couple. Selon une étude de 2007, une simple exposition à de nombreuses images de femmes séduisantes amène un homme à dévaloriser sa partenaire dans la vie réelle.[68] Il la note plus bas non seulement sur l'échelle de l'attractivité, mais aussi sur celles de la chaleur affective et de l'intelligence. De plus, après avoir consommé du porno, des sujets des deux sexes rapportent une satisfaction moindre à l'égard de leur partenaire intime – incluant son affection, son apparence, sa curiosité sexuelle et ses performances.[69] Aussi, hommes et femmes attribuent une importance accrue au sexe sans implication émotionnelle.

Il existe aujourd'hui plus de soixante-dix études, pour la plupart assez récentes, qui établissent un lien entre l'usage de la pornographie en ligne (ou un usage problématique du porno) et des troubles sexuels, une diminution de l'excitation face à des stimuli sexuels, ainsi qu'une baisse de la satisfaction sexuelle et relationnelle.[70] En

---

67. Liu, Y. et al. *Nucleus accumbens dopamine mediates amphetamine-induced impairment of social bonding in a monogamous rodent species. Proc. Natl. Acad. Sci.* 107, 1217–1222 (2010).
68. Viegas, J. *Flirty strangers sway how men see partners. Discovery News/ABC Science* (2007). Disponible sur : http://www.abc.net.au/science/articles/2007/03/26/1881621.htm.
69. Zillmann, D. & Bryant, J. *Pornography's Impact on Sexual Satisfaction. J. Appl. Soc. Psychol.* 18, 438–453 (1988).
70. Bruna Messina, Daniel Fuentes, Hermano Tavares, Carmita H.N. Abdo, Marco de T. Scanavino, *Executive Functioning of Sexually Compulsive and Non-Sexually Compulsive Men Before and After Watching an Erotic Video, The Journal of*

fait, chez les hommes, une consommation plus élevée de pornographie est systématiquement associée à la diminution du plaisir lors de l'intimité sexuelle avec un partenaire.

(Jour 125) Je suis dans une relation à long terme, et je peux garantir que le fait d'arrêter le porno a amélioré notre vie sexuelle. Énormément. Je n'avais pas de problèmes de DE, de EP, ou de quoi que ce soit d'autre lié au sexe, mais comparé à ce que nous avons maintenant, notre vie sexuelle pendant que je me masturbais était... terne. Maintenant, ce n'est plus du tout le cas, et nous avons tous les deux des libidos plus fortes qu'avant. Je ne sais pas exactement comment – ou si – mon arrêt a affecté sa libido, mais elle est beaucoup plus intéressée par le sexe maintenant :).

*

(50 ans) Au fil des ans, j'ai suggéré à ma femme des activités directement tirées d'histoires pornos. Certaines lui convenaient, mais ça ne m'a jamais satisfait. Même si nous avions une vie sexuelle correcte pour notre âge, je comparais toujours les scénarios pornos avec ma vraie vie et ma vraie femme, et je me sentais insatisfait. Maintenant, les choses changent. Pendant les rapports hier soir, j'ai ressenti soudainement une intimité très profonde, presque effrayante, un contact intense que je n'avais jamais connu avant. C'était un peu choquant pour moi. C'était superbe d'une manière que je ne peux pas décrire, ça m'a laissé dans une sorte d'émerveillement.

*

(19 ans) Même si je regardais du porno, je n'ai jamais vraiment voulu de sexe. DEUX mecs ont réussi à attirer mon intérêt. Cependant, je pense que le porno et la masturbation réprimaient mon envie d'être avec l'un ou l'autre. Depuis que j'ai arrêté, j'ai soudain eu cette réalisation intense que ces deux-là me plaisaient vraiment, et je pouvais m'imaginer complètement heureux dans une relation sérieuse avec l'un ou l'autre. Tout à coup, c'était comme si... mon cœur tendait la main vers eux. Au

lieu de rêvasser, mon corps me disait : « Allons concrétiser ça dans la vraie vie. » Tout d'un coup, une énorme vague d'énergie étrange, comme une attraction, m'a envahi. [Il a ensuite commencé une relation avec l'un des deux hommes.]

*

(30 ans) Avant, le sexe n'était pas émotionnel. À un certain niveau, c'était comme si personne d'autre n'était là, car j'étais coincé dans ma tête tout le temps pour une raison ou une autre (fantasmes, problèmes de DE, etc.). Les petites amies que j'ai eues entre 25 et 30 ans ne m'excitaient jamais autant que le porno à haut débit, peu importe à quel point elles étaient belles. Bien sûr, je ne m'en rendais pas compte à l'époque, mais depuis que j'ai commencé ce parcours il y a quatre mois, je peux honnêtement dire que je suis choqué de voir à quel point le sexe avec sa propre copine peut être bon quand tu élimines l'usage constant et régulier du porno.

*

(200 jours) Maintenant, j'ai une pulsion sexuelle indéniable. Je veux ma femme plus que jamais. Si une longue période passe sans sexe, je ressens cette chose qu'on appelle « tension sexuelle », qui est apparemment, bien réelle. Et laissez-moi vous dire – quand vous atteignez ce point, vous ne vous soucierez plus du tout des fétiches hyperspécifiques que vous pensiez être les seuls à vous exciter, parce que juste le mot FEMME (ou homme, ou autre) vous donnera des envies.

*

Mon désir sexuel n'a jamais été aussi élevé, et je suis plus attentif aux femmes qui pourraient devenir de bonnes petites amies et, éventuellement, de bonnes mères. Ce n'est plus uniquement leur beauté qui compte.

*

Avant de réaliser que le porno était le problème, je pensais que j'avais besoin de fantasmes plus « sains ». Maintenant, presque huit mois après avoir arrêté le porno, je découvre que les fantasmes que j'avais avant ne m'attirent plus... du tout. Ma femme et moi apprécions bien plus le sexe quand il n'y a aucun fantasme impliqué. Je peux maintenant faire l'amour avec elle sans problème d'érection, face à face, en la regardant dans les yeux.

Anxiété sociale, estime de soi
Lorsque les utilisateurs parviennent à s'abstenir de pornographie, leur désir de se connecter aux autres augmente généralement. Leur estime de soi aussi, tout comme leur capacité à regarder les autres dans les yeux, leur sens de l'humour, leur optimisme, leur attrait pour des partenaires potentiels, etc. Même ceux qui souffraient auparavant d'une forte anxiété sociale explorent souvent de nouvelles opportunités de contact social : sourire et plaisanter avec des collègues, rencontres en ligne, groupes de méditation, adhésion à des clubs, sorties nocturnes, et ainsi de suite. Dans certains cas, cela prend des mois, mais pour d'autres, le changement est si rapide qu'ils sont pris au dépourvu.

Le site YBOP (Your Brain On Porn) n'est pas le seul à documenter ce lien inattendu. Dans son célèbre TED talk *The Demise of Guys*, le psychologue bien connu Phillip Zimbardo note que l'« addiction à l'excitation » (porno, jeux vidéo) est un facteur majeur de l'augmentation de la maladresse sociale et de l'anxiété chez les natifs du numérique.

L'hypothèse de Zimbardo est qu'un temps excessif passé devant les écrans peut interférer avec le développement des compétences sociales normales. Déjà, dix études établissent un lien entre l'usage de la pornographie et l'anxiété, une onzième le liant à la timidité.[71] Cependant, cela n'explique pas l'augmentation de la confiance et de l'extraversion après l'arrêt, ni pourquoi certains hommes s'améliorent si rapidement.

Dans *The Brain That Changes Itself*, le psychiatre Norman Doidge suggère que la stimulation intense de la pornographie actuelle détourne et reconfigure les « zones cérébrales » qui, autrement, seraient consacrées à rendre les liens sociaux gratifiants. Les vraies

---
71. *Studies linking porn use to poorer mental-emotional health & poorer cognitive outcomes | Your Brain On Porn.* Disponible sur : https://www.yourbrainonporn.com/studies-linking-porn-use-poorer-mental-cognitive-health.

personnes deviennent moins stimulantes ; les personnes fictives deviennent beaucoup plus attrayantes. Peut-être que l'arrêt de la pornographie rouvre l'espace pour des récompenses naturelles comme les amis et les partenaires. J'explorerai cela plus en détail dans le chapitre suivant.

Avant le porno, j'avais beaucoup d'amis, quelques copines, et je me sentais au sommet du monde. Rien ne pouvait m'abattre. J'avais l'impression d'avoir ma propre manière de réagir à tout ce qui pouvait arriver. Puis j'ai eu un nouvel ordinateur... Après un an ou deux, je me suis retrouvé avec une ANXIÉTÉ SOCIALE vraiment profonde, combinée à trop de cannabis et à rien d'intéressant à faire de ma vie.

*

Je ne suis pas le cliché habituel de l'introverti qui se dit maladroit socialement. J'ai vu un psychiatre, été diagnostiqué avec une anxiété sociale modérée à sévère, et j'ai été mis sous traitement. Je connais bien le rush d'adrénaline que tu ressens quand un inconnu s'approche, la quasi-crise cardiaque quand tu essaies de parler en classe ou lors d'une réunion (si jamais tu oses), les longues marches solitaires pour éviter d'avoir à croiser des inconnus, la honte injustifiée quand tu regardes quelqu'un dans les yeux, le mur énorme que tu construis entre toi et les autres. Transpiration, tremblements, crises de panique, haine de soi, impulsions suicidaires, j'ai traversé tout ça. Cela fait deux ans que j'essaie d'arrêter, et c'est la période la plus longue où j'ai tenu. Je ne ressens plus la « torture » que j'ai décrite plus haut. Non, je ne suis pas une nouvelle personne, pas un papillon social. Je suis toujours moi, mais libéré des chaînes que l'on appelle « phobie sociale ». Ces deux dernières années, j'ai créé plus de liens, dragué plus de femmes, et fait plus d'amis que lors de mes vingt-cinq premières années. Je me sens bien et à l'aise dans ma peau, et le mur que j'avais érigé entre moi et les autres s'est effondré.

*

Les interactions sociales, j'en avais complètement peur, et j'en étais incapable il y a encore cinquante jours. La semaine dernière, j'ai interagi avec une fluidité et une aisance incroyables avec des gens avec qui il m'aurait été impossible de parler auparavant. Avant, je n'étais même pas capable de regarder les gens dans les yeux. Je faisais exprès dans les lieux publics de me cacher de ceux que je connaissais pour éviter des conversations gênantes. Je n'arrivais pas à m'investir dans les discussions. Les femmes, même celles que je connaissais personnellement, m'intimidaient. Je fantasmais toute la journée sur le fait de pouvoir interagir comme une personne normale... Tout cela est en train de changer sous mes yeux de manière la plus radicale. Je peux interagir avec confiance, être moi-même. Je peux soutenir un regard sans flancher dans les yeux des autres. Je fais réellement partie de la conversation, au lieu d'être dans la lune en pensant à la quitter.

*

Les nouvelles personnes que je rencontre me disent qu'elles apprécient ma confiance et pensent que je suis un bon orateur, des compliments que je n'aurais jamais imaginé entendre il y a encore quelques mois.

*

Mes interactions avec les femmes sont complètement transformées. Il semble qu'il y ait une reconnaissance inconsciente que j'ai plus de pouvoir ou quelque chose du genre. C'est difficile à expliquer. Les femmes me complimentent sur mon apparence et mon corps. Je peux mieux lire le langage corporel des gens. Ils ne peuvent plus m'intimider comme avant. Leur colère rebondit simplement sur moi, et je reste dans un état de sérénité.

Incapacité à se concentrer

Ceux qui entreprennent une réhabilitation rapportent souvent avoir une « meilleure concentration », « ne plus avoir de brouillard mental », « avoir une pensée plus claire » et « une mémoire améliorée ». Il n'est pas étonnant que les chercheurs signalent que le visionnage de porno (ou d'érotisme) est associé à des problèmes de concentration,[72] à une interférence avec la mémoire de travail,[73] à une moins bonne fonction exécutive,[74] et à une baisse des performances académiques.[75] Plusieurs groupes de recherche ont maintenant établi un lien entre l'usage de porno et l'impulsivité ou l'incapacité à retarder la gratification.[76] Ces résultats ont des implications inquiétantes pour atteindre ses objectifs de vie tout en consommant du porno. Ces observations s'alignent sur une découverte selon laquelle une consommation modérée de porno, même chez des non-accros, est

---

72. Mitra, M. & Rath, P. *Effect of internet on the psychosomatic health of adolescent school children in Rourkela - A cross-sectional study. Indian J. Child Health* 4, 289–293 (2017).

73. Brand, M. et al. *Watching pornographic pictures on the Internet: role of sexual arousal ratings and psychological-psychiatric symptoms for using Internet sex sites excessively. Cyberpsychology Behav. Soc. Netw.* 14, 371–377 (2011).

74. Schiebener, J., Laier, C. & Brand, M. *Getting stuck with pornography? Overuse or neglect of cybersex cues in a multitasking situation is related to symptoms of cybersex addiction. J. Behav. Addict.* 4, 14–21 (2015); Messina, B., Fuentes, D., Tavares, H., Abdo, C. H. N. & Scanavino, M. de T. *Executive Functioning of Sexually Compulsive and Non-Sexually Compulsive Men Before and After Watching an Erotic Video. J. Sex. Med.* 14, 347–354 (2017); Leppink, E. W., Chamberlain, S. R., Redden, S. A. & Grant, J. E. *Problematic sexual behavior in young adults: Associations across clinical, behavioral, and neurocognitive variables. Psychiatry Res.* 246, 230–235 (2016).

75. Beyens, I., Vandenbosch, L. & Eggermont, S. *Early Adolescent Boys' Exposure to Internet Pornography: Relationships to Pubertal Timing, Sensation Seeking, and Academic Performance. J. Early Adolesc.* 35, 1045–1068 (2015).

76. Cheng, W. & Chiou, W.-B. *Exposure to Sexual Stimuli Induces Greater Discounting Leading to Increased Involvement in Cyber Delinquency Among Men. Cyberpsychology Behav. Soc. Netw.* (2017). doi:10.1089/cyber.2016.0582; Negash, S., Sheppard, N. V. N., Lambert, N. M. & Fincham, F. D. *Trading Later Rewards for Current Pleasure: Pornography Consumption and Delay Discounting. J. Sex Res.* 53, 689–700 (2016); Sproten, A. *How Abstinence Affects Preferences*, http://www.alec-sproten.eu/language/en/2016/01/18/how-abstinence-affects-preferences/. (2016).

corrélée à une réduction de la matière grise dans les régions du cerveau associées aux fonctions cognitives.[77]

Quand j'étais [utilisateur de porno en ligne], j'avais un brouillard mental ou une sensation constante de gueule de bois, ce qui rendait difficile pour moi de me concentrer, de parler aux gens ou simplement de faire mes tâches quotidiennes. Après sept à dix jours sans porno, cette sensation a disparu. Mon esprit est devenu très clair, mes pensées facilement contrôlables, et je suis devenu beaucoup plus détendu en général.

*

J'ai 34 ans et ai commencé à prendre de l'Adderall il y a quelques mois. Deux mois après avoir arrêté le porno, je n'en ai même plus besoin. Voici quelques-uns des bénéfices que j'ai constatés : je peux mieux retenir et mémoriser des informations ; je me souviens beaucoup mieux d'événements de mon passé ; je ne suis pas irritable et je suis plus concentré ; je peux accomplir des tâches beaucoup plus rapidement.

*

Un autre résultat : mon écriture est bien meilleure. Je ne parle pas de l'écriture manuscrite (bien qu'elle se soit aussi améliorée), mais du choix des mots, de la structure des phrases, etc. Pendant ma première année de master (que je viens de terminer), écrire était une véritable corvée. Maintenant, après avoir arrêté le porno, c'est un plaisir. Tellement facile et fluide. J'ai plus de mots à ma disposition, probablement parce que ma mémoire s'est globalement améliorée.

*

Mémoire – j'ai toujours eu une bonne mémoire, mais arrêter le porno l'a propulsée à un niveau incroyable. Je pouvais entrer dans une pièce de quinze personnes, apprendre et me souvenir spécifiquement de tous leurs numéros de téléphone en moins de cinq minutes. Résultats parfaits. L'anxiété sociale et les pensées négatives inutiles – à la poubelle.

---

77. Kühn, S. & Gallinat, J. *Brain Structure and Functional Connectivity Associated With Pornography Consumption: The Brain on Porn. JAMA Psychiatry* 71, 827–834 (2014).

*

Pour ceux d'entre vous qui sont à l'université, NoFap est un miracle pour le cerveau. Avant, je devais me forcer à me concentrer en cours, et je finissais quand même par « décrocher ». Maintenant, je peux me concentrer pendant un cours de trois heures sans presque aucun problème.

Dépression et autres détresses

Les scientifiques perçoivent désormais la dépression comme un état de faible énergie et de manque de motivation. Des recherches récentes confirment que la dopamine, le côté neurochimique du « Vas-y, fonce ! », joue un rôle clé.[78] En fait, la signalisation dopaminergique altérée ou restaurée pourrait être à l'origine de nombreux symptômes et améliorations rapportés par les utilisateurs en phase de récupération. Encore une fois, plus de détails dans le prochain chapitre :

> Je constate que je ressens beaucoup moins souvent la dépression et le sentiment d'inutilité. Je parviens à me lever plus facilement le matin et trouve plus souvent la motivation de faire cette satanée vaisselle avant d'aller me coucher.

*

> Je suis plus heureux. Beaucoup, beaucoup plus heureux. Je souffre habituellement de TAS (trouble affectif saisonnier) et on m'a diagnostiqué une légère dépression clinique il y a quelques années, mais cet automne/hiver, je me sens super bien. J'ai plus d'énergie.

*

> En tant qu'homme souffrant de dépression génétique, être libéré du porno a fait pour moi plus que n'importe quel médicament que j'ai jamais pris. C'est comme si cela me rendait plus alerte, attentif et heureux que le Wellbutrin, le Zoloft ou les autres médicaments que j'ai essayés en vain.

---

78. Myers, B. A. *Researchers both induce, relieve depression symptoms in mice by stimulating single brain region with light. News Center.* Disponible sur : http://med.stanford.edu/news/all-news/2012/12/researchers-both-induce-relieve-depression-symptoms-in-mice-by-stimulating-single-brain-region-with-light.html.

*

Mon anxiété, ma dépression et mes problèmes mentaux, que je pensais chroniques, semblent s'être dissipés, comme un lion rugissant qui s'est soudainement calmé. J'ai pris du Lexapro pendant les deux dernières années et j'ai pu en réduire progressivement la prise jusqu'à l'arrêter complètement. Durant ces 90 jours, j'ai décroché l'emploi le mieux rémunéré et le plus gratifiant de ma carrière, je me suis beaucoup mieux connecté avec mes amis et ma famille, et j'ai ressenti un surplus d'énergie et de vigueur que je n'avais jamais imaginé possible. Il y a plus d'argent sur mon compte en banque grâce à mon nouveau contrôle de moi-même. Je remarque aussi plus de respect de la part des autres, comme s'ils savaient intuitivement que je me respecte moi-même.

*

Arrêter n'est pas une solution miracle à tous vos problèmes, mais c'est une base solide, un champ labouré où vous pouvez semer les graines d'un avenir nouveau qui n'est pas hanté par le secret et la honte liés à la chute dans ce gouffre apparemment inévitable du désespoir lié au porno que tant d'entre nous connaissent. Une vie d'espoir et de force – et non de mouchoirs souillés, de jalousie, d'amertume, de haine de soi, de ressentiment et de rêves inassouvis.

Presque une douzaine d'études établissent maintenant une corrélation entre la pornographie ou l'usage problématique de porno et la dépression.[79] Dans ces études (ou d'autres), des liens associés à la consommation de porno incluent également le psychotisme, les

---

79. Voir par exemple Voon, V. et al. *Neural correlates of sexual cue reactivity in individuals with and without compulsive sexual behaviours. PLoS ONE* 9, e102419 (2014); Brand, M. et al. *Watching pornographic pictures on the Internet: role of sexual arousal ratings and psychological-psychiatric symptoms for using Internet sex sites excessively. Cyberpsychology Behav. Soc. Netw.* 14, 371–377 (2011); Weaver, J. B. et al. *Mental- and physical-health indicators and sexually explicit media use behavior by adults. J. Sex. Med.* 8, 764–772 (2011).

pensées paranoïaques, le stress,[80] les symptômes psychosomatiques[81] et le narcissisme.[82]

À la lumière de cette vaste expérience informelle, il semble clair que l'idée largement répandue selon laquelle la pornographie, en particulier la pornographie en ligne, est inoffensive, devrait être reconsidérée de toute urgence. Nous ne pouvons pas affirmer que les milliers de personnes décrivant leur rétablissement après une utilisation excessive de pornographie se trompent. En effet, les recherches publiées jusqu'à présent corroborent massivement leurs témoignages.

Comme nous le verrons ensuite, il est tout à fait plausible que les symptômes qu'ils décrivent soient réels, que l'utilisation de pornographie en ligne en soit la cause, et que des changements comportementaux puissent apporter des bénéfices significatifs. Dans tous les cas, les utilisateurs de pornographie souffrant des types de symptômes décrits ci-dessus ont peu à perdre à éliminer la pornographie en ligne pendant quelques mois pour voir si leurs symptômes s'améliorent.

---

80. Levin, M. E., Lillis, J. & Hayes, S. C. *When is Online Pornography Viewing Problematic Among College Males? Examining the Moderating Role of Experiential Avoidance. Sex. Addict. Compulsivity* 19, 168–180 (2012).
81. Mattebo, M. *Use of Pornography and its Associations with Sexual Experiences, Lifestyles and Health among Adolescents.* (2014).
82. Kasper, T. E., Short, M. B. & Milam, A. C. *Narcissism and Internet pornography use. J. Sex Marital Ther.* 41, 481–486 (2015).

2
Quand le désir s'emballe

> Le choix est une forme subtile de maladie.
> — Don DeLillo, *Running Dog*

Avez-vous déjà entendu parler de l'effet Coolidge ? C'est un exemple frappant de la façon dont la nouveauté sexuelle peut implacablement influencer le comportement. Cet effet se manifeste chez les mammifères, des béliers aux rats, et voici comment il fonctionne : placez un rat mâle dans une cage avec une femelle réceptive. D'abord, vous observerez une frénésie de copulation. Puis, progressivement, le mâle se lasse de cette femelle en particulier. Même si elle en veut encore, lui en a assez.

Cependant, remplacez la femelle originale par une nouvelle, et le mâle reprend immédiatement vigueur et lutte vaillamment pour la féconder. Vous pouvez répéter ce processus avec de nouvelles femelles jusqu'à ce qu'il soit complètement épuisé. Après tout, la reproduction est la priorité numéro un des gènes. Demandez au mâle de l'antechinus, une petite créature australienne semblable à une souris, qui s'engage dans une telle frénésie de reproduction qu'il détruit son propre système immunitaire et meurt.

Évidemment, l'accouplement humain est généralement plus complexe. Pour commencer, nous faisons partie des rares trois à cinq pour cent des espèces de mammifères capables de former des liens à long terme. Pourtant, la nouveauté sexuelle peut également nous fasciner.

L'effet Coolidge tire son nom du président américain Calvin Coolidge. Lui et sa femme visitaient une ferme. Pendant que le président était ailleurs, le fermier montra fièrement à Mme Coolidge un coq capable de copuler toute la journée, tous les jours. Mme Coolidge suggéra au fermier de transmettre cette information à M. Coolidge, ce qu'il fit. Le président réfléchit un moment, puis demanda : « Avec la même poule ? » « Non, monsieur », répondit le fermier. « Dites cela à Mme Coolidge », rétorqua le président.

L'appréciation pour un nouveau partenaire aide à alimenter l'usage de la pornographie sur internet. À un niveau fondamental, cette impulsion est la manière dont l'évolution s'assure qu'aucune femelle ne reste non fécondée. Qu'est-ce qui alimente l'attrait de la nouveauté au niveau physique ?

Des circuits primitifs dans le cerveau régissent les émotions, les pulsions, les impulsions et la prise de décision subconsciente. Ils accomplissent leurs tâches avec une telle efficacité que l'évolution n'a pas jugé nécessaire de les modifier depuis bien avant que les humains ne deviennent humains.[83] Le désir et la motivation à rechercher le sexe proviennent en grande partie d'un neurochimique appelé « dopamine ».[84] La dopamine stimule le centre d'un système primitif du cerveau connu sous le nom de « circuit de récompense ». C'est là que vous ressentez les envies, le plaisir, et où vous pouvez devenir dépendant.

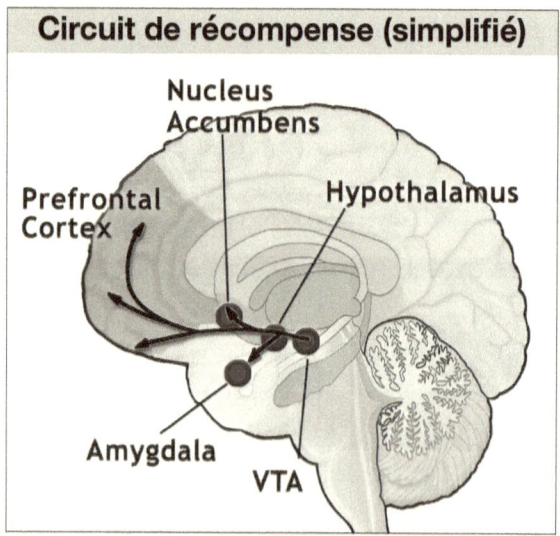

Nucleus Accumbens : Noyau accumbens – *Prefrontal Cortex* : Cortex préfrontal – *Amygdala* : Amygdale – *VTA* : Aire tegmentale ventrale (ATV).

---

83. Pfaus, J. G. *Dopamine: helping males copulate for at least 200 million years: theoretical comment on Kleitz-Nelson et al. (2010).* Behav. Neurosci. 124, 877-880; discussion 881-883 (2010).
84. Giuliano, F. & Allard, J. *Dopamine and male sexual function.* Eur. Urol. 40, 601–608 (2001).

Ce circuit de récompense ancien vous pousse à faire des choses qui favorisent votre survie et la transmission de vos gènes. En tête de notre liste de récompenses humaines se trouvent la nourriture, le sexe, l'amour, l'amitié et la nouveauté.[85] Ces éléments sont appelés des « récompenses naturelles » par opposition aux substances addictives (qui peuvent détourner ce même circuit).

Le rôle évolutif de la dopamine est de vous motiver à faire ce qui sert vos gènes.[86] Plus la « giclée » est importante, plus vous désirez ou convoitez quelque chose. Pas de dopamine, et vous l'ignorez simplement. Un gâteau au chocolat riche en calories ou une glace – une grande explosion ; du céleri – beaucoup moins. Les poussées de dopamine sont le baromètre qui vous permet de déterminer la valeur potentielle de toute expérience. Elles vous indiquent ce qu'il faut approcher ou éviter, et où concentrer votre attention. De plus, la dopamine vous indique ce qu'il faut mémoriser en aidant à remodeler votre cerveau grâce à de nouvelles connexions nerveuses ou à des connexions renforcées.[87] La stimulation sexuelle et l'orgasme représentent la plus grande explosion naturelle de dopamine et d'opioïdes disponible pour votre circuit de récompense.

Bien que la dopamine soit parfois appelée la « molécule du plaisir », elle concerne en réalité la recherche et la quête de plaisir,[88] et non le plaisir lui-même. Ainsi, la dopamine augmente avec l'anticipation.[89]

---

85. Wise, R. A. *Dual roles of dopamine in food and drug seeking: the drive-reward paradox. Biol. Psychiatry* 73, 819–826 (2013); Pfaus, J. G. & Scepkowski, L. A. *The biologic basis for libido. Curr. Sex. Health Rep.* 2, 95–100 (2005); Young, K. A., Gobrogge, K. L., Liu, Y. & Wang, Z. *The neurobiology of pair bonding: insights from a socially monogamous rodent. Front. Neuroendocrinol.* 32, 53–69 (2011); Cell Press. *Pure Novelty Spurs The Brain. ScienceDaily.* Disponible sur https://www.sciencedaily.com/releases/2006/08/060826180547.htm.
86. Angier, N., *A Molecule of Motivation, Dopamine Excels at Its Task – The New York Times. The New York Times* (2009).
87. *Learning addiction: Dopamine reinforces drug-associated memories. EurekAlert!*
88. Salamone, J. D. & Correa, M. *The mysterious motivational functions of mesolimbic dopamine. Neuron* 76, 470–485 (2012).
89. Sapolsky, R. *Dopamine Jackpot! Sapolsky on the Science of Pleasure - Video Dailymotion. FORA TV* (2012). Disponible sur : http://www.dailymotion.com/video/xh6ceu.

C'est votre motivation et votre moteur pour poursuivre un plaisir potentiel ou des objectifs à long terme.[90] Elle agit dans les synapses des cellules nerveuses en se fixant à des récepteurs pour stimuler des impulsions électriques, comme illustré ici.

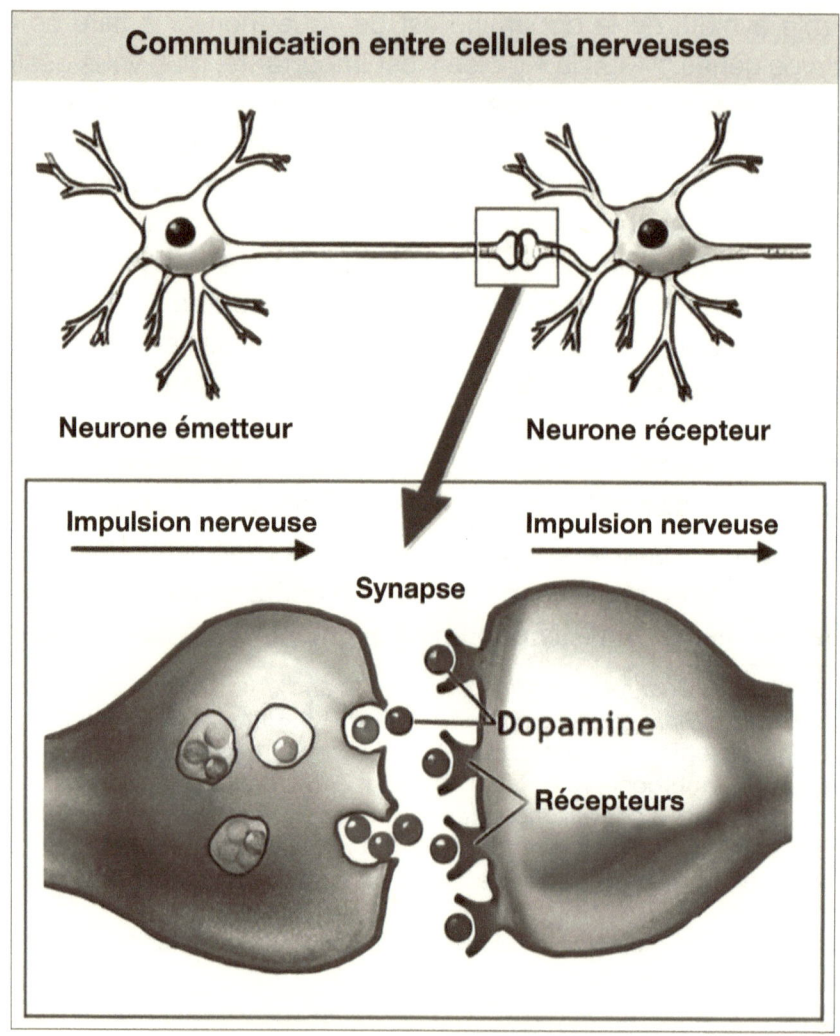

90. Kuehn, B. M. *Willingness to Work Hard Linked to Dopamine Response in Brain Regions.* news@JAMA (2012).

La récompense finale, ou ce que nous ressentons comme des sentiments de plaisir, implique la libération d'opioïdes endogènes. Ces substances chimiques similaires à la morphine se lient également aux récepteurs au sein du circuit de récompense. Le plaisir de l'orgasme semble provenir d'une énorme libération d'opioïdes. Un exemple d'expérience opioïde moins intense serait le sentiment de *ahhh* ressenti en savourant votre dessert préféré ou en buvant de l'eau froide par une journée ensoleillée. En revanche, les « giclées » de dopamine vous poussent à terminer l'acte par un orgasme, à finir le dessert ou à trouver une fontaine.

Pensez à la dopamine comme au *vouloir* et aux opioïdes comme à l'*apprécier*, bien que ces fonctions ne soient pas si simplement séparées dans le cerveau.[91] Comme l'a expliqué la psychologue Susan Weinschenk,[92] « La dopamine nous pousse à vouloir, désirer, chercher et explorer », mais « le système dopaminergique est plus puissant que le système opioïde. Nous cherchons plus que nous ne sommes satisfaits. [... Chercher est plus susceptible de nous maintenir en vie que de rester assis dans une torpeur satisfaite. »

L'un des déséquilibres clés dans le cas de la surstimulation chronique, et finalement de l'addiction, est que le *vouloir* et les envies augmentent, tandis que le plaisir ou l'*apprécier* diminuent. Les accros veulent de plus en plus « cela », mais apprécient de moins en moins « cela ». L'addiction peut être vue comme le *désir qui devient hors de contrôle*.[93]

---

91. Berridge, K. C., Robinson, T. E. & Aldridge, J. W. *Dissecting components of reward: 'liking', 'wanting', and learning. Curr. Opin. Pharmacol.* 9, 65–73 (2009).
92. Weinschenk, S. *100 Things You Should Know About People: #8 — Dopamine Makes You Addicted To Seeking Information – The Team W Blog. The Team W Blog* (2009).
93. Robinson, T. E. & Berridge, K. C. *The incentive sensitization theory of addiction: some current issues. Philos. Trans. R. Soc. B Biol. Sci.* 363, 3137–3146 (2008).

Nouveauté, nouveauté, toujours plus de nouveauté

La dopamine monte en flèche pour la nouveauté.[94] Une nouvelle voiture, un film fraîchement sorti, le dernier gadget… nous poursuivons tous la dopamine. L'excitation s'évanouit lorsque la dopamine chute. Dans l'exemple ci-dessus, le circuit de récompense du rat libère de moins en moins de dopamine pour la femelle actuelle, mais produit une grande poussée de dopamine pour une nouvelle femelle.

Cela vous semble familier ? Lorsque des chercheurs australiens diffusèrent le même film érotique à plusieurs reprises, le pénis des sujets et leurs rapports subjectifs montrèrent une diminution progressive de l'excitation sexuelle.[95] À force de répétition, l'intérêt s'efface. L'habituation indique une baisse de dopamine. Après dix-huit visionnages – alors que les sujets s'endormaient presque – les chercheurs introduisirent de nouveaux contenus érotiques pour les 19e et 20e visionnages (voir le graphique en p. 85). Bingo ! Les sujets et leur pénis se réveillèrent immédiatement – oui, les femmes montrèrent des effets similaires.[96] Les hommes éjaculèrent également un volume plus important de sperme, avec des spermatozoïdes plus mobiles, et le firent plus rapidement lorsqu'ils regardaient une nouvelle star du porno.[97] Il semble que votre cerveau primitif ait l'impression de féconder de vraies personnes lorsque vous vous secouez les parties devant des pixels.

Le porno en ligne est particulièrement attrayant, car un simple clic suffit pour accéder à de la nouveauté. Cela peut être un « partenaire » nouveau, une scène inhabituelle, un acte sexuel étrange, ou … (complétez par ce qui vous vient à l'esprit). Les sites pornographiques populaires de type YouTube présentent des dizaines de clips et de genres différents sur chaque page. Ils nous captivent avec une nouveauté sexuelle inépuisable.

---

94. Cell Press. *Pure Novelty Spurs The Brain*. ScienceDaily. Disponible sur : https://www.sciencedaily.com/releases/2006/08/060826180547.htm.
95. Koukounas, E. & Over, R. *Changes in the magnitude of the eyeblink startle response during habituation of sexual arousal*. Behav. Res. Ther. 38, 573–584 (2000).
96. Meuwissen, I. & Over, R. *Habituation and dishabituation of female sexual arousal*. Behav. Res. Ther. 28, 217–226 (1990).
97. Joseph, P. N., Sharma, R. K., Agarwal, A. & Sirot, L. K. *Men Ejaculate Larger Volumes of Semen, More Motile Sperm, and More Quickly when Exposed to Images of Novel Women*. Evol. Psychol. Sci. 1, 195–200 (2015).

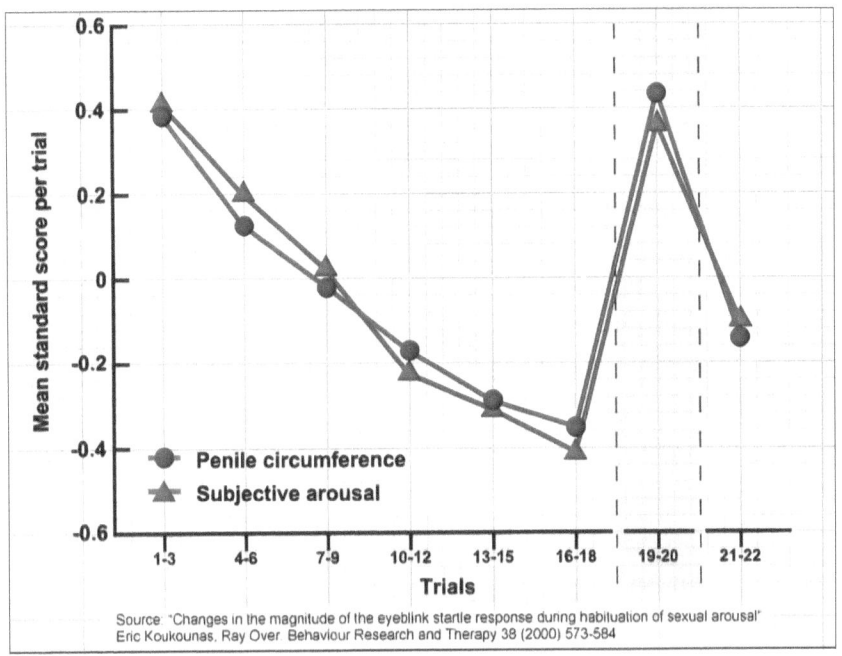

Penile circumference : Circonférence pénienne – *Subjective arousal* : Excitation subjective – *Mean standard score per trial* : Score standard moyen par essai – *Trials* : Essais.[98]

Avec plusieurs onglets ouverts, et des heures de clics, vous pouvez « expérimenter » davantage de nouveaux partenaires sexuels à chaque dix minutes que vos ancêtres chasseurs-cueilleurs n'en rencontrèrent dans toute leur vie. Bien sûr, la réalité est différente. Ce qui ressemble à une corne d'abondance de richesses est en réalité du temps passé devant un écran, à chercher quelque chose qui existe ailleurs.

J'ouvrais toujours plusieurs fenêtres dans mon navigateur, chacune avec de très très nombreux onglets. Ce qui m'excite le plus, c'est la nouveauté. De nouveaux visages, de nouveaux corps, de nouvelles « options ». Je regardais très rarement une scène porno en entier, et je ne me souviens même pas de la

---

98. Source : *Changes in the magnitude of the eyeblink startle response during habituation of sexual arousal"* Eric Koukounas, Ray Over. *Behaviour Research and Therapy* 38 (2000) 573-584.

dernière fois où j'ai vu un film entier. Trop ennuyeux. Je voulais toujours des TRUCS NEUFS.

Stimulus supernormal

Les mots, images et vidéos érotiques existent depuis longtemps – tout comme le rush neurochimique lié à des partenaires nouveaux. Alors qu'est-ce qui rend le porno d'aujourd'hui si irrésistible ? Ce n'est pas seulement sa nouveauté infinie, la dopamine s'active aussi pour d'autres émotions et stimuli, qui sont souvent au premier plan dans le porno en ligne :

- surprise,[99] choc (qu'est-ce qui n'est pas choquant dans le porno actuel ?) ;
- violation des attentes[100] (« Ce genre est complètement différent de tout ce que j'ai vu jusqu'ici. ») ;
- anxiété[101] (un porno qui entre en conflit avec vos valeurs ou votre sexualité) ;
- recherche[102] et quête (certains scientifiques appellent le circuit de récompense le « circuit de la recherche »).

Quelqu'un décrirait-il *Playboy* ou des vidéos softcore comme « choquants » ou « générateurs d'anxiété » ? L'un ou l'autre violerait-il les attentes d'un garçon de 13 ans à l'aise avec les ordinateurs ? Rien de tout cela ne rivalise avec une chasse au porno multi-onglets sur Google. Beaucoup de ces états émotionnels (anxiété, honte, choc, surprise) non seulement augmentent la dopamine, mais boostent aussi les hormones de stress et les neurotransmetteurs (noradrénaline, adrénaline, cortisol). Ces neurochimiques du stress augmentent l'excitation,[103] amplifiant encore davantage les effets déjà puissants

---

99. Kepecs, A. *Big Think Interview With Adam Kepecs - Video.* (2010).
100. Spicer, J. et al. *Sensitivity of the nucleus accumbens to violations in expectation of reward.* NeuroImage 34, 455–461 (2007).
101. Barlow, D. H., Sakheim, D. K. & Beck, J. G. *Anxiety increases sexual arousal.* J. Abnorm. Psychol. 92, 49–54 (1983).
102. Arias-Carrión, O. & Pöppel, E. *Dopamine, learning, and reward-seeking behavior.* Acta Neurobiol. Exp. (Warsz.) 67, 481–488 (2007).
103. Aston-Jones, G. & Kalivas, *Brain Norepinephrine Rediscovered in Addiction Research.* Biol. Psychiatry 63, 1005–1006 (2008).

de la dopamine. Avec le temps, le cerveau d'un utilisateur de porno peut confondre des sentiments d'anxiété[104] ou de risque avec des sentiments d'excitation sexuelle.[105] Cela pourrait expliquer pourquoi certains utilisateurs de porno s'orientent vers des contenus toujours plus extrêmes. Ils ont besoin de ce supplément de stimulation neurochimique pour atteindre l'orgasme.

En réalité, le porno en ligne ressemble beaucoup à ce que les scientifiques appellent un *stimulus supranormal*.[106] Il y a des années, le lauréat du prix Nobel Nikolaas Tinbergen découvrit que des oiseaux, des papillons et d'autres animaux pouvaient être trompés en préférant de faux œufs ou partenaires. Par exemple, des femelles oiseaux luttaient pour couver de gigantesques œufs en plâtre vivement tachetés, créés par Tinbergen, tandis que leurs propres œufs pâles et mouchetés dépérissaient, abandonnés. Les mâles de certains coléoptères-bijoux ignoraient de vraies partenaires pour tenter vainement de copuler avec les fonds brun-doré striés des bouteilles de bière.[107] Pour un coléoptère, une bouteille de bière ressemble à la femelle la plus sexy de toutes.

En d'autres termes, au lieu que la réponse instinctive s'arrête à un « juste milieu » où elle ne détournerait pas l'animal du jeu de l'accouplement, ce programme inné continue de déclencher des réactions enthousiastes face à des stimuli irréalistes et synthétiques. Tinbergen a qualifié ces illusions de « stimuli supranormaux », désormais souvent appelés « stimuli supernormaux ». Les stimuli supernormaux sont des versions exagérées de stimuli normaux qui amplifient des qualités que nous trouvons particulièrement irrésistibles (comme la nouveauté sexuelle). Fait intéressant, bien qu'il soit peu probable qu'un singe choisisse des images plutôt que de véritables parte-

---

104. Beggs, V. E., Calhoun, K. S. & Wolchik, S. A. *Sexual anxiety and female sexual arousal: a comparison of arousal during sexual anxiety stimuli and sexual pleasure stimuli. Arch. Sex. Behav.* 16, 311–319 (1987).
105. Wolchik, S. A. et al. *The effect of emotional arousal on subsequent sexual arousal in men. J. Abnorm. Psychol.* 89, 595–598 (1980).
106. Hilton, D. L. *Pornography addiction – a supranormal stimulus considered in the context of neuroplasticity. Socioaffective Neurosci. Psychol.* 3, (2013).
107. Eyal, N. *How Technology is Like Bug Sex. Nir and Far* (2013). Disponible sur : https://www.nirandfar.com/2013/01/how-technology-is-like-bug-sex.html.

naires, des singes « payaient » (en renonçant à des récompenses de jus) pour voir des images de croupes de femelles.[108] Il n'est donc peut-être pas surprenant que le porno moderne puisse détourner nos instincts.

Lorsque nous faisons d'un stimulus artificiel supernormal notre priorité absolue, c'est parce qu'il a déclenché une décharge de dopamine plus intense dans le circuit de récompense de notre cerveau que son équivalent naturel. Pour la plupart des utilisateurs, les magazines porno d'autrefois ne pouvaient rivaliser avec de vrais partenaires. Une page de *Playboy* ne reproduisait pas les autres qualités que les utilisateurs de porno avaient appris à associer aux partenaires réels : le contact visuel, le toucher, l'odeur, l'excitation du flirt et de la danse, les préliminaires, le sexe, etc.

Cependant, le porno en ligne d'aujourd'hui est chargé de stimulation supernormale, et la plupart des utilisateurs le consomment avant même de commencer à établir une carte sexuelle avec une vraie personne. Tout d'abord, le porno offre une infinité de nouveaux « hotties » d'un simple glissement. La recherche confirme que l'anticipation de la récompense et la nouveauté se renforcent mutuellement pour augmenter l'excitation et reconfigurer le circuit de récompense du cerveau.[109] En plein milieu de sa troisième session de masturbation de la nuit, un utilisateur de porno peut passer à un nouveau genre pour raviver une excitation sexuelle déclinante et une dopamine en chute libre.

Deuxièmement, le porno en ligne propose une multitude de poitrines artificiellement amplifiées, de pénis gigantesques maintenus par des médicaments, de grognements de désir exagérés, de coups de reins puissants, de doubles ou triples pénétrations, de gang bangs et d'autres scénarios improbables mais captivants.

---

108. Deaner, R. O., Khera, A. V. & Platt, M. L. *Monkeys pay per view: adaptive valuation of social images by rhesus macaques. Curr. Biol. CB* 15, 543–548 (2005).
109. Krebs, R. M., Heipertz, D., Schuetze, H. & Duzel, E. *Novelty increases the mesolimbic functional connectivity of the substantia nigra/ventral tegmental area (SN/VTA) during reward anticipation: Evidence from high-resolution fMRI. NeuroImage* 58, 647–655 (2011).

Troisièmement, pour la plupart des gens, les images statiques ne peuvent pas rivaliser avec les vidéos haute définition d'aujourd'hui, montrant des personnes engagées dans des actes sexuels intenses,[110] sans parler des épisodes en réalité virtuelle (VR). Avec des photos de *bunnies* nues, vous n'aviez que votre imagination. Vous saviez toujours ce qui allait se passer ensuite, ce qui, pour une personne de 13 ans d'avant internet, n'était pas grand-chose. En revanche, un flux infini de vidéos du type « Je n'arrive pas à croire ce que je viens de voir » dépasse constamment vos attentes.[111] N'oubliez pas non plus que les humains ont évolué pour apprendre en observant les autres. Les vidéos sont donc de puissantes leçons de « comment faire ».

Avec une étrangeté de science-fiction qui aurait fait conclure à Tinbergen « Je vous l'avais dit », les utilisateurs de porno moderne trouvent souvent l'érotisme numérique plus stimulant que les partenaires réels. Ils ne souhaitent peut-être pas passer des heures recroquevillés devant un ordinateur, à cliquer compulsivement, mais plutôt à socialiser avec des amis et à rencontrer des partenaires potentiels. Pourtant, la réalité a du mal à rivaliser avec la réponse du cerveau, surtout compte tenu des incertitudes et des imprévus des interactions sociales. Comme l'a écrit Noah Church dans ses mémoires *Wack: Addicted to Internet Porn* : « Ce n'est pas que je ne voulais pas de vrai sexe, c'est juste que c'était tellement plus compliqué et déroutant à poursuivre que le porno. » Et cette observation trouve un écho dans de nombreux récits en première personne :

> Je suis passé par une période de célibat où il y avait très peu d'opportunités de rencontres, et j'ai commencé à me masturber fréquemment en regardant du porno. J'ai été stupéfait de voir à quelle vitesse j'ai été aspiré dedans. J'ai commencé à perdre des journées entières de travail à surfer sur des sites porno. Je n'ai pas vraiment compris ce qui m'arrivait jusqu'à ce que je sois au lit avec une femme et que je me surprenne à essayer frénétiquement de me souvenir d'images porno pour bander. Je

---

110. Julien, E. & Over, R. *Male sexual arousal across five modes of erotic stimulation*. Arch. Sex. Behav. 17, 131–143 (1988).
111. Spicer, J. et al. *Sensitivity of the nucleus accumbens to violations in expectation of reward*. NeuroImage 34, 455–461 (2007).

n'imaginais pas que cela puisse m'arriver. Heureusement, j'avais derrière moi une longue expérience de relations sexuelles saines avant le porno, et j'ai compris ce qui se passait. Après avoir arrêté, j'ai recommencé à avoir des relations sexuelles, souvent. Et, peu de temps après, j'ai rencontré ma femme.

De nos jours, il n'y a pas de fin en vue pour la stimulation supernormale. En compétition avec des robots[112] et des jouets sexuels synchronisés avec du porno[113] ou d'autres utilisateurs en ligne,[114] la réalité virtuelle (VR) pourrait bien représenter l'avenir du porno en ligne. Les scientifiques qui étudièrent ses effets déclarèrent :

> Nous avons constaté que pour la plupart des gens, le potentiel d'une expérience de porno en réalité virtuelle ouvre les portes à une expérience sexuelle apparemment « parfaite » – un scénario auquel personne ne pourrait répondre dans le monde réel. Pour d'autres, cela signifiait repousser les limites, souvent avec des images très explicites et violentes. Nous savons, grâce aux recherches actuelles sur la pornographie, que l'exposition à ce contenu a le potentiel de devenir addictive et de s'intensifier au fil du temps.[115]

En termes simples, le danger est présent lorsque quelque chose :

- est perçu comme une version exagérée et « particulièrement précieuse » de ce que les humains peuvent considérer irrésistible,

- est disponible de façon pratique et en quantité illimitée, ce qui n'existe pas dans la nature,

- offre une abondance de variétés (nouveauté en quantité),

- et que nous consommons chroniquement de manière excessive.

---

112. Hanson, H. *Robot Handjobs Are The Future, And The Future Is Coming (NSFW) | HuffPost. Huffpost* (2013). Disponible sur : http://www.huffingtonpost.com/2013/11/12/robot-handjobs-vr-tenga_n_4261161.html.
113. Weiss, R. *Techy-Sexy: Digital Exploration of the Erotic Frontier. Psychology Today* (2013).
114. Anorak. *The FriXion Revolution: Virtual Sex Just Got Intimate. Anorak News.*
115. Newcastle University. *The 'reality' of virtual reality pornography.* Disponible sur : http://www.ncl.ac.uk/press/news/2017/05/vrporn/. (2017).

Les aliments bon marché et abondants s'inscrivent parfaitement dans ce modèle et sont universellement reconnus comme des stimuli supernormaux. Vous pouvez avaler un soda de 1 litre et un sac de chips sans y réfléchir à deux fois, mais essayez de consommer l'équivalent calorique en venaison séchée et en racines bouillies !

De manière similaire, les spectateurs passent régulièrement des heures à parcourir des galeries de porno afin de trouver la bonne vidéo, maintenant leur niveau de dopamine anormalement élevé pendant des périodes prolongées. Essayez d'imaginer un chasseur-cueilleur passant des heures à se masturber devant un dessin au trait sur une paroi de caverne. Cela n'exista jamais.

Avec les sites de streaming de type tube, un utilisateur peut contrôler sa dopamine (et donc son excitation sexuelle) d'un simple clic ou glissement de doigt. Dès qu'elle commence à baisser, il peut cliquer sur un nouveau clip ou un genre de porno encore inexploré pour rehausser son niveau en chute. Cela était impossible avec les anciennes formes de porno. Ni les magazines, ni les cassettes VHS, ni même l'internet avant l'arrivée des sites de type tube n'offraient cette possibilité.

Le porno présente des risques uniques au-delà de la stimulation supernormale. Premièrement, il est facile d'accès, disponible 24/7, gratuit et privé. Deuxièmement, la plupart des utilisateurs commencent à regarder du porno à la puberté. À ce moment-là, leur cerveau est au pic de sa sensibilité à la dopamine, de leur plasticité et de leur vulnérabilité à l'addiction, ainsi qu'au remodelage involontaire de leurs goûts sexuels.

Enfin, il existe des limites à la consommation de nourriture : la capacité de l'estomac et l'aversion naturelle qui s'installe lorsqu'on ne peut plus supporter une bouchée de plus. En revanche, il n'y a pas de limites physiques à la consommation de porno en ligne, si ce n'est le besoin de dormir ou d'aller aux toilettes. Un utilisateur peut pratiquer l'*edging* (masturbation sans orgasme) devant du porno pendant des heures, sans déclencher de sensation de satiété ou d'aversion.

Se gaver de porno donne l'impression d'une promesse de plaisir, mais souvenez-vous que le message de la dopamine n'est pas « Satisfaction », mais plutôt « Continue, la satisfaction est à portée de main, juste là, au prochain virage » :

> Je m'excitais jusqu'à frôler l'orgasme, puis je m'arrêtais, je continuais à regarder du porno, et je restais à un niveau moyen, toujours à edger. Je m'intéressais plus à regarder du porno qu'à atteindre l'orgasme. Le porno me gardait concentré jusqu'à ce qu'éventuellement je sois simplement épuisé et atteigne l'orgasme par capitulation.

L'excitation sexuelle et les drogues addictives partagent des mécanismes neurologiques

Fait intéressant, des recherches sur les rats montrent que la méthamphétamine et la cocaïne détournent *les mêmes cellules nerveuses du centre de récompense* qui ont évolué pour le conditionnement sexuel.[116] Certains de ces chercheurs découvrirent également que le sexe avec éjaculation réduit (pendant au moins une semaine) la taille des cellules qui distribuent la dopamine dans le circuit de récompense. Ces mêmes cellules nerveuses productrices de dopamine se rétrécissent aussi avec l'addiction à l'héroïne.[117]

En termes simples, les drogues addictives comme la méthamphétamine et l'héroïne sont tant captivantes parce qu'elles détournent précisément les mécanismes ayant évolué pour le sexe. D'autres plaisirs activent également le centre de récompense, mais les cellules nerveuses associées ne se chevauchent pas aussi complètement avec celles du sexe. C'est pourquoi les récompenses naturelles non sexuelles semblent différentes et moins attirantes.

L'excitation sexuelle et l'orgasme induisent des niveaux plus élevés de dopamine et d'opioïdes que toute autre récompense naturelle.

---

116. Frohmader, K. S., Wiskerke, J., Wise, R. A., Lehman, M. N. & Coolen, L. M. *Methamphetamine acts on subpopulations of neurons regulating sexual behavior in male rats. Neuroscience* 166, 771–784 (2010).
117. Pitchers, K. K. et al. *Endogenous opioid-induced neuroplasticity of dopaminergic neurons in the ventral tegmental area influences natural and opiate reward. J. Neurosci. Off. J. Soc. Neurosci.* 34, 8825–8836 (2014).

Les études sur les rats révèlent que les niveaux de dopamine associés à l'excitation sexuelle sont équivalents à ceux induits par l'administration de morphine ou de nicotine.

De par notre conscience, d'autres distinctions apparaissent. Le sexe[118] et l'utilisation de drogues[119] entraînent tous deux également l'accumulation de DeltaFosB, une protéine qui active des gènes impliqués dans l'addiction. Les changements moléculaires qu'elle génère sont presque identiques pour le conditionnement sexuel *et* l'usage chronique de drogues.[120] Que ce soit le sexe ou les drogues, des niveaux élevés de DeltaFosB reconfigurent le cerveau pour désirer « ÇA », quel que soit ce « ÇA ». Ainsi, les drogues addictives réquisitionnent les mêmes mécanismes d'apprentissage qui ont évolué pour nous faire désirer l'activité sexuelle.

Bien que trop complexe pour être entièrement expliqué ici, de nombreux changements neurologiques et hormonaux temporaires sont entraînés par l'orgasme,[121] qui ne se produisent avec aucune autre récompense naturelle. Ceux-ci incluent la diminution des récepteurs aux androgènes dans le cerveau, l'augmentation des récepteurs aux œstrogènes, l'augmentation des encéphalines hypothalamiques et la hausse de la prolactine. Ces changements aident également notre cerveau à différencier le fait de grignoter des chips d'un orgasme. La dopamine n'est qu'un des éléments d'un système complexe qui sous-tend notre expérience du désir, du plaisir, de l'orgasme et de la tendresse ou tristesse postcoïtale.

Ainsi, des arguments familiers comme ce commentaire d'un sexologue académique s'effondrent : « Eh bien, beaucoup d'activités

---

118. *Natural and Drug Rewards Act on Common Neural Plasticity Mechanisms with ΔFosB as a Key Mediator.* Disponible sur : https://www.ncbi.nlm.nih.gov/pmc/articles/PMC3865508/.
119. Nestler, E. J. *Transcriptional mechanisms of addiction: role of ΔFosB. Philos. Trans. R. Soc. B Biol. Sci.* 363, 3245–3255 (2008).
120. *Natural and Drug Rewards Act on Common Neural Plasticity Mechanisms with ΔFosB as a Key Mediator.* Disponible sur : https://www.ncbi.nlm.nih.gov/pmc/articles/PMC3865508/.
121. Phillips-Farfán, B. V. & Fernández-Guasti, A. *Endocrine, neural and pharmacological aspects of sexual satiety in male rats. Neurosci. Biobehav. Rev.* 33, 442–455 (2009).

augmentent la dopamine, donc le porno en ligne n'est pas plus addictif que regarder des couchers de soleil ou jouer au golf. » Pire encore, un psychologue anti-addiction au porno souvent cité affirme que regarder du porno hardcore n'est neurologiquement pas différent de regarder des images de chiots mignons. Ces affirmations sans fondement trompent le public en lui faisant croire à tort que toutes les récompenses naturelles sont biologiquement et psychologiquement inoffensives de façon égale.

Incidemment, l'idée que regarder des couchers de soleil soit similaire à regarder du porno fut testée et réfutée dans une étude de l'an 2000 effectuée par imagerie cérébrale.[122] Des toxicomanes à la cocaïne et des sujets sains visionnèrent des films contenant : 1) des contenus sexuels explicites, 2) des scènes naturelles en extérieur, et 3) des individus fumant du crack. Les résultats : les toxicomanes à la cocaïne montrèrent des schémas d'activation cérébrale presque identiques lorsqu'ils regardaient du porno et une pipe à crack. Cependant, pour tous les sujets, les schémas d'activation cérébrale pendant les scènes naturelles étaient totalement différents de ceux observés pour le porno. Tous les sujets présentaient les mêmes schémas d'activation cérébrale pour le porno. La leçon importante est que les drogues peuvent activer les « neurones du sexe » et provoquer une euphorie *sans* véritable acte sexuel. Il en va de même pour le porno en ligne ; le golf et les couchers de soleil, non.

Puisque l'orgasme est notre renforçateur naturel le plus puissant et que la reproduction est la priorité absolue de nos gènes, se masturber devant des vidéos porno en streaming n'a pas d'équivalent neurologique. Je dis cela parce que, même parmi ceux qui reconnaissent que l'utilisation du porno peut causer des problèmes voire de l'addiction, certains comparent à tort cela à des drogues addictives ou à des jeux vidéo. Certes, les addictions comportementales et aux substances partagent certains changements cérébraux. Cependant, ces analogies ignorent un élément crucial : nos circuits cérébraux liés au sexe sont particulièrement vulnérables pendant l'adolescence (et demeurent en partie vulnérables toute la vie).

---

122. Garavan, H. et al. *Cue-induced cocaine craving: neuroanatomical specificity for drug users and drug stimuli.* Am. J. Psychiatry 157, 1789–1798 (2000).

Les adolescents ne jouent pas aux jeux vidéo pour apprendre à devenir des assassins professionnels. Cependant, les adolescents d'aujourd'hui regardent de vraies personnes avoir de vrais rapports sexuels, à un moment de leur vie où le cerveau est câblé pour apprendre et retenir tout ce qui est lié à la sexualité. L'alcool, la cocaïne et les jeux de tir à la première personne (*first person shooter*) peuvent tous élever la dopamine dans le centre de récompense (indispensable aux changements cérébraux liés à l'addiction), mais contrairement au porno en ligne, aucun d'eux n'a le pouvoir de sculpter notre vaste circuit cérébral dédié au sexe et à la reproduction ou de modifier nos goûts sexuels.

Dépasser la satisfaction normale

Un « mécanisme d'empiffrement » est un avantage évolutif dans les situations où la survie est favorisée par le dépassement des mécanismes de satiété (« Je suis rassasié », « J'ai fini »).[123] La consommation excessive de nourriture ou de sexe signale au cerveau que vous avez atteint le jackpot évolutif,[124] déclenchant une puissante incitation neurochimique à en prendre davantage. Pensez aux loups, qui doivent emmagasiner jusqu'à vingt livres de nourriture en une seule prise après une chasse. Ou à la saison des amours,[125] lorsqu'il y a un harem à féconder. Ces opportunités sont rares, passent rapidement, et doivent être saisies.

Aujourd'hui, cependant, internet offre des « opportunités de reproduction » infinies, qu'une partie primitive du cerveau perçoit comme précieuses parce qu'elles sont si stimulantes. Comme tout bon mammifère, les spectateurs tentent de disséminer leurs gènes à

---

123. Christiansen, A. M., Dekloet, A. D., Ulrich-Lai, Y. M. & Herman, J. P. *'Snacking' causes long term attenuation of HPA axis stress responses and enhancement of brain FosB/deltaFosB expression in rats. Physiol. Behav.* 103, 111–116 (2011).
124. Belin, D. & Rauscent, A. *DeltaFosB: a molecular gate to motivational processes within the nucleus accumbens? J. Neurosci. Off. J. Soc. Neurosci.* 26, 11809–11810 (2006).
125. Hedges, V. L., Chakravarty, S., Nestler, E. J. & Meisel, R. L. *Delta FosB overexpression in the nucleus accumbens enhances sexual reward in female Syrian hamsters. Genes Brain Behav.* 8, 442–449 (2009).

grande échelle, mais pour un spectateur de pornographie, la saison des amours ne se termine jamais. Il peut continuer indéfiniment en augmentant son niveau de dopamine avec tout ce qu'il trouve.

Clic, clic, arriver au bord de l'orgasme, clic, au bord encore, clic, clic... Les sessions peuvent durer des heures, jour après jour, poussant parfois le « mécanisme d'empiffrement » évolué du spectateur en surchauffe. L'évolution n'a pas préparé le cerveau à gérer ce genre de stimulation continuelle.

Que fait un cerveau en ayant un accès illimité à une récompense hyperstimulante qu'il n'a jamais été développé à affronter ? Certains cerveaux s'adaptent, mais pas de manière bénéfique. Au début, regarder du porno et se masturber jusqu'à l'orgasme apaise la tension sexuelle et procure une sensation de satisfaction. Or, si vous vous surstimulez chroniquement, votre cerveau pourrait commencer à fonctionner contre vous.

La conditionnement sexuel et l'addiction commencent tous deux par une sensibilisation

Vous avez déjà appris que l'excitation sexuelle et les drogues addictives (méthamphétamine et cocaïne) stimulent le même groupe de cellules nerveuses du système de récompense tout en déclenchant des mécanismes similaires qui incitent l'utilisateur à en vouloir encore. Il n'est donc pas surprenant que le conditionnement sexuel (« ce qui m'excite ») et les envies compulsives de consommer des drogues impliquent le même changement cérébral : la *sensibilisation*.

Les pics de dopamine déclenchent les événements neurochimiques à l'origine de la sensibilisation,[126] mais l'interrupteur moléculaire réel qui la produit est la protéine DeltaFosB.[127] Les pics de dopamine stimulent la production de DeltaFosB. Elle s'accumule ensuite lentement dans le circuit de récompense en proportion de la quantité de

---

126. Doucet, J. P. et al. *Chronic alterations in dopaminergic neurotransmission produce a persistent elevation of deltaFosB-like protein(s) in both the rodent and primate striatum. Eur. J. Neurosci.* 8, 365–381 (1996).
127. *Natural and Drug Rewards Act on Common Neural Plasticity Mechanisms with ΔFosB as a Key Mediator.* Disponible sur https://www.ncbi.nlm.nih.gov/pmc/articles/PMC3865508/.

dopamine libérée lorsque nous nous livrons de manière chronique à des récompenses naturelles[128] (sexe,[129] sucre,[130] aliments riches en graisses,[131] exercice aérobique[132]) ou à pratiquement n'importe quel abus de drogue.

DeltaFosB est ce que les scientifiques appellent un « facteur de transcription ». Il active un ensemble très spécifique de gènes qui modifient physiquement et chimiquement le circuit de récompense.[133] Imaginez la dopamine comme le chef de chantier qui donne les ordres et DeltaFosB comme les ouvriers qui coulent le ciment. La dopamine crie : « Cette activité est vraiment importante, et vous devriez la refaire encore et encore. » Le rôle de DeltaFosB est de s'assurer que vous vous en souvenez et que vous répétez l'activité.

DeltaFosB y parvient en reconfigurant votre cerveau pour désirer ce sur quoi vous vous êtes empiffré. Un cercle vicieux peut alors s'installer : l'envie/le désir mène à l'action, l'action déclenche de nouveaux pics de dopamine, la dopamine provoque l'accumulation de DeltaFosB – et l'envie de répéter le comportement se renforce à chaque boucle.

La sensibilisation repose sur le principe neurologique selon lequel « les cellules nerveuses qui se déclenchent ensemble se connectent ensemble ». En résumé, le cerveau relie les cellules nerveuses responsables de l'excitation sexuelle (dans le circuit de récompense)

---

128. Wallace, D. L. et al. *The influence of DeltaFosB in the nucleus accumbens on natural reward-related behavior.* J. Neurosci. Off. J. Soc. Neurosci. 28, 10272–10277 (2008).
129. *Natural and Drug Rewards Act on Common Neural Plasticity Mechanisms with ΔFosB as a Key Mediator.* Disponible sur : https://www.ncbi.nlm.nih.gov/pmc/articles/PMC3865508/.
130. Wallace, D. L. et al. *The influence of DeltaFosB in the nucleus accumbens on natural reward-related behavior.* J. Neurosci. Off. J. Soc. Neurosci. 28, 10272–10277 (2008).
131. Teegarden, S. L., Nestler, E. J. & Bale, T. L. *Delta FosB-mediated alterations in dopamine signaling are normalized by a palatable high-fat diet.* Biol. Psychiatry 64, 941–950 (2008).
132. Werme, M. et al. *Delta FosB regulates wheel running.* J. Neurosci. Off. J. Soc. Neurosci. 22, 8133–8138 (2002).
133. Nestler, E. J. *Transcriptional mechanisms of addiction: role of ΔFosB.* Philos. Trans. R. Soc. B Biol. Sci. 363, 3245–3255 (2008).

avec celles qui stockent les souvenirs des événements associés à cette excitation (images, sons, sensations, odeurs et émotions). Une activité répétée renforce les connexions cellulaires.

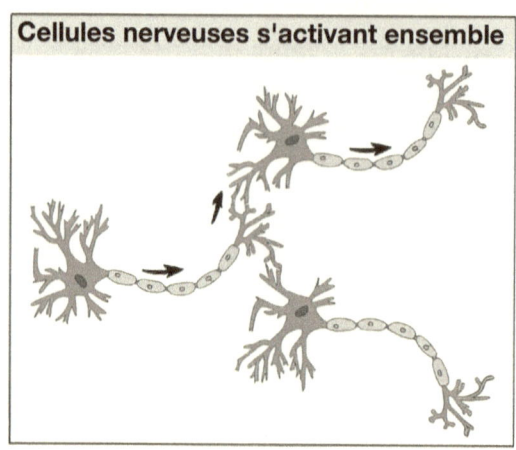

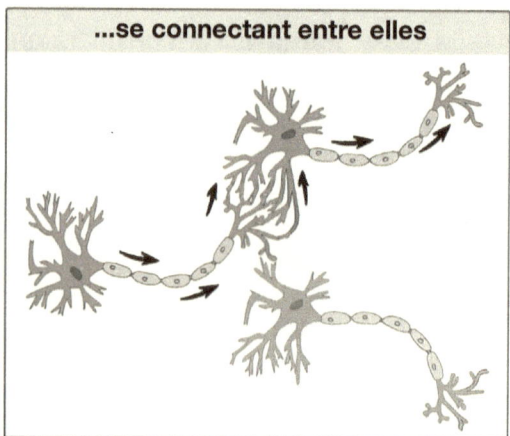

Stockées dans les connexions nerveuses, ces associations sont appelées « indices » ou « déclencheurs » par les experts en addiction. Tout ce qui active ces voies attire notre attention en augmentant la dopamine dans le circuit de récompense. Pendant l'évolution, la capacité de réagir à ces indices était bénéfique pour nos ancêtres, en les aidant à ne pas manquer des opportunités précieuses.

Pour un alcoolique, un déclencheur pourrait être le fait de passer devant un pub ou l'odeur de la bière. Pour un héroïnomane, ce pourrait être une seringue. Pour un utilisateur de porno, ce pourrait être de voir son portable ou le nom d'un site pornographique. Lorsque ces déclencheurs sont activés, les voies neuronales sensibilisées inondent le circuit de récompense d'un pic d'activité électrique, créant des envies difficiles à ignorer.

Tout se passe de manière inconsciente. Ce que nous savons, c'est que nous ressentons instantanément le besoin irrépressible de regarder du porno. Cela peut donner l'impression que c'est une question de vie ou de mort, au point que toutes nos résolutions s'envolent. Chez les toxicomanes, le pic de dopamine induit par un déclencheur peut être aussi élevé que celui causé par la prise de la drogue elle-même,[134] et cela est probablement vrai pour certains utilisateurs de porno également.

> J'ai aperçu une image porno l'autre jour, et j'ai ressenti une sorte de frisson distinct dans mon cerveau, presque comme une bouffée de chaleur. Heureusement, cela m'a suffisamment effrayé pour que je m'éloigne rapidement.

Les changements cérébraux initiés par DeltaFosB tendent à nous pousser à surconsommer ou, dans le cas du porno sur internet, à rester rivés à ce que le cerveau perçoit comme un festival de fertilisation. Cet enchaînement neurochimique n'a évidemment pas évolué pour créer des addictions, mais pour inciter les animaux à « en profiter pendant que c'est possible ».

L'essentiel est que le mécanisme de dopamine élevée entraînant l'accumulation de DeltaFosB initie *à la fois* le conditionnement sexuel et l'addiction (nous reviendrons sur l'addiction plus tard). Chacun commence par un super-souvenir pavlovien de plaisir (sensibilisation), qui déclenche ensuite des envies puissantes de « remettre ça ! »

Quand un accro arrête de consommer, DeltaFosB se dégrade lentement et revient à des niveaux normaux environ deux mois après la dernière frénésie. Cependant, les voies sensibilisées demeurent, peut-être, pour toute la vie. Rappelez-vous, le rôle de DeltaFosB est de favoriser le remodelage du cerveau pour que vous ressentiez un plus grand effet de ce que vous avez surconsommé. Ce souvenir, ou

---

134. Schiffer, W. K. et al. *Cue-induced dopamine release predicts cocaine preference: positron emission tomography studies in freely moving rodents. J. Neurosci. Off. J. Soc. Neurosci.* 29, 6176–6185 (2009).

cet apprentissage profondément enraciné, persiste bien après les événements initiaux.

Aussi improbable que cela puisse paraître, cette seule découverte neurobiologique réfute l'affirmation selon laquelle l'addiction au porno n'existe pas. L'accumulation de DeltaFosB dans le centre de récompense du cerveau est désormais considérée comme un interrupteur moléculaire durable pour les addictions comportementales et chimiques.

Le cerveau riposte : une épée à double tranchant
Alors que des envies croissantes poussent l'utilisateur à s'empiffrer de porno, la surstimulation du circuit de récompense conduit à une rébellion localisée. Si DeltaFosB est l'accélérateur de la surconsommation, la molécule CREB agit comme les freins. Elle atténue notre réponse au plaisir,[135] inhibe la dopamine et tente de retirer la joie de la frénésie afin que nous fassions une pause.

Fait étrange, des niveaux élevés de dopamine stimulent la production à la fois de CREB *et* de DeltaFosB. Nos corps sont dotés d'innombrables mécanismes de rétroaction pour nous maintenir en vie et en bon état de fonctionnement. Il est tout à fait logique que les mammifères aient *également* développé un système de freinage pour limiter les excès de nourriture ou de sexe. Il arrive un moment où il faut passer à autre chose, s'occuper des enfants ou peut-être chasser et cueillir. Toutefois, le problème de l'équilibre entre la CREB et DeltaFosB est qu'il a évolué bien avant que les humains ne soient exposés à des renforçateurs puissants comme le whisky, la cocaïne, la crème glacée ou les sites de vidéos pornographiques. Tous ont le potentiel de surpasser les mécanismes de satiété évolués, y compris les freins de la CREB.

En résumé, la CREB a peu de chances de s'imposer à l'ère des stimuli supranormaux et de la large disponibilité des drogues, qu'elles soient prescrites ou illicites. Que peut faire la CREB face à un dîner de Big Mac, frites et milkshake, suivi d'une session de trois heures

---
135. Nestler, E. J. *Is there a common molecular pathway for addiction? Nat. Neurosci.* 8, 1445–1449 (2005).

de *Call of Duty* alimentée par du Mountain Dew, et de deux heures à surfer sur PornHub en fumant un joint ? Quels types de tentations un chasseur-cueilleur de 19 ans rencontrait-il pour stimuler sa dopamine ? Peut-être une deuxième portion de viande de lapin trop cuite ou regarder les quatre filles qu'il connaissait depuis sa naissance tanner des peaux.

La réaction émoussée au plaisir induite par la CREB est souvent appelée *désensibilisation*. Elle conduit à la tolérance, qui est « le besoin d'une dose plus élevée pour obtenir le même effet ». La tolérance est une caractéristique clé de l'addiction, mais elle peut se produire sans que tous les changements cérébraux observés dans une addiction totale ne se développent. Les toxicomanes tentent de surmonter les effets de la CREB en prenant des doses plus importantes. Les joueurs compulsifs peuvent placer des paris plus élevés.

Les utilisateurs de porno sur internet peuvent découvrir qu'ils ont besoin de plus de vidéos, de porno en réalité virtuelle, de cam2cam, ou peut-être de mettre en scène un fétiche pour obtenir l'excitation que leur cerveau cherche désespérément. Bien souvent, ils tentent de surmonter la tolérance avec de nouveaux genres, généralement plus extrêmes, voire troublants. Comme nous l'avons vu, une stimulation plus intense peut augmenter la dopamine (et l'excitation).

Les effets de la CREB ne se limitent pas à la « drogue » de prédilection de l'utilisateur. D'autres activités qui faisaient autrefois plaisir à un spectateur de porno, comme socialiser, regarder un film ou jouer à un jeu préféré, perdent de leur attrait à cause des effets atténuateurs de la CREB. La désensibilisation nous laisse blasés, moins satisfaits, et souvent à la recherche de quelque chose pour augmenter la dopamine. Cela peut conduire un amateur de porno à y revenir rapidement.

La nature joue un tour cruel : la tentative de la CREB de supprimer la dopamine et les opioïdes endogènes pour inciter les « surconsommateurs » à faire une pause se retourne contre un utilisateur chronique de porno. En émoussant sa réaction au plaisir, elle peut le pousser à chercher des contenus plus extrêmes, souvent en passant d'un clip à l'autre, à la recherche de celui qui restaurera ses niveaux de dopamine. En résumé, la CREB peut conduire à la tolérance, ce qui peut aboutir à l'utilisation compulsive de porno et à l'escalade.

Vous vous demandez peut-être comment une surstimulation chronique peut induire deux effets apparemment opposés. D'un côté, elle peut *augmenter* l'activité de la dopamine (sensibilisation via DeltaFosB) ; de l'autre, elle peut la *diminuer* (désensibilisation via la CREB). La réponse réside principalement dans le facteur temps, mais aussi dans les différences neurologiques entre *désirer* et *apprécier*.[136]

La sensibilisation conduit à des pics élevés de dopamine en réponse aux indices et déclencheurs associés à l'utilisation. Ces pics se produisent *avant* la consommation de la drogue ou la masturbation au porno, et sont ressentis comme des envies à satisfaire. Cependant, lors de l'exposition aux mêmes anciens stimuli, moins de dopamine (et moins d'opioïdes) est libérée (désensibilisation). Cette atténuation du plaisir se produit *pendant* la consommation de la drogue ou la masturbation au porno. L'activité est ressentie comme moins agréable, ce qui augmente l'envie d'en avoir plus.

Ainsi, deux mécanismes autrefois bénéfiques pour nos ancêtres animaux ont des conséquences indésirables à l'ère des sites de vidéos pornographiques et de la malbouffe omniprésente. La sensibilisation entraîne un *désir* accru ou des envies plus intenses, tandis que la désensibilisation entraîne la diminution de *l'appréciation* ou la baisse globale du plaisir.[137] Ce décalage agit comme une arme à double tranchant qui alimente l'utilisation compulsive : des envies irrépressibles de consommer (sensibilisation) combinées à une moindre satisfaction des activités quotidiennes comme des comportements problématiques (désensibilisation). Les études par imagerie cérébrale confirment que les accros au porno ont une activation plus grande du système de récompense dans la phase désir, mais n'apprécient pas le porno plus que les non-accros.[138]

---

136. Berridge, K. C., Robinson, T. E. & Aldridge, J. W. *Dissecting components of reward: 'liking', 'wanting', and learning. Curr. Opin. Pharmacol.* 9, 65–73 (2009).
137. Berridge, K. C., Robinson, T. E. & Aldridge, J. W. *Dissecting components of reward: 'liking', 'wanting', and learning. Curr. Opin. Pharmacol.* 9, 65–73 (2009).
138. Voon, V. et al. *Neural correlates of sexual cue reactivity in individuals with and without compulsive sexual behaviours. PloS One* 9, e102419 (2014). Gola,

Le conditionnement sexuel et l'adolescence

L'une des conséquences de l'utilisation chronique de porno est un conditionnement sexuel imprévu – ce qui était peu probable pour les baby-boomers consommant *Playboy*. Un millénial peut facilement associer son excitation sexuelle à un écran, à une nouveauté constante, au voyeurisme ou à des actes bizarres. Dans le pire des cas, il finit par avoir besoin à la fois du contenu pornographique et de sa livraison instantanée pour déclencher une érection ou maintenir son excitation.

> Avant d'arrêter, j'avais un mal fou à jouir. Je devais littéralement fermer les yeux et imaginer un flux CONSTANT de porno pour atteindre l'orgasme. En réalité, j'utilisais plus ou moins le corps de mes copines pour m'aider à me masturber. Après une longue période sans porno, j'ai pu atteindre l'orgasme facilement, sans même y penser. C'était un miracle. Le meilleur sentiment de ma vie.

Les articles de presse sur l'utilisation du porno chez les jeunes se concentrent souvent sur l'apprentissage conscient. Ils supposent qu'il suffit de dire aux adolescents que le porno n'est pas comme le sexe réel, et tout ira bien.[139] Cette solution passe à côté des effets inconscients du visionnage de porno.

Pendant que le jeune Jamie apprend consciemment que les femmes « adorent » recevoir de l'éjaculation sur le visage, il peut inconsciemment apprendre que cette pratique l'excite sexuellement. Ce type d'apprentissage conditionné et inconscient se produit dans une certaine mesure chaque fois qu'il trouve la pornographie excitante.[140] Bien sûr, ce qui excite Jamie à l'âge de 14 ans peut n'avoir que peu de lien avec le porno fétichiste ou incestueux qu'il consommera à l'âge de 16 ans.

M. et al. *Can Pornography be Addictive? An fMRI Study of Men Seeking Treatment for Problematic Pornography Use.* Neuropsychopharmacol. Off. Publ. Am. Coll. Neuropsychopharmacol. (2017). doi:10.1038/npp.2017.78
139. *The Mix. Porn vs Reality | The Mix.* (2012).
140. Pfaus, J. G. et al. *Who, what, where, when (and maybe even why)? How the experience of sexual reward connects sexual desire, preference, and performance.* Arch. Sex. Behav. 41, 31–62 (2012).

Le conditionnement (ou apprentissage) superficiel peut se résumer ainsi : « Donc c'est comme ça que les gens ont des rapports sexuels et c'est comme ça que je devrais faire. » Le conditionnement sexuel inconscient, lui, peut se résumer ainsi : « C'est ça qui m'excite » ou, au niveau cérébral, « C'est ça qui booste ma dopamine et mes opioïdes. » Cela peut être aussi simple que de préférer les rousses. Ou peut-être que des pieds délicats ou des pectoraux attirent plus que des seins.

Quelle que soit l'origine de nos préférences, notre cerveau évolue pour enregistrer ce qui nous excite et nous y sensibiliser. Cependant, une fois que nous associons un nouvel activateur à notre excitation, il est impossible de savoir quand cela déclenchera une réaction future. De la même manière que le chien de Pavlov a appris à saliver au son d'une cloche, les utilisateurs de porno d'aujourd'hui peuvent apprendre à associer des stimuli inattendus à leurs érections. Le circuit primitif de récompense du cerveau n'est pas conscient que la cloche n'est pas de la nourriture, ou que le porno nouveau n'est pas « mon » porno. Sa règle est simplement : « Excitation... je te veux. »

Dès 2004, des chercheurs suédois rapportent que 99 % des jeunes hommes avaient consommé de la pornographie, et plus de la moitié estimaient qu'elle avait un impact sur leur comportement sexuel.[141] Comme mentionné, une étude de 2016 révèle que 49 % des hommes déclarèrent avoir regardé du porno qui ne les intéressait pas auparavant ou qu'ils considéraient autrefois comme « dégoûtant ». Fait intéressant, 20 % des participants indiquèrent également utiliser du porno « pour maintenir leur excitation avec leur partenaire ».

Même si vous regardez du porno léger et que vous n'avez développé aucun fétichisme induit par le porno, la manière dont vous trouvez du plaisir peut avoir des répercussions. Vous entraînez-vous à adopter le rôle de voyeur, ou à avoir besoin de quelque chose de plus excitant au moindre effondrement de votre dopamine, ou à chercher la scène parfaite pour atteindre l'orgasme ? Vous masturbez-vous dans une position recroquevillée ou regardez-vous votre smartphone au lit avant de dormir ?

---

141. Tydén, T. & Rogala, C. *Sexual behaviour among young men in Sweden and the impact of pornography. Int. J. STD AIDS* 15, 590–593 (2004).

Chacun de ces stimuli ou déclencheurs active le circuit de récompense avec la promesse d'un rapport sexuel... qui n'en est pas un. Les cellules nerveuses renforcent alors ces associations avec l'excitation en développant de nouvelles ramifications pour solidifier les connexions. Résultat ? Vous pourriez en venir à avoir *besoin* d'être voyeur, de cliquer sur de nouveaux contenus, d'utiliser le porno pour vous endormir, ou de rechercher la finale parfaite pour accomplir la tâche.

Une tâche évolutive primordiale de l'adolescence (de la puberté jusqu'à environ 24 ans) est d'apprendre tout ce qu'il y a à savoir sur le sexe – à la fois consciemment et inconsciemment. Pour cela, le cerveau adolescent, hautement malléable, se connecte aux indices sexuels présents dans l'environnement.[142] Les adolescents associent bien plus rapidement et facilement les expériences et l'excitation que ne le feront de jeunes adultes quelques années plus tard.[143] Ils sont même particulièrement vulnérables, car leur circuit de récompense est en surchauffe.[144] En réponse à la nouveauté qu'offre internet, leur cerveau produit des pics de dopamine plus élevés, mais s'ennuie aussi plus vite (et effet est amplifié chez les utilisateurs problématiques de porno[145]). Leur cerveau est également plus sensible à la dopamine[146] et produit davantage de DeltaFosB[147] (pour « se souvenir et répéter »). Cette hypersensibilité aux récompenses rend le cerveau adolescent plus vulnérable à l'addiction.[148]

---

142. Stokes, P. R. A. et al. *Nature or nurture? Determining the heritability of human striatal dopamine function: an [18F]-DOPA PET study.* Neuropsychopharmacol. Off. Publ. Am. Coll. Neuropsychopharmacol. 38, 485–491 (2013).
143. Selemon, L. D. *A role for synaptic plasticity in the adolescent development of executive function.* Transl. Psychiatry 3, e238 (2013).
144. Galvan, A. et al. *Earlier development of the accumbens relative to orbitofrontal cortex might underlie risk-taking behavior in adolescents.* J. Neurosci. Off. J. Soc. Neurosci. 26, 6885–6892 (2006).
145. Banca, P. et al. *Novelty, conditioning and attentional bias to sexual rewards.* J. Psychiatr. Res. 72, 91–101 (2016).
146. University of Pittsburgh. *Teen brains over-process rewards, suggesting root of risky behavior, mental ills.* ScienceDaily. Disponible sur : https://www.sciencedaily.com/releases/2011/01/110126121732.htm.
147. Nestler, E. J. *Transcriptional mechanisms of addiction: role of ΔFosB.* Philos. Trans. R. Soc. B Biol. Sci. 363, 3245–3255 (2008).
148. Galvan, A. et al. *Earlier development of the accumbens relative to orbi-*

Les stimuli excitants peuvent bouleverser un adolescent d'une manière qu'ils ne feront pas chez un adulte, et cela fut démontré même dans les scans cérébraux de jeunes utilisateurs de porno lors d'une étude réalisée à Cambridge en 2014.[149] Cette réalité neurochimique prépare les jeunes cerveaux à définir le sexe en fonction de ce qui offre la sensation sexuelle la plus forte.

Si cela n'est pas assez effrayant, souvenez-vous qu'un processus naturel de sculpture interne restreint les choix d'un adolescent quand il rejoint l'âge adulte.[150] Le cerveau rétrécit en effet après l'âge de 12 ans, car des milliards de connexions nerveuses sont élaguées et réorganisées (tel qu'illustré en page suivante).[151] Le principe du « On s'en sert ou on le perd » détermine quelles connexions nerveuses survivent, laissant notre adolescent avec des réponses déjà bien rodées face à la vie.[152] Ainsi, un cerveau adolescent peut se conditionner profondément à la pornographie sur internet avec une étonnante facilité, à tel point que le sexe réel peut finir par sembler une expérience étrangère pour certains.

Une fois que de nouvelles connexions se forment, les cerveaux adolescents conservent fermement ces associations. En fait, nos souvenirs les plus puissants et durables naissent à l'adolescence – tout comme nos pires habitudes.[153] Dans la vingtaine, notre adolescent peut ne pas être complètement enfermé dans le conditionnement sexuel acquis pendant l'adolescence, mais cela peut ressembler à une profonde ornière dans son cerveau – difficile à ignorer ou à reconfigurer.

---

tofrontal cortex might underlie risk-taking behavior in adolescents. J. Neurosci. Off. J. Soc. Neurosci. 26, 6885–6892 (2006).
149. Voon, V. et al. *Neural correlates of sexual cue reactivity in individuals with and without compulsive sexual behaviours. PloS One* 9, e102419 (2014).
150. Doremus-Fitzwater, T. L., Varlinskaya, E. I. & Spear, L. P. *Motivational systems in adolescence: possible implications for age differences in substance abuse and other risk-taking behaviors. Brain Cogn.* 72, 114–123 (2010).
151. Weinberger, D. R., Elvevag, B. & Giedd, J. N. *The Adolescent Brain: A Work in Progress.* (June, 2005).
152. Doremus-Fitzwater, T. L., Varlinskaya, E. I. & Spear, L. P. *Motivational systems in adolescence: possible implications for age differences in substance abuse and other risk-taking behaviors. Brain Cogn.* 72, 114–123 (2010).
153. Flinders University. *Best memory? You're likely to decide as a teen. Medical Xpress* (2012). Disponible sur : https://medicalxpress.com/news/2012-07-memory-youre-teen.html.

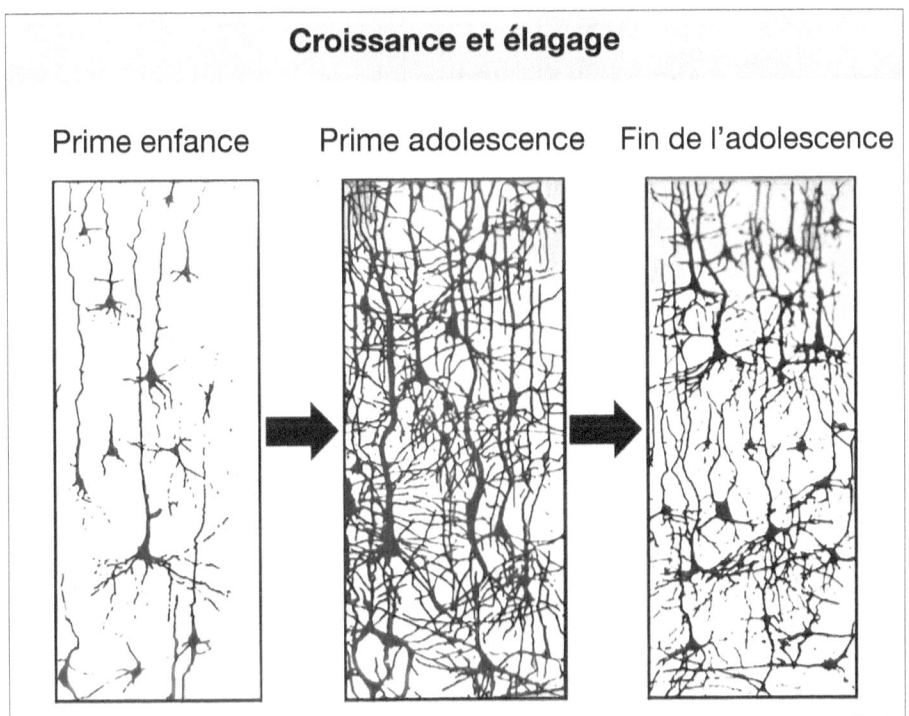

Vers le fétichisme

Les recherches sur le conditionnement de la réponse sexuelle chez les humains sont limitées, mais elles montrent que l'excitation sexuelle peut être conditionnée,[154] en particulier avant l'âge adulte.[155] Par exemple, lorsque des hommes regardent du porno en même temps qu'ils voient des objets non sexuels, comme une botte noire[156] ou un bocal rempli de pièces de monnaie,[157] ils finissent par être excités (et avoir des érections) uniquement à la vue de la botte ou du bocal. Plus besoin de porno.

---

154. Brom, M., Both, S., Laan, E., Everaerd, W. & Spinhoven, P. *The role of conditioning, learning and dopamine in sexual behavior: A narrative review of animal and human studies. Neurosci. Biobehav. Rev.* 38, 38–59 (2014).
155. Griffee, K. et al. *Human Sexual Development is Subject to Critical Period Learning: Implications for Sexual Addiction, Sexual Therapy, and for Child Rearing. Sex. Addict. Compulsivity* 21, 114–169 (2014).
156. Rachman, S. & Hodgson, R. J. *Experimentally-Induced "Sexual Fetishism": Replication and Development. Psychol. Rec.* 18, 25–27 (1968).
157. Plaud, J. J. & Martini, J. R. *The respondent conditioning of male sexual arousal. Behav. Modif.* 23, 254–268 (1999).

Chez les animaux, la performance sexuelle et l'attraction peuvent être conditionnées à une série de stimuli qui ne sont normalement pas sexuellement excitants, comme des odeurs de fruits ou de noix.[158] Dans un exemple spectaculaire de conditionnement, des chercheurs vaporisèrent des femelles rats sexuellement réceptives avec de la cadavérine (l'odeur de chair en décomposition) et les placèrent dans des cages avec de jeunes mâles vierges enthousiastes. Normalement, les rats évitent la chair en décomposition. C'est inné ; ce n'est pas un comportement appris. Ils enterrent des congénères morts et des bâtonnets de bois imbibés de cadavérine. Cependant, avec leur dopamine grimpant en flèche sous l'effet de l'anticipation, ces mâles copulèrent et éjaculèrent plusieurs fois.

Quelques jours plus tard, les jeunes mâles furent placés dans une grande cage avec des femelles à l'odeur normale et des femelles sentant la mort. Les rats conditionnés à la cadavérine s'accouplèrent de manière indiscriminée. Les mâles expérimentés et non conditionnés, en revanche, n'approchèrent pas les femelles empestant la mort. Jusqu'où allait ce conditionnement ? Quelques jours après, les ex-vierges conditionnés reçurent un bâtonnet de bois saturé de cadavérine. Ils jouèrent avec, et beaucoup le rongèrent — tout comme ils l'auraient fait avec un bâtonnet imbibé de quelque chose qu'ils adorent habituellement, comme du chocolat ou des sécrétions vaginales.

Chez les femmes, le visionnage de pornographie peut annuler les sentiments de dégoût et augmenter le désir de faire quelque chose qu'une femme ne regardant pas de porno trouverait totalement répugnant.[159] De tels résultats peuvent être similaires à l'escalade des jeunes hommes vers du porno qui les repoussait auparavant ou ne correspondait pas à leurs goûts sexuels initiaux. Sans surprise, les

---

158. Pfaus, J. G. et al. *Who, what, where, when (and maybe even why)? How the experience of sexual reward connects sexual desire, preference, and performance.* Arch. Sex. Behav. 41, 31–62 (2012).
159. Borg, C. & Jong, P. J. de. *Feelings of Disgust and Disgust-Induced Avoidance Weaken following Induced Sexual Arousal in Women.* PLOS ONE 7, e44111 (2012).

études établissent un lien entre un début précoce de consommation de porno et l'escalade vers des contenus plus extrêmes.[160]

Le conditionnement sexuel a été observé dans trois études utilisant l'imagerie par résonance magnétique fonctionnelle (IRMf), dans lesquelles des utilisateurs compulsifs de porno visionnaient du contenu pornographique pendant que les chercheurs évaluaient l'activité cérébrale. Comme prévu, la réponse cérébrale reflétait ce qui se produit chez les toxicomanes (une plus grande réactivité aux indices, ou sensibilisation). Ces trois études ajoutaient une nouveauté : au lieu de simplement montrer des images pornographiques, chaque image était précédée d'un symbole annonçant soit une image pornographique, soit une image non pornographique (par exemple, un arbre, une chaise). Ainsi, les sujets voyaient un carré quelques secondes avant l'apparition d'une image porno. Après plusieurs rounds de cette procédure, ils associaient consciemment et inconsciemment le carré au porno et à l'excitation sexuelle.[161] Tous conditionnaient rapidement leur excitation aux symboles prédisant le porno. Or, comparés aux témoins, les utilisateurs compulsifs voyaient leur système de récompense réagir plus fortement aux indices (symboles), et le conditionnement se produisait plus rapidement.

C'est ainsi que les scientifiques étudient la sensibilisation en laboratoire. Ils conditionnent l'excitation sexuelle et l'activation de la dopamine des utilisateurs de porno à des éléments qui ne sont normalement pas excitants. Ces recherches aident à expliquer pourquoi allumer votre appareil ou entendre vos parents quitter la maison peut déclencher une excitation soudaine.

---

160. Seigfried-Spellar, K. C. *Deviant Pornography Use: The Role of Early-Onset Adult Pornography Use and Individual Differences. Int. J. Cyber Behav. Psychol. Learn. IJCBPL* 6, 34–47 (2016).

161. Banca, P. et al. *Novelty, conditioning and attentional bias to sexual rewards. J. Psychiatr. Res.* 72, 91–101 (2016). Gola, M. et al. *Can Pornography be Addictive? An fMRI Study of Men Seeking Treatment for Problematic Pornography Use. Neuropsychopharmacol. Off. Publ. Am. Coll. Neuropsychopharmacol.* (2017). doi:10.1038/npp.2017.78. Klucken, T., Wehrum-Osinsky, S., Schweckendiek, J., Kruse, O. & Stark, R. *Altered Appetitive Conditioning and Neural Connectivity in Subjects With Compulsive Sexual Behavior. J. Sex. Med.* 13, 627–636 (2016).

L'une de ces études révéla également que les accros au porno s'habituaient plus vite aux images sexuelles. Leur système de récompense réagissait moins aux contenus familiers. Pour éviter l'habituation, l'addict au porno doit constamment chercher de nouveaux contenus, peut-être en se conditionnant à de nouveaux genres au passage.

Avant l'arrivée du porno en streaming 24 heures sur 24, les déclencheurs sexuels habituels étaient d'autres adolescents, une page centrale dans un magazine, ou peut-être un film interdit aux moins de 17 ans. Le résultat était plutôt prévisible : vos pairs étaient une source d'excitation. Aujourd'hui, cependant :

> J'ai 25 ans, mais j'ai eu accès à internet à haut débit et commencé à regarder des vidéos pornographiques dès l'âge de 12 ans. Mon expérience sexuelle est très limitée, et les rares fois où j'ai eu des rapports sexuels furent des déceptions totales : pas d'érection. J'essaie d'arrêter depuis cinq mois maintenant, et j'y suis enfin parvenu. Je me rends compte que j'ai été conditionné au point où mes pulsions sexuelles sont profondément liées à un écran d'ordinateur. Les femmes ne m'excitent pas, sauf si elles sont en 2D et derrière mon écran.

Dans un cerveau adolescent particulièrement suractif, ce câblage inconscient peut entraîner des changements inattendus dans les goûts sexuels. Si la majorité des séances de masturbation d'un adolescent sont alimentées par la pornographie, les connexions cérébrales associées à des expériences réelles – comme l'attirance naturelle pour une camarade de classe, Jessica en cours d'algèbre – risquent d'être éclipsées. Passer des années avant votre premier baiser recroquevillé devant un écran avec dix onglets ouverts, à maîtriser les compétences douteuses de se masturber avec la main gauche et de trouver des actes sexuels dont votre père n'a jamais entendu parler, n'est pas fait pour apprendre maladroitement à échanger un premier baiser, ni à des rapports amoureux satisfaisants.

Dans un article de 2014, Norman Doidge écrivait : « Nous sommes au milieu d'une révolution des goûts sexuels et romantiques sans précédent dans l'histoire, une expérience sociale menée sur des enfants et des adolescents… Ce niveau d'exposition à la pornographie est tout à fait nouveau. Ces influences et ces goûts s'avéreront-ils superficiels ? Ou les nouveaux scénarios pornographiques s'enracineront-ils profondément parce que les années d'adolescence sont encore dans une période formative ? »[162]

Heureusement, la plasticité cérébrale fonctionne aussi dans l'autre sens. Je vois de nombreux hommes arrêter le porno et, quelques mois plus tard, réaliser que les fétiches qu'ils pensaient indélébiles s'étaient estompés. Finalement, ils n'arrivent pas à croire qu'ils aient autrefois pu jouir grâce à X (et peut-être uniquement à X).

Le conditionnement sexuel à l'adolescence explique probablement aussi pourquoi les jeunes hommes souffrant de dysfonction érectile induite par le porno ont souvent besoin de plusieurs mois supplémentaires pour retrouver une fonction sexuelle normale par rapport aux hommes plus âgés. Ces derniers n'ont pas commencé par conditionner leur réponse sexuelle aux écrans et pourraient posséder des circuits cérébraux et des schémas d'excitation bien développés pour des « vrais partenaires ». Typiquement, ils avaient des érections fiables avec des partenaires pendant des années avant de découvrir les sites de streaming à haut débit. Contrairement aux jeunes hommes qui ont grandi avec internet, les plus âgés ne font que réapprendre.

Plus sur les dysfonctionnements sexuels induits par le porno
Bien que peu d'études aient documenté des hommes arrêtant le porno pour guérir des dysfonctionnements sexuels chroniques, dix-neuf études établissent un lien entre des problèmes sexuels ou une baisse de l'excitation et l'utilisation de pornographie ou l'addiction au porno. Dans l'article que j'ai coécrit avec des médecins de la Navy, nous avons émis l'hypothèse que les dysfonctionnements sexuels induits par le porno résultent d'une combinaison de conditionnement sexuel (sensibilisation) et de désensibilisation du système de récompense.[163] Comme décrit, un utilisateur de porno

---

162. Doidge, N. *Sex on the Brain: What Brain Plasticity Teaches About Internet Porn*. Hung. Rev. V, (2014).
163. Park, B. Y. et al. *Is Internet Pornography Causing Sexual Dysfunctions? A Review with Clinical Reports*. Behav. Sci. 6, (2016).

peut conditionner son excitation à tout ce qui est associé à sa consommation de porno, comme la perspective d'un voyeur, la recherche constante, un défilé de « partenaires sexuels » toujours nouveaux ou de contenus fétichistes.

Cependant, rien de tout cela n'est comparable à de vrais rapports sexuels. Le vrai sexe, c'est toucher, être touché, sentir, se connecter et interagir avec une personne, tout cela sans adopter le point de vue d'un voyeur.

La dopamine est particulière : elle monte en flèche lorsque quelque chose dépasse les attentes (les transgresse), mais diminue si elles ne sont pas satisfaites.[164] Avec le sexe, il est presque impossible d'égaler le niveau de surprise, de variété et de nouveauté offert par le porno en ligne. Ainsi, lorsqu'un jeune homme se conditionne profondément au porno, le sexe peut ne pas répondre à ses attentes inconscientes. Les attentes non satisfaites provoquent une chute de dopamine – et des érections (un flux constant de montées de dopamine est essentiel pour maintenir l'excitation sexuelle et les érections). Que l'on ait 25 ou 55 ans, le décalage entre le sexe réel et la masturbation devant du porno en ligne est un facteur clé des dysfonctionnements sexuels induits par le porno. Se masturber devant du porno pour se préparer à un rapport sexuel revient à s'entraîner au golf pendant des années pour participer à Wimbledon, c'est-à-dire se préparer pour le mauvais sport.

Bien que le conditionnement sexuel soit le principal changement cérébral responsable de la dysfonction érectile induite par le porno, il ne peut à lui seul expliquer tous les symptômes que les hommes éprouvent. Deux des symptômes les plus courants, mais difficiles à expliquer, sont la perte des érections matinales (érections nocturnes) et la redoutée période de « point mort ». L'absence d'érection nocturne survient généralement avant l'arrêt du porno. Il est important de noter que les urologues utilisent souvent l'absence d'érection nocturne pour distinguer une dysfonction érectile psychologique d'une dysfonction érectile organique (c'est-à-dire des problèmes de vaisseaux sanguins ou de nerfs). Il est possible que certains hommes

---

164. Steinberg, E. E. et al. *A causal link between prediction errors, dopamine neurons and learning. Nat. Neurosci.* 16, 966–973 (2013).

souffrant de dysfonction érectile induite par le porno, accompagnée de l'absence d'érection matinale, soient mal diagnostiqués comme ayant une dysfonction érectile organique. En revanche, la période de « point mort » temporaire survient *après* l'arrêt de la consommation de porno. Elle se manifeste généralement par des organes génitaux amorphes, l'absence de libido et la perte d'attraction pour les personnes réelles.

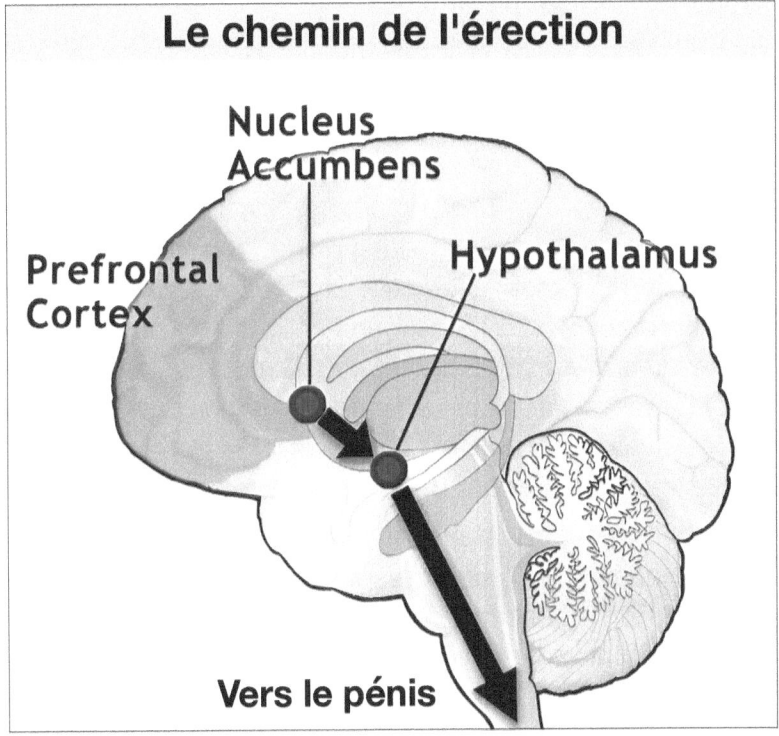

Prefrontal Cortex : Cortex préfrontal
Nucleus Accumbens : Noyau accumbens

Les deux symptômes indiquent des changements dans des structures cérébrales profondes directement impliquées dans l'excitation et les érections. Les recherches révèlent que les érections nécessitent un niveau adéquat de dopamine dans le circuit de récompense[165] et

---

165. Giuliano, F. & Allard, J. *Dopamine and male sexual function*. Eur. Urol. 40, 601–608 (2001).

les centres sexuels du cerveau masculin.[166] Il n'y a pas si longtemps, des chercheurs italiens scannèrent le cerveau d'hommes souffrant de « dysfonction érectile psychogène » (par opposition à la « dysfonction érectile organique », qui résulte de problèmes physiques sous la ceinture). Leurs scans révélèrent l'atrophie de la matière grise dans le centre de récompense du cerveau (le noyau accumbens) et dans les centres sexuels de l'hypothalamus.[167] La perte de matière grise équivaut à une perte de ramifications des cellules nerveuses et de leurs connexions avec d'autres cellules nerveuses. Votre moteur huit cylindres tourne en toussotant avec seulement trois cylindres. Cela se traduit par une diminution du signal de dopamine (et donc une excitation réduite).

Cette étude montre que la dysfonction érectile psychogène n'est *pas* toujours causée par l'état d'esprit de l'individu (par exemple, l'anxiété de performance). Elle peut être la conséquence de changements dans le circuit de récompense qui entraînent une réduction persistante du signal de dopamine. Cela pourrait expliquer pourquoi le point mort et l'absence d'érections matinales accompagnent souvent les dysfonctionnements sexuels induits par le porno – et pourquoi ils peuvent prendre des mois à se renverser.

Cette découverte est cohérente avec les résultats d'une étude allemande sur le cerveau des utilisateurs de porno, publiée dans *JAMA Psychiatry*.[168] Elle montre une diminution de la matière grise dans le circuit de récompense. Les sujets qui consommaient le plus de porno avaient moins de matière grise et montraient moins d'excitation face à des images sexy. Les deux études pourraient révéler les changements structurels à l'origine de la désensibilisation persistante. Pour répondre à la question millénaire : la taille compte, du moins lorsqu'il s'agit de matière grise.

---

166. Pfaus, J. G. & Scepkowski, L. A. *The biologic basis for libido. Curr. Sex. Health Rep.* 2, 95–100 (2005).
167. Cera, N. et al. *Macrostructural Alterations of Subcortical Grey Matter in Psychogenic Erectile Dysfunction. PLOS ONE* 7, e39118 (2012).
168. Kühn, S. & Gallinat, J. *Brain Structure and Functional Connectivity Associated With Pornography Consumption: The Brain on Porn. JAMA Psychiatry* 71, 827–834 (2014).

La désensibilisation et d'autres changements cérébraux dus à une consommation excessive chronique peuvent souvent être détectés dans des scans cérébraux, mais le conditionnement sexuel ne se manifeste pas sur les images du cerveau. La confirmation de cet effet doit venir des témoignages de symptômes et des récits de rétablissement. Le fait que les jeunes hommes aient souvent besoin de plus de temps pour se rétablir indique un profond conditionnement sexuel durant l'adolescence.

Comme nous l'avons vu, l'adolescence est une fenêtre de développement clé au cours de laquelle les cerveaux des mammifères sont préparés à adapter leur comportement d'accouplement aux stimuli excitants présents dans leur environnement. Par la suite, le cerveau commence à éliminer les circuits inutilisés – peut-être les mêmes circuits liés à la recherche de partenaires réels que les ancêtres adolescents de ces hommes auraient développés et renforcés naturellement.[169] Voici un témoignage typique d'un jeune homme ayant profondément conditionné sa sexualité au porno en ligne :

> Ce que vous vous demandez probablement, c'est : « Pour l'amour de Dieu, est-ce que la dysfonction érectile s'améliore ou est-ce que je me torture pour rien ?! » Je me suis posé la même question. La réponse est : « Un peu », puis « Oui ! » Ce que vous allez probablement ressentir quand vous aurez des rapports sexuels, c'est votre cerveau qui dit : « Qu'est-ce que c'est que ça ? » Il n'est pas habitué à considérer le sexe réel comme sa principale manière d'être sexuel. Le contact réel amorce le processus de « recâblage ». Vous allez vous resensibiliser au sexe réel. Le sexe après un redémarrage et un recâblage est INCOMPARABLEMENT MEILLEUR. Je ne peux même pas le décrire avec des mots. Donc il y aura un processus de recâblage où vous pourriez bégayer un peu et avoir quelques ratés, mais, à terme, vous fonctionnerez à plein régime. Ces jours-ci ? Plus aucune dysfonction érectile, je n'y pense même plus.

Que suggèrent ceux qui se remettent avec succès d'une dysfonction érectile induite par le porno ? La première suggestion est de

---

169. Pitchers, K. K. et al. *DeltaFosB in the nucleus accumbens is critical for reinforcing effects of sexual reward. Genes Brain Behav.* 9, 831–840 (2010).

l'éliminer, ses substituts et les souvenirs des scènes que vous avez regardées. En d'autres termes, éliminer toute stimulation sexuelle artificielle. Par « artificielle », j'entends les pixels, l'audio et la littérature. Pas de substituts au porno, tels que : naviguer sur Facebook, Snapchat ou des applications de rencontre, explorer Craigslist, les publicités de sous-vêtements, les vidéos YouTube, la littérature érotique, etc. Si ce n'est pas la vraie vie, dites simplement « Non ». Ce n'est pas tant le contenu qui pose problème que le fait d'imiter les comportements qui ont conditionné votre cerveau à avoir besoin de stimulation nouvelle basée sur un écran.

La deuxième suggestion est de reconnecter votre excitation sexuelle à des personnes réelles. Bien que cela aide tout le monde à se rétablir, cela peut être un élément clé pour les jeunes hommes ayant peu ou pas d'expérience sexuelle. Cela ne signifie pas que vous devez avoir des rapports sexuels pour recâbler votre cerveau. En fait, apprendre à connaître quelqu'un lentement est probablement le meilleur chemin. Passer du temps ensemble, se toucher et s'embrasser aide à lier l'excitation sexuelle et l'affection à une personne réelle, ce qui peut être essentiel pour la guérison.

Addiction à la pornographie
Une deuxième adaptation qui peut découler d'une consommation excessive de pornographie est l'addiction. Comme expliqué, les drogues addictives ne font qu'amplifier ou diminuer les mécanismes physiologiques normaux. Toutes partagent une caractéristique commune : la capacité d'augmenter de manière significative le niveau de dopamine dans notre centre de récompense (noyau accumbens). Comme constaté, l'excitation sexuelle induit des niveaux de dopamine comparables à ceux de la morphine et active les mêmes cellules nerveuses détournées par la cocaïne et la méthamphétamine (contrairement à d'autres récompenses naturelles). L'addiction à la pornographie sur internet pourrait s'avérer la forme la plus « pure » d'addiction comportementale, car les changements cérébraux observés chez les accros pourraient ressembler le plus étroitement à ceux constatés chez les toxicomanes.

Les chercheurs savent que toutes les addictions, malgré leurs différences, entraînent un ensemble établi de modifications cérébrales fondamentales.[170] À leur tour, elles se manifestent par des signes, des symptômes et des comportements reconnus, tels que ceux énumérés dans ce test d'évaluation standard de l'addiction, les « Trois C » :

1. compulsion et préoccupation obsessionnelle pour obtenir, s'engager dans ou récupérer de l'usage de la substance ou du comportement ;

2. perte de *contrôle* dans l'usage de la substance ou dans l'engagement dans le comportement, avec une fréquence ou une durée croissantes, des quantités ou une intensité plus grandes, ou un risque accru lié à l'usage ou au comportement pour obtenir l'effet recherché ;

3. *conséquences* négatives sur les plans physique, social, professionnel, financier ou psychologique.

Quel est le risque d'addiction au porno ? Eh bien, il est de notoriété publique que les substances qui augmentent la dopamine, telles que l'alcool ou la cocaïne, peuvent entraîner une addiction. Pourtant, seulement 10 à 15 % des humains ou des rats qui consomment des drogues addictives (à l'exception de la nicotine) deviennent dépendants. Cela signifie-t-il que le reste d'entre nous est à l'abri de l'addiction ? Pour ce qui est de l'abus de substances, peut-être que oui.

Cependant, en ce qui concerne un accès illimité à des versions ultra-stimulantes de récompenses naturelles, comme la malbouffe,[171] la réponse est non,[172] bien que tous les consommateurs ne

---

170. Olsen, C. M. *Natural rewards, neuroplasticity, and non-drug addictions*. Neuropharmacology 61, 1109–1122 (2011).
171. Johnson, P. M. & Kenny, P. J. *Addiction-like reward dysfunction and compulsive eating in obese rats: Role for dopamine D2 receptors. Nat. Neurosci.* 13, 635–641 (2010).
172. Szalavitz, M. *Can Food Really Be Addictive? Yes, Says National Drug Expert.* TIME.com (2012). Disponible sur : http://healthland.time.com/2012/04/05/yes-food-can-be-addictive-says-the-director-of-the-national-institute-on-drug-abuse/.

développent pas une dépendance. La raison pour laquelle des versions hautement stimulantes de nourriture et d'excitation sexuelle peuvent nous rendre dépendants – même si nous ne sommes pas autrement susceptibles à l'addiction – est que notre circuit de récompense a évolué pour nous pousser vers la nourriture et le sexe, et non vers les drogues ou l'alcool. Les aliments riches en graisses[173] et en sucres[174] d'aujourd'hui entraînent bien plus de gens dans des comportements destructeurs que les drogues illégales. Aux États-Unis, 70 % des adultes sont en surpoids et 37,7 % obèses.[175]

Nous ignorons combien de personnes sont affectées négativement par l'utilisation de la pornographie en ligne, en raison de la confidentialité qui entoure cette pratique et du fait que les utilisateurs ne font pas nécessairement le lien entre leur consommation de porno et leurs symptômes. Cependant, lors d'un sondage réalisé en 2014 auprès de 1 000 adultes américains, 33 % des hommes âgés de 18 à 30 ans pensaient être accros à la pornographie ou n'en étaient pas sûrs. En revanche, seulement 5 % des hommes âgés de 50 à 68 ans partageaient cette opinion.[176] Qu'en est-il des études ? Deux études menées en 2016 interrogèrent des utilisateurs masculins de porno sur leur consommation problématique. Dans l'une, les participants furent évalués pour détecter une addiction et, dans l'autre, ils s'auto-évaluèrent. Dans les deux cas, les taux étaient de 28 %.[177]

---

173. Klein, S. *Fatty foods may cause cocaine-like addiction - CNN.com*. CNN.com (2010). Disponible sur : http://www.cnn.com/2010/HEALTH/03/28/fatty.foods.brain/index.html.
174. Lenoir, M., Serre, F., Cantin, L. & Ahmed, S. H. *Intense Sweetness Surpasses Cocaine Reward*. PLOS ONE 2, e698 (2007).
175. National Center for Health Statistics. *Prevalence of Overweight, Obesity, and Extreme Obesity Among Adults Aged 20 and Over: United States, 1960–1962 Through 2013–2014*. Centers for Disease Control and Prevention. Disponible sur : https://www.cdc.gov/nchs/data/hestat/obesity_adult_13_14/obesity_adult_13_14.htm.
176. ProvenMen. *Pornography Survey Statistics (Conducted by Barna Group)*. Proven Men. Disponible sur : https://www.provenmen.org/pornography-survey-statistics-2014/.
177. Wéry, A. & Billieux, J. *Online sexual activities: An exploratory study of problematic and non-problematic usage patterns in a sample of men*. Comput. Hum. Behav. 56, 257–266 (2016); Kraus, S. W., Martino, S. & Potenza, M. N. *Clinical Characteristics of Men Interested in Seeking Treatment for Use of Pornography*. J. Behav. Addict. 5, 169–178 (2016).

Les versions supernormales de récompenses naturelles ont la capacité de surpasser les mécanismes de satiété de notre cerveau – ce sentiment de « J'en ai assez ». Il n'est donc pas surprenant que la nouveauté érotique illimitée soit irrésistible pour une large part de la population, y compris pour de nombreuses personnes qui ne seraient pas susceptibles de devenir accros à des substances.

> Je bois occasionnellement, mais pas trop. Je n'ai aucune addiction, sauf au porno. J'ai grandi en pensant que c'était normal et que tout le monde en regardait. Je pensais même que cela pouvait être bon pour moi.

*

> J'ai combattu une addiction au porno pendant des années, alors qu'arrêter de fumer n'a été qu'une décision unique que je n'ai jamais regrettée. Contrairement au tabac, l'addiction au porno est liée à un besoin biologique sous-jacent, qui se fusionne à l'addiction et rend tout beaucoup plus difficile.

Certains psychologues et cliniciens en dehors du domaine des neurosciences de l'addiction affirment qu'il est une erreur d'appliquer la science de l'addiction pour comprendre des comportements tels que le jeu compulsif ou la consommation incontrôlée de porno en ligne. Ils soutiennent que l'addiction n'a de sens que lorsqu'il s'agit de substances comme l'héroïne, l'alcool ou la nicotine. Cette opinion se retrouve souvent dans les médias. Pourtant, les recherches les plus récentes sur la nature de l'addiction contredisent cette idée.

Vous l'ignorez peut-être, mais l'addiction est probablement le trouble mental le plus étudié. Contrairement à la plupart des troubles mentaux répertoriés dans le *Manuel diagnostique et statistique des troubles mentaux* (DSM-5), l'addiction peut être reproduite à volonté chez des animaux de laboratoire. Les chercheurs peuvent ainsi étudier les mécanismes causatifs et les changements cérébraux qui en résultent jusqu'au niveau moléculaire.

Qu'il s'agisse d'étudier le comportement sexuel, le jeu, l'alcool, la nicotine, l'héroïne ou la méthamphétamine, des milliers d'études cérébrales confirment que toutes les addictions modifient les mêmes mécanismes fondamentaux du cerveau[178] et produisent un ensemble reconnu d'altérations anatomiques et chimiques.[179] Les experts en addiction ne doutent plus que les addictions comportementales et celles dues aux substances soient essentiellement une seule et même pathologie.

À ce jour, quelque 230 études cérébrales sur les dépendants à internet révèlent la présence des mêmes changements cérébraux fondamentaux que ceux observés chez les toxicomanes.[180] Si l'utilisation d'internet en soi peut potentiellement créer une addiction, il est évident que l'utilisation de la pornographie en ligne le peut également. Effectivement, les études cérébrales sur les utilisateurs de porno en ligne le confirment désormais.

Les quatre principaux changements cérébraux impliqués dans l'addiction furent récemment décrits dans une revue de référence par George F. Koob, directeur du National Institute on Alcohol Abuse and Alcoholism (NIAAA), et Nora D. Volkow,[181] directrice du National Institute on Drug Abuse (NIDA). Au passage, la revue mentionne également le sexe comme une addiction comportementale :

> Nous concluons que les neurosciences continuent de soutenir le modèle de l'addiction comme maladie du cerveau. Les recherches en neurosciences dans ce domaine offrent non seulement de nouvelles opportunités pour la prévention et le traitement des addictions aux substances, mais aussi des addictions comportementales associées (par exemple, à la nourriture, au sexe et aux jeux de hasard)...

Quels sont donc les quatre changements cérébraux fondamentaux que l'addiction semble provoquer ? En termes simples et très larges,

---

178. Nestler, E. J. *Is there a common molecular pathway for addiction?* Nat. Neurosci. 8, 1445–1449 (2005).
179. Volkow, N. D. et al. *Addiction: Decreased reward sensitivity and increased expectation sensitivity conspire to overwhelm the brain's control circuit.* BioEssays News Rev. Mol. Cell. Dev. Biol. 32, 748–755 (2010).
180. *Internet and Video Game Addiction Brain Studies*. Your Brain on Porn. Disponible sur https://www.yourbrainonporn.com/relevant-research-and-articles-about-the-studies/internet-video-game-addiction/internet-video-game-addiction-brain-studies/.
181. Volkow, N. D., Koob, G. F. & McLellan, A. T. *Neurobiologic Advances from the Brain Disease Model of Addiction.* N. Engl. J. Med. 374, 363–371 (2016).

ils sont : 1) la sensibilisation, 2) la désensibilisation, 3) l'altération des circuits préfrontaux (hypofrontalité) et 4) le dysfonctionnement du système de stress. Les études sur les utilisateurs de pornographie et les addicts au sexe montrent désormais des preuves de chacun de ces changements (les citations sont listées ci-dessous après chaque point).

Les deux premiers ont déjà été abordés en détail, car ils sont également pertinents pour les symptômes liés au conditionnement sexuel non désiré.

1. Sensibilisation, *ou une super-mémoire inconsciente de plaisir qui, lorsqu'elle est activée, déclenche de puissantes envies irrépressibles*. Devenez-vous soudainement beaucoup plus excité lorsque votre femme part faire du shopping ? Peu probable. Toutefois, peut-être avez-vous l'impression d'être en pilote automatique, comme si quelqu'un d'autre contrôlait votre cerveau. Vous ressentez peut-être une montée d'excitation, un rythme cardiaque rapide, voire des tremblements, et tout ce à quoi vous pouvez penser, c'est de vous connecter à votre site porno préféré. Les voies de l'addiction sensibilisées hurlent : « Fais-le maintenant ! » En août 2017, dix-neuf études rapportaient des cas de sensibilisation ou de réactivité aux stimuli chez les utilisateurs de pornographie ou les cas de dépendance au sexe.[182]

---

[182]. Voon, V. et al. *Neural correlates of sexual cue reactivity in individuals with and without compulsive sexual behaviours*. PloS One 9, e102419 (2014); Brand, M. et al. *Watching pornographic pictures on the Internet: role of sexual arousal ratings and psychological-psychiatric symptoms for using Internet sex sites excessively*. Cyberpsychology Behav. Soc. Netw. 14, 371–377 (2011); Banca, P. et al. *Novelty, conditioning and attentional bias to sexual rewards*. J. Psychiatr. Res. 72, 91–101 (2016); Gola, M. et al. *Can Pornography be Addictive? An fMRI Study of Men Seeking Treatment for Problematic Pornography Use*. Neuropsychopharmacol. Off. Publ. Am. Coll. Neuropsychopharmacol. (2017). doi:10.1038/npp.2017.78; Schiebener, J., Laier, C. & Brand, M. *Getting stuck with pornography? Overuse or neglect of cybersex cues in a multitasking situation is related to symptoms of cybersex addiction*. J. Behav. Addict. 4, 14–21 (2015); Klucken, T., Wehrum-Osinsky, S., Schweckendiek, J., Kruse, O. & Stark, R. *Altered Appetitive Conditioning and Neural Connectivity in Subjects With Compulsive Sexual Behavior*. J. Sex. Med. 13, 627–636 (2016); Mechelmans, D. J. et al. *Enhanced Attentional Bias towards Sexually Explicit Cues in Individuals with and without Compulsive Sexual Behaviours*. PloS One 9, (2014); Steele, V. R., Staley, C., Fong, T. & Prause, N. *Sexual desire, not hypersexuality, is related to neurophysio-*

Il est important de savoir que pendant l'abstinence, les voies pornographiques sensibilisées deviennent encore plus fortes durant un certain temps. C'est comme si votre système de récompense criait pour une stimulation, mais seule l'addiction pouvait répondre à cette demande. Les branches (dendrites) des cellules nerveuses traitant les signaux de récompense liés à l'addiction deviennent « ultra-épineuses ».[183] Cette surcroissance de petites excroissances permet davantage de connexions nerveuses et une excitation accrue. C'est comme si vous développiez quatre paires d'oreilles supplémentaires pour un concert du groupe musical *Spinal Tap*. Maintenant, lorsque

---

logical responses elicited by sexual images. Socioaffective Neurosci. Psychol. 3, (2013); Laier, C. & Brand, M. *Empirical Evidence and Theoretical Considerations on Factors Contributing to Cybersex Addiction From a Cognitive-Behavioral View.* Sex. Addict. Compulsivity 21, 305–321 (2014); Laier, C., Schulte, F. P. & Brand, M. *Pornographic picture processing interferes with working memory performance.* J. Sex Res. 50, 642–652 (2013); Laier, C., Pawlikowski, M., Pekal, J., Schulte, F. P. & Brand, M. *Cybersex addiction: Experienced sexual arousal when watching pornography and not real-life sexual contacts makes the difference.* J. Behav. Addict. 2, 100–107 (2013); Laier, C., Pekal, J. & Brand, M. *Cybersex addiction in heterosexual female users of internet pornography can be explained by gratification hypothesis.* Cyberpsychology Behav. Soc. Netw. 17, 505–511 (2014); Snagowski, J., Wegmann, E., Pekal, J., Laier, C. & Brand, M. *Implicit associations in cybersex addiction: Adaption of an Implicit Association Test with pornographic pictures.* Addict. Behav. 49, 7–12 (2015); Laier, C., Pekal, J. & Brand, M. *Sexual Excitability and Dysfunctional Coping Determine Cybersex Addiction in Homosexual Males.* Cyberpsychology Behav. Soc. Netw. 18, 575–580 (2015); Snagowski, J., Laier, C., Duka, T. & Brand, M. *Subjective Craving for Pornography and Associative Learning Predict Tendencies Towards Cybersex Addiction in a Sample of Regular Cybersex Users.* Sex. Addict. Compulsivity 23, 342–360 (2016); Banca, P., Harrison, N. A. & Voon, V. *Compulsivity Across the Pathological Misuse of Drug and Non-Drug Rewards.* Front. Behav. Neurosci. 10, (2016); Albery, I. P. et al. *Exploring the Relationship between Sexual Compulsivity and Attentional Bias to Sex-Related Words in a Cohort of Sexually Active Individuals.* Eur. Addict. Res. 23, 1–6 (2017); Snagowski, J. & Brand, M. *Symptoms of cybersex addiction can be linked to both approaching and avoiding pornographic stimuli: results from an analog sample of regular cybersex users.* Front. Psychol. 6, (2015); Laier, C. & Brand, M. *Mood changes after watching pornography on the Internet are linked to tendencies towards Internet-pornography-viewing disorder.* Addict. Behav. Rep. 5, 9–13 (2017).
183. *Natural and Drug Rewards Act on Common Neural Plasticity Mechanisms with ΔFosB as a Key Mediator.* Disponible sur : https://www.ncbi.nlm.nih.gov/pmc/articles/PMC3865508/.

les signaux frappent votre circuit de récompense, votre échelle de désir atteint onze sur une échelle de dix.

Avec la sensibilisation amplifiée, les signaux activent le centre de récompense en utilisant les mêmes mécanismes impliqués dans l'apprentissage et la mémoire normaux.[184] Ces voies peuvent s'affaiblir, mais elles persistent obstinément. Bien après que les envies conscientes aient disparu, les voies pornographiques sensibilisées peuvent être activées par tout ce qui est associé à une utilisation antérieure (stimuli, stress, etc.). L'inquiétude concernant la réactivation de voies d'addiction dormantes est la raison pour laquelle les organisations de type 12 étapes, comme les Alcooliques Anonymes, conseillent l'abstinence totale. Cependant, dans le cas des addictions comportementales, telles qu'internet, la nourriture et les images érotiques, la sobriété est plus difficile à définir.

2. Désensibilisation *ou réaction émoussée au plaisir*. La diminution de la signalisation dopaminergique et opioïde, ainsi que d'autres changements, rendent la personne dépendante moins sensible aux plaisirs quotidiens et « avide » d'activités et de substances augmentant la dopamine. La désensibilisation est probablement le premier changement cérébral lié à l'addiction que remarquent les utilisateurs de pornographie. Ils ont besoin de stimulations de plus en plus intenses pour ressentir le même effet (« tolérance »).

J'ai mentionné précédemment que la surconsommation chronique active la molécule CREB, qui inhibe la dopamine dans le circuit de récompense. Cependant, si la personne dépendante s'abstient, les niveaux de CREB diminuent rapidement. Pour cette raison, la CREB ne peut pas expliquer la perte de plaisir ou la dépression qui peuvent souvent persister plusieurs mois. Les études sur les humains et les animaux identifient une diminution des récepteurs de la dopamine ou des opioïdes, ainsi qu'une perte de matière grise, comme des causes plus durables de la désensibilisation. Au lieu de se protéger contre une stimulation excessive en réduisant les niveaux neurochimiques, le cerveau supprime certains récepteurs, vous rendant ainsi moins sensible aux opioïdes et à la dopamine que vous produisez.

---

184. Hyman, S. E. *Addiction: a disease of learning and memory*. Am. J. Psychiatry 162, 1414–1422 (2005).

Voyez cela ainsi : si quelqu'un continue de crier, vous vous bouchez les oreilles. Lorsque les cellules nerveuses émettrices de dopamine continuent d'en produire, les cellules nerveuses réceptrices se « bouchent les oreilles » en réduisant leurs récepteurs de dopamine (D2) (il existe cinq types de récepteurs de la dopamine). Pour aggraver les choses, les récepteurs D2 aident à freiner la surconsommation, donc leur perte rend les envies encore plus difficiles à contrôler. La désensibilisation n'est pas un « dommage », les cellules nerveuses pourraient reconstruire les récepteurs perdus en un clin d'œil. Elle représente plutôt un système de rétroaction négative en surmultiplication (probablement maintenu par des changements épigénétiques).

La chercheuse allemande Simone Kuhn explique : « Nous supposons que les sujets ayant une forte consommation de pornographie ont besoin de stimulations croissantes pour obtenir le même niveau de récompense. Cela correspond parfaitement à l'hypothèse selon laquelle leur système de récompense nécessite une stimulation croissante. »[185]

Un moteur principal de l'addiction est ce déséquilibre entre les envies irrésistibles d'utilisation causées par la sensibilisation et la diminution simultanée du plaisir des activités quotidiennes provoquée par la désensibilisation.[186] Six études neurologiques jusqu'à présent rapportent une désensibilisation ou une habituation chez les utilisateurs de pornographie ou les personnes dépendantes au sexe.[187] Passons maintenant aux deux autres aspects de l'addiction que nous n'avons pas encore abordés.

---

185. Kühn, S. & Gallinat, J. *Brain Structure and Functional Connectivity Associated With Pornography Consumption: The Brain on Porn.* JAMA Psychiatry 71, 827–834 (2014).
186. Leyton, M. & Vezina, P. *Striatal ups and downs: their roles in vulnerability to addictions in humans.* Neurosci. Biobehav. Rev. 37, 1999–2014 (2013).
187. Kühn, S. & Gallinat, J. *Brain Structure and Functional Connectivity Associated With Pornography Consumption: The Brain on Porn.* JAMA Psychiatry 71, 827–834 (2014); Banca, P. et al. *Novelty, conditioning and attentional bias to sexual rewards.* J. Psychiatr. Res. 72, 91–101 (2016); Albery, I. P. et al. *Exploring the Relationship between Sexual Compulsivity and Attentional Bias to Sex-Related Words in a Cohort of Sexually Active Individuals.* Eur. Addict. Res. 23, 1–6 (2017); Prause, N., Steele, V. R., Staley, C., Sabatinelli, D. & Hajcak, G.

3. Le dysfonctionnement des circuits préfrontaux *se manifeste par un affaiblissement de la volonté combiné à une hyperréactivité aux déclencheurs liés à l'addiction*. Le cortex préfrontal (situé derrière le front) est le siège de ce que les scientifiques appellent le « contrôle exécutif ». Il est responsable de la résolution de problèmes, de l'attention, de la planification, de la prévision des conséquences et de la régulation des comportements orientés vers un objectif. Dans le contexte de l'addiction, le cortex préfrontal joue un rôle crucial en gouvernant la volonté et en inhibant les comportements que nous pourrions regretter plus tard.

Pour nous aider à contrôler nos impulsions, le cortex préfrontal envoie deux types de signaux nerveux vers le système de récompense : des signaux de type « Vas-y » et des signaux de type « Réfléchis d'abord ». Ces circuits fonctionnent comme une pédale d'accélérateur et des freins pour le système de récompense, qui est moins réfléchi. Par exemple, si les centres émotionnels de votre système de récompense (comme l'amygdale) vous incitent à frapper votre patron, le cortex préfrontal calcule rapidement les conséquences et active les circuits de type « Réfléchis d'abord » pour inhiber cet acte.

Avec l'addiction, les circuits « Vas-y » deviennent de plus en plus puissants et amplifient les envies irrésistibles de consommer du porno, tandis que les circuits « Réfléchis d'abord », affaiblis sur le plan physiologique, peinent à inhiber ces pulsions. C'est l'équivalent neurologique d'un diable sur une épaule et d'un ange sur l'autre – avec le diable ressemblant à King Kong.

Des preuves physiques des circuits préfrontaux dysfonctionnels peuvent être observées dans les études en IRMf, et des tests psychologiques spécialisés permettent d'identifier un contrôle exécutif déficient. À ce jour, treize études rapportent des altérations des circuits préfrontaux ou une moins bonne fonction exécutive

---

Modulation of late positive potentials by sexual images in problem users and controls inconsistent with "porn addiction". Biol. Psychol. 109, 192–199 (2015); Kunaharan, S., Halpin, S., Sitharthan, T., Bosshard, S. & Walla, P. *Conscious and Non-Conscious Measures of Emotion: Do They Vary with Frequency of Pornography Use? Appl. Sci.* 7, 493 (2017); Seok, J.-W. & Sohn, J.-H. *Neural Substrates of Sexual Desire in Individuals with Problematic Hypersexual Behavior. Front. Behav. Neurosci.* 9, (2015).

(hypofrontalité) chez les utilisateurs de porno ou les personnes souffrant de comportements sexuels compulsifs.[188]

4. Le dysfonctionnement du système de stress *se manifeste par des envies amplifiées, une volonté inhibée et une myriade de symptômes de sevrage.* Notre système de stress ne se contente pas de nous préparer à lutter pour notre survie ou à fuir le danger : il modifie également le cerveau et le corps pour endurer des stress prolongés. Certains experts considèrent l'addiction comme un trouble du stress, car elle affecte non seulement les hormones du stress en

---

188. Kühn, S. & Gallinat, J. *Brain Structure and Functional Connectivity Associated With Pornography Consumption: The Brain on Porn.* JAMA Psychiatry 71, 827–834 (2014); Negash, S., Sheppard, N. V. N., Lambert, N. M. & Fincham, F. D. *Trading Later Rewards for Current Pleasure: Pornography Consumption and Delay Discounting.* J. Sex Res. 53, 689–700 (2016); Schiebener, J., Laier, C. & Brand, M. *Getting stuck with pornography? Overuse or neglect of cybersex cues in a multitasking situation is related to symptoms of cybersex addiction.* J. Behav. Addict. 4, 14–21 (2015); Messina, B., Fuentes, D., Tavares, H., Abdo, C. H. N. & Scanavino, M. de T. *Executive Functioning of Sexually Compulsive and Non-Sexually Compulsive Men Before and After Watching an Erotic Video.* J. Sex. Med. 14, 347–354 (2017); Leppink, E. W., Chamberlain, S. R., Redden, S. A. & Grant, J. E. *Problematic sexual behavior in young adults: Associations across clinical, behavioral, and neurocognitive variables.* Psychiatry Res. 246, 230–235 (2016); Cheng, W. & Chiou, W.-B. *Exposure to Sexual Stimuli Induces Greater Discounting Leading to Increased Involvement in Cyber Delinquency Among Men.* Cyberpsychology Behav. Soc. Netw. (2017). doi:10.1089/cyber.2016.0582; Klucken, T., Wehrum-Osinsky, S., Schweckendiek, J., Kruse, O. & Stark, R. *Altered Appetitive Conditioning and Neural Connectivity in Subjects With Compulsive Sexual Behavior.* J. Sex. Med. 13, 627–636 (2016); Laier, C., Schulte, F. P. & Brand, M. *Pornographic picture processing interferes with working memory performance.* J. Sex Res. 50, 642–652 (2013); Seok, J.-W. & Sohn, J.-H. *Neural Substrates of Sexual Desire in Individuals with Problematic Hypersexual Behavior.* Front. Behav. Neurosci. 9, (2015); Laier, C., Pawlikowski, M. & Brand, M. *Sexual picture processing interferes with decision-making under ambiguity.* Arch. Sex. Behav. 43, 473–482 (2014); Miner, M. H., Raymond, N., Mueller, B. A., Lloyd, M. & Lim, K. O. *Preliminary investigation of the impulsive and neuroanatomical characteristics of compulsive sexual behavior.* Psychiatry Res. 174, 146–151 (2009); Schmidt, C. et al. *Compulsive sexual behavior: Prefrontal and limbic volume and interactions.* Hum. Brain Mapp. 38, 1182–1190 (2017); Reid, R. C., Karim, R., McCrory, E. & Carpenter, B. N. *Self-reported differences on measures of executive function and hypersexual behavior in a patient and community sample of men.* Int. J. Neurosci. 120, 120–127 (2010).

circulation (cortisol et adrénaline), mais entraîne aussi de multiples altérations dans le système de stress du cerveau.

Trois de ces altérations rendent le sevrage particulièrement difficile.[189] Premièrement, le stress augmente la dopamine et le cortisol, transformant même de petites sources de stress en envies intenses. Même en l'absence de déclencheurs, le stress active les voies de l'addiction sensibilisées. Deuxièmement, le stress inhibe le cortex préfrontal et ses fonctions exécutives, y compris le contrôle des impulsions et la capacité de comprendre pleinement les conséquences de nos actions.

Enfin, lorsque l'accro prive son cerveau de sa « dose », son système de stress s'emballe. Cela déclenche de nombreux symptômes de sevrage courants, tels que l'anxiété, la dépression, la fatigue, l'insomnie, l'irritabilité, des douleurs et des sautes d'humeur. Il se sent misérable, ce qui le pousse souvent à retourner à l'addiction. À ce jour, trois études démontrent des systèmes de stress dysfonctionnels chez les utilisateurs de porno ou les dépendants sexuels.[190] Fait intéressant, l'une de ces études met même en lumière des changements épigénétiques dans les gènes liés au stress chez les dépendants sexuels.

Pour résumer, si ces quatre changements neuroplastiques pouvaient parler, la *désensibilisation* se plaindrait : « Je ne peux pas trouver de satisfaction. » Pendant ce temps, la *sensibilisation* vous piquerait dans les côtes en disant : « Hé, j'ai exactement ce dont tu as besoin », qui se trouve précisément être ce qui a causé la désensibilisation. *L'hypofrontalité* (circuit préfrontal dysfonctionnel) hausserait les épaules en soupirant : « Mauvaise idée, mais je ne peux pas t'arrêter. » Et votre *système de stress défectueux* hurlerait :

---

189. Koob, G. F. & Le Moal, M. *Addiction and the brain antireward system*. Annu. Rev. Psychol. 59, 29–53 (2008).
190. Chatzittofis, A. et al., *HPA axis dysregulation in men with hypersexual disorder*. Psychoneuroendocrinology 63, 247–253 (2016); Jokinen, J. et al. *Methylation of HPA axis related genes in men with hypersexual disorder*. Psychoneuroendocrinology 80, 67–73 (2017); *The role of neuroinflammation in the pathophysiology of hypersexual disorder*. ResearchGate. Disponible à: https://www.researchgate.net/publication/306419104_The_role_of_neuroinflammation_in_the_pathophysiology_of_hypersexual_disorder.

« J'AI BESOIN de quelque chose MAINTENANT pour soulager la pression ! »

Ces phénomènes sont au cœur de toutes les addictions. Un ancien utilisateur de porno en sevrage les a résumés ainsi : « Je n'aurai jamais assez de ce qui ne me satisfait pas, et cela reste à jamais insatisfaisant. » Le rétablissement inverse ces changements. Lentement, l'accro réapprend à « désirer » normalement.

Il fut un temps où les détracteurs proclamaient que l'absence d'étude sur les symptômes de sevrage et la tolérance dans le cadre du porno signifiait que « l'addiction au porno n'existe pas ». En réalité, ni la tolérance ni les symptômes de sevrage brutaux ne sont des prérequis à l'addiction. Par exemple, les accros à la cigarette et à la cocaïne peuvent être complètement accros, mais leurs expériences de sevrage sont généralement légères comparées à celles des alcooliques ou des héroïnomanes.[191] (Ce que tous les tests d'évaluation des addictions partagent, c'est l'« usage continu malgré les conséquences négatives ». C'est une preuve fiable d'addiction.)

Cependant, sur les forums que je surveille, les anciens utilisateurs de porno rapportent régulièrement des symptômes de sevrage étonnamment sévères, rappelant ceux du sevrage aux drogues : insomnie, anxiété, irritabilité, sautes d'humeur, maux de tête, agitation, faible concentration, fatigue, dépression, paralysie sociale et la soudaine perte de libido que les hommes appellent le *flatline* (« point mort », apparemment unique au sevrage de porno).

Ce n'est qu'en 2017 que deux équipes de recherche interrogèrent directement les utilisateurs de porno en ligne sur les symptômes de sevrage. Les deux signalèrent des symptômes de sevrage chez les « utilisateurs problématiques de porno ».[192] En outre, les universités de Swansea et de Milan constatent que les addicts à internet, dont

---

191. Hilts, P. J. *Is Nicotine Addictive? It Depends on Whose Criteria You Use*. New York Times (1994).
192. Bőthe, B. et al. *The Development of the Problematic Pornography Consumption Scale (PPCS). Journal of Sex Research* 1–12 (2017). doi:10.1080/00224499.2017.1291798; *Out-of-control use of the internet for sexual purposes as behavioural addiction? 4th International Conference On Behavioral Addictions* 6, 1–74 (2017).

la majorité consultaient du porno ou jouaient,[193] subissaient une forme de manque lorsqu'ils arrêtaient d'utiliser le web, tout comme les personnes cessant les drogues.[194]

Quant à la tolérance, trois études ont désormais interrogé spécifiquement les utilisateurs de porno sur leur escalade vers de nouveaux genres ou leur tolérance, confirmant les deux phénomènes.[195] En utilisant diverses méthodes indirectes, quatorze études supplémentaires rapportent des résultats cohérents avec une habituation au « porno régulier » ou une escalade vers des genres plus extrêmes et inhabituels.[196]

L'« addiction au porno » n'existe pas vraiment, non ?

L'American Psychiatric Association (APA) tarde toujours à inclure l'utilisation addictive/compulsive de la pornographie dans son manuel diagnostique. Lors de sa dernière mise à jour en 2013 (DSM-5), elle n'envisage pas formellement l'« addiction à la pornographie sur internet », choisissant plutôt de débattre du « trouble hypersexuel ». Ce dernier, un terme générique pour désigner les comportements sexuels problématiques, fut recommandé pour inclusion par les présidents de tous les groupes de travail du DSM-5, après des années d'examen. Cependant, lors d'une session de dernière minute qualifiée de « *star chamber* » par l'un des présidents de groupe de travail,

---

193. *Web addicts' withdrawal symptoms similar to drug users*. BBC News (2013).
194. Romano, M., Osborne, L. A., Truzoli, R. & Reed, P. *Differential Psychological Impact of Internet Exposure on Internet Addicts*. PLOS ONE 8, e55162 (2013).
195. Bőthe, B. et al. *The Development of the Problematic Pornography Consumption Scale (PPCS)*. Journal of Sex Research 1–12 (2017). doi:10.1080/00224499.2017.1291798; *Out-of-control use of the internet for sexual purposes as behavioural addiction? 4th International Conference On Behavioral Addictions* 6, 1–74 (2017); Wéry, A. & Billieux, J. *Online sexual activities: An exploratory study of problematic and non-problematic usage patterns in a sample of men*. Computers in Human Behavior 56, 257–266 (2016).
196. *Studies Find Escalation (and Habituation) in Porn Users | Your Brain On Porn*. Disponible sur http://ohttps://www.yourbrainonporn.com/relevant-research-and-articles-about-the-studies/porn-use-sex-addiction-studies/studies-find-escalation-and-habituation-in-porn-users-tolerance/.

les responsables du DSM-5 Summit rejetèrent unilatéralement l'hypersexualité, invoquant des raisons jugées illogiques.[197]

En adoptant cette position, le DSM-5 ignora les preuves formelles, les nombreux témoignages de signes, symptômes et comportements correspondant à la compulsion et à l'addiction provenant des patients et de leurs cliniciens, ainsi que la recommandation officielle de milliers d'experts médicaux et chercheurs de l'American Society of Addiction Medicine (ASAM).

En 2011, l'ASAM publia une déclaration de politique publique détaillée, accompagnée de questions-réponses (FAQs),[198] affirmant sans équivoque que les addictions comportementales, y compris celles liées au comportement sexuel, sont réelles et que l'addiction est un trouble primaire indiquant des modifications sous-jacentes du cerveau. Voici un extrait des FAQs de l'ASAM :

> QUESTION : Cette nouvelle définition de l'addiction mentionne des addictions impliquant le jeu, la nourriture et les comportements sexuels. L'ASAM croit-elle vraiment que la nourriture et le sexe peuvent être addictifs ?
>
> RÉPONSE : La nouvelle définition de l'ASAM s'éloigne de l'idée d'associer l'addiction uniquement à une dépendance à une substance, en décrivant comment l'addiction est également liée à des comportements qui procurent une récompense. [...] Cette définition explique que l'addiction concerne le fonctionnement et les circuits cérébraux et que la structure et le fonctionnement du cerveau des personnes souffrant d'addiction diffèrent de ceux des personnes qui n'en souffrent pas. [...] Les comportements liés à la nourriture, au sexe et au jeu peuvent être associés à la « poursuite pathologique des récompenses » décrite dans cette nouvelle définition de l'addiction.

---

197. Hajela, R. & Love, T. *Addiction Beyond Substances—What's Up with the DSM? Sex. Addict. Compulsivity* 24, 11–22 (2017).
198. ASAM. *Public Policy Statement: Definition of Addiction.* (2011). Disponible sur https://sitefinitystorage.blob.core.windows.net/sitefinity-production-blobs/b0209701-2099-441a-92c3-eb60c4a387cb?sfvrsn=a8f64512_0.

Le *DSM* fut critiqué par Thomas Insel, alors directeur du National Institute of Mental Health (NIMH), pour son approche consistant à ignorer la physiologie sous-jacente et les théories médicales pour fonder ses diagnostics uniquement sur les symptômes. Cette méthode permet des décisions erratiques et politiques défiant la réalité. Par exemple, le DSM classa autrefois à tort l'homosexualité comme un trouble mental.

Juste avant la publication du DSM-5 en 2013, Thomas Insel avertit qu'il était temps pour le domaine de la santé mentale d'arrêter de s'appuyer sur le DSM. « Sa faiblesse réside dans son manque de validité », expliqua-t-il, ajoutant : « Nous ne pouvons pas réussir si nous utilisons les catégories du DSM comme "référence absolue". » Il déclara également : « C'est pourquoi le NIMH réorientera ses recherches loin des catégories du DSM. »[199] En d'autres termes, le NIMH cesserait de financer les recherches basées uniquement sur les étiquettes du DSM (ou leur absence).

Depuis la publication du DSM-5, des centaines d'études supplémentaires sur l'addiction à internet et aux jeux vidéo en ligne, ainsi que des dizaines d'études sur l'addiction à la pornographie en ligne, ont vu le jour. Elles continuent de remettre en question la position du DSM-5. D'ailleurs, malgré l'attention médiatique autour de cette prise de position, les praticiens travaillant avec des personnes présentant des comportements sexuels problématiques ont continué à poser des diagnostics. Ils utilisent une autre catégorie diagnostique du DSM-5 (« Autres troubles sexuels spécifiés »), ainsi qu'une classification du manuel diagnostique actuel de l'Organisation mondiale de la santé (CIM-10) : « Autres dysfonctions sexuelles non dues à des substances ou à une condition physiologique connue ».[200]

Après la finalisation de la version 2017 du présent texte, l'Organisation mondiale de la santé corrigea la prudence excessive de l'APA. La CIM-11 intègre désormais un diagnostic pour le « trouble du

---

199. Insel, T. *Post by Former NIMH Director Thomas Insel: Transforming Diagnosis*. Disponible sur : https://psychrights.org/2013/130429NIMHTransformingDiagnosis.htm. National Institute of Mental Health (2013).
200. Krueger, R. B. *Diagnosis of hypersexual or compulsive sexual behavior can be made using ICD-10 and DSM-5 despite rejection of this diagnosis by the American Psychiatric Association*. Addiction 111, 2110–2111 (2016).

comportement sexuel compulsif », adapté à ceux qui luttent contre la pornographie.[201] Cependant, des neuroscientifiques de renom ayant étudié les effets de la pornographie en ligne estiment que le comportement sexuel compulsif devrait être *recatégorisé* comme un trouble addictif, en raison de sa similitude neurobiologique avec d'autres troubles comportementaux tels que l'addiction aux jeux d'argent (*gambling*).[202]

Cela nous amène à la discussion « compulsion » contre « addiction ». En dehors du domaine des addictions, il existe des détracteurs très vocaux qui affirment que l'addiction au jeu, aux jeux vidéo ou à la pornographie ne sont pas des addictions, mais des compulsions. Cette distinction est trompeuse. J'ai posé à ces détracteurs la question suivante : « Comment les corrélats neuronaux d'une compulsion à utiliser quelque chose diffèrent-ils de ceux d'une addiction à cette même chose ? » (*Les corrélats neuronaux* se réfèrent aux circuits cérébraux, aux neurochimiques, aux récepteurs et aux gènes sous-jacents à un trouble).

Les défenseurs de la notion de « compulsion » évitent de répondre à ce sujet, car, en réalité, il n'y a pas de différence physique au niveau cérébral entre une addiction au jeu et une compulsion à jouer – les deux impliquent la sensibilisation. Il n'existe qu'un seul centre de récompense et un seul circuit de récompense. Les changements cérébraux fondamentaux observés dans les addictions comportementales se produisent tout autant dans les addictions aux drogues *et* les compulsions d'utilisation. Ces changements cérébraux sont associés aux comportements addictifs, quel que soit le terme employé. Si cela marche, parle et cancane comme un canard, c'est un canard. (Bien sûr, chaque addiction possède également des caractéristiques spécifiques. Par exemple, l'addiction à l'héroïne réduit drastiquement les récepteurs opioïdes dans tout le corps, ce qui peut entraîner des symptômes de sevrage particulièrement graves.) Comme l'a expliqué l'ASAM dans sa définition de l'addiction :

---

201. *Disorders due to addictive behaviours. ICD-11 Beta Draft*. Disponible sur : https://icd.who.int/browse11/l-m/en#/http://id.who.int/icd/entity/499894965.
202. Potenza, M. N., Gola, M., Voon, V., Kor, A. & Kraus, S. W. *Is excessive sexual behaviour an addictive disorder? Lancet Psychiatry* 4, 663–664 (2017).

Cette nouvelle définition clarifie que l'addiction ne concerne pas les drogues, mais les cerveaux. Ce ne sont pas les substances qu'une personne consomme qui font d'elle un addict ; ce n'est même pas la quantité ou la fréquence de consommation. L'addiction concerne ce qui se passe dans le cerveau d'une personne lorsqu'elle est exposée à des substances ou des comportements gratifiants...

Quand franchit-on la limite ?

Beaucoup posent la question évidente : « À partir de quand est-ce trop ? » Cette question présume que les effets du porno sont binaires.[203] Autrement dit, soit on n'a aucun problème, soit on est accro au porno (ou on souffre d'autres problèmes induits par celui-ci). Cependant, se demander où se situe la limite ignore le principe de la neuroplasticité : le cerveau est toujours en train d'apprendre, de changer et de s'adapter en réponse à l'environnement.

Les études révèlent qu'une petite quantité de stimulation supernormale peut rapidement modifier le cerveau et changer les comportements. Par exemple, il n'a fallu que cinq jours pour induire une sensibilisation marquée aux jeux vidéo chez de jeunes adultes en bonne santé.[204] Ces joueurs n'étaient pas (encore) accros, mais une activité cérébrale élevée reflétait déjà un désir subjectif de jouer. Dans une autre expérience, presque tous les rats ayant un accès illimité à des aliments riches en gras et en sucre se gavèrent jusqu'à l'obésité.[205] Après seulement quelques jours à s'empiffrer de malbouffe, leurs récepteurs à la dopamine avaient diminué (réduisant leur satisfaction). Un sentiment de satisfaction moindre les poussa à se goinfrer plus encore.

---

203. *Of 'Voting Booth Moments' and Porn. PornHelp.org.* Disponible sur : http://www.pornhelp.org/1/post/2017/05/of-voting-booth-moments-and-porn.html
204. Ahn, H. M., Chung, H. J. & Kim, S. H. *Altered Brain Reactivity to Game Cues After Gaming Experience. Cyberpsychology Behav. Soc. Netw.* 18, 474–479 (2015).
205. Johnson, P. M. & Kenny, P. J. *Addiction-like reward dysfunction and compulsive eating in obese rats: Role for dopamine D2 receptors. Nat. Neurosci.* 13, 635–641 (2010).

Qu'en est-il des utilisateurs de porno ? Là encore, une étude allemande d'imagerie cérébrale (portant sur des personnes non addictes) mit en corrélation la consommation de porno avec des changements cérébraux liés à l'addiction et une moindre activation cérébrale face au porno.[206] Une étude italienne souligne que 16 % des étudiants de dernière année du secondaire consommant du porno plus d'une fois par semaine éprouvaient un faible désir sexuel (0 % des non-consommateurs signalèrent un faible désir sexuel).[207] Ce qu'il faut retenir, c'est que l'addiction n'est pas nécessaire pour provoquer des changements cérébraux mesurables ou des effets négatifs.

À mesure que nous apprenons et nous adaptons à notre environnement sexuel, le conditionnement sexuel, la sensibilisation et d'autres changements cérébraux liés à l'addiction se produisent sur un spectre. Ils peuvent altérer notre cerveau, nos perceptions, nos priorités et même notre fonction sexuelle.

C'est pourquoi des questions telles que « Cette image est-elle considérée comme du porno ? » ou « Quelle quantité de porno entraîne une addiction ? » sont mal orientées. La première revient à demander si ce sont les machines à sous ou le blackjack qui mènent à une addiction au jeu. La seconde, à demander à une personne accro à la nourriture combien de minutes elle passe à manger. En réalité, le centre de récompense du cerveau ne sait pas ce qu'est le porno. Il enregistre uniquement les niveaux de stimulation à travers les montées de dopamine et d'opioïdes. L'interaction mystérieuse entre le cerveau du spectateur et les stimuli choisis détermine si ce dernier sombre ou non dans l'addiction.

---

206. Kühn, S. & Gallinat, J. *Brain Structure and Functional Connectivity Associated With Pornography Consumption: The Brain on Porn. JAMA Psychiatry* 71, 827–834 (2014).
207. Pizzol, D., Bertoldo, A. & Foresta, C. *Adolescents and web porn: a new era of sexuality. Int. J. Adolesc. Med. Health* 28, 169–173 (2015).

Isoler la cause et l'effet

Les détracteurs de la notion d'addiction insistent souvent sur le fait que les utilisateurs de porno qui développent des problèmes avaient tous des conditions préexistantes, comme la dépression, un traumatisme de l'enfance ou un trouble obsessionnel-compulsif (TOC). Ils soutiennent que l'usage excessif de porno est une conséquence, et non une cause, de ces problèmes. Bien sûr, certains utilisateurs de porno présentent effectivement des problèmes préexistants et nécessiteront un soutien supplémentaire.

Cependant, personne ne sombre dans l'addiction sans s'engager dans une surstimulation chronique.[208] De plus, la recherche ne soutient pas l'hypothèse selon laquelle les jeunes sans conditions préexistantes peuvent s'adonner à des excès sans risque de développer des symptômes. Par exemple, une rare étude longitudinale suivit des jeunes utilisateurs d'internet au fil du temps. En contrôlant les facteurs de confusion potentiels, l'étude révéla que « les jeunes qui sont initialement exempts de problèmes de santé mentale mais utilisent internet de manière pathologique » développent une dépression 2,5 fois plus souvent.[209]

Une expérience fascinante, impossible à reproduire en Occident, débuta quand des chercheurs chinois évaluèrent la santé mentale d'étudiants à leur entrée à l'université.[210] Une partie d'entre eux n'avait jamais utilisé internet avant leur arrivée. Douze mois plus tard, les scientifiques réévaluèrent leur santé mentale. Cinquante-neuf des quelque 2 000 étudiants de première année avaient déjà développé une addiction à internet. Les chercheurs déclarèrent :

> Après leur addiction, des scores significativement plus élevés furent observés dans les dimensions de la dépression, de l'anxiété, de l'hostilité, de la sensibilité interpersonnelle et du

---

208. Odgers, C. L. et al. *Is it important to prevent early exposure to drugs and alcohol among adolescents? Psychol. Sci.* 19, 1037–1044 (2008).
209. Lam, L. T. & Peng, Z.-W. *Effect of pathological use of the internet on adolescent mental health: a prospective study. Arch. Pediatr. Adolesc. Med.* 164, 901–906 (2010).
210. Dong, G., Lu, Q., Zhou, H. & Zhao, X. *Precursor or Sequela: Pathological Disorders in People with Internet Addiction Disorder. PLOS ONE* 6, e14703 (2011).

psychoticisme, suggérant que ces troubles étaient des conséquences du trouble d'addiction à internet.

En comparant les scores des nouveaux dépendants avant et après leur addiction, les scientifiques observèrent :

> Avant qu'ils ne deviennent dépendants d'internet, les scores de dépression, d'anxiété et d'hostilité des étudiants ayant développé une addiction à internet étaient inférieurs à la moyenne.

> Après leur addiction (un an plus tard), ces dimensions augmentèrent de manière significative, suggérant que la dépression, l'anxiété et l'hostilité étaient des conséquences de l'addiction à internet et non des facteurs précurseurs de l'addiction à internet.

Les chercheurs constatèrent :

> Nous ne trouvons pas de prédicteur pathologique solide pour le trouble d'addiction à internet, qui peut engendrer certains problèmes pathologiques chez les dépendants.

En résumé, les habitudes des étudiants sur internet semblent à l'origine de leurs symptômes psychologiques. Plus récemment, des chercheurs taïwanais montrèrent qu'il existe une corrélation entre les idées suicidaires et les tentatives de suicide chez les adolescents et l'addiction à internet, même après avoir contrôlé des facteurs tels que la dépression, l'estime de soi, le soutien familial et les données démographiques.[211]

Des chercheurs chinois confirmèrent également que, bien que les utilisateurs d'internet, à la fois abusifs et à haut risque, présentent des signes évidents de dépression (tels que la perte d'intérêt, un comportement agressif, une humeur dépressive et des sentiments de culpabilité), ils montrent peu de preuves d'un trait dépressif permanent.[212] Autrement dit, leurs symptômes pourraient découler de leur usage excessif d'internet plutôt que de caractéristiques sous-jacentes préexistantes.

---

211. Lin, I.-H. et al. *The association between suicidality and Internet addiction and activities in Taiwanese adolescents. Compr. Psychiatry* 55, 504–510 (2014).
212. Huang, A. C. W., Chen, H.-E., Wang, Y.-C. & Wang, L.-M. *Internet abusers associate with a depressive state but not a depressive trait. Psychiatry Clin. Neurosci.* 68, 197–205 (2014).

Une autre étude chinoise mesura la dépression, l'hostilité, l'anxiété sociale et l'addiction à internet chez 2 293 jeunes de douze et treize ans, deux fois, à un an d'intervalle. Ceux qui étaient devenus dépendants présentaient une augmentation de la dépression et de l'hostilité par rapport au groupe non dépendant. En outre, ceux qui étaient dépendants au départ mais ne l'étaient plus à la fin de l'année montraient une diminution de la dépression, de l'hostilité et de l'anxiété sociale par rapport à ceux qui restaient dépendants.[213]

Deux études menées en 2017 firent observer aux utilisateurs d'internet une période d'abstinence pour certaines applications. Les utilisateurs danois de Facebook virent des améliorations significatives de leur satisfaction et de leur humeur après une semaine d'abstinence,[214] tandis que les joueurs chinois de jeux vidéo ressentirent moins d'envies fortes et de dépression après une pause de trois à six mois.[215] La psychiatre Victoria Dunckley rapporta des améliorations similaires chez ses jeunes patients qui cessèrent temporairement d'utiliser des appareils interactifs.[216] À l'inverse, lorsque des chercheurs belges évaluèrent les performances académiques de garçons de 14 ans à deux moments, ils constatèrent que l'augmentation de l'utilisation de la pornographie en ligne diminuait leurs performances scolaires six mois plus tard.[217]

---

213. Ko, C.-H. et al. *The exacerbation of depression, hostility, and social anxiety in the course of Internet addiction among adolescents: a prospective study.* Compr. Psychiatry 55, 1377–1384 (2014).

214. Tromholt, M. *The Facebook Experiment: Quitting Facebook Leads to Higher Levels of Well-Being. Cyberpsychology Behav. Soc. Netw.* 19, 661–666 (2016).

215. Deng, L.-Y. et al. *Craving Behavior Intervention in Ameliorating College Students' Internet Game Disorder: A Longitudinal Study. Front. Psychol.* 8, (2017).

216. *Reset Your Child's Brain: A Four-Week Plan to End Meltdowns, Raise Grades, and Boost Social Skills by Reversing the Effects of Electronic Screen-Time*: Victoria L. Dunckley MD: 9781608682843: Amazon.com: Books. Disponible sur : https://www.amazon.com/Reset-Your-Childs-Brain-Screen-Time/dp/1608682846.

217. Beyens, I., Vandenbosch, L. & Eggermont, S. *Early Adolescent Boys' Exposure to Internet Pornography: Relationships to Pubertal Timing, Sensation Seeking, and Academic Performance. J. Early Adolesc.* 35, 1045–1068 (2015).

Ces résultats sont cohérents avec les observations rapportées de manière informelle par des milliers de membres de forums de récupération ayant arrêté le porno et constaté des bénéfices en termes d'humeur, de motivation, de performances scolaires, d'anxiété sociale, etc. Des symptômes graves suivis d'améliorations notables réfutent l'idée selon laquelle les problèmes liés à internet ne surviendraient que chez des personnes présentant des troubles ou des caractéristiques préexistants.

Certains utilisateurs de porno sont-ils mal diagnostiqués ?
Bien que des symptômes tels que la dysfonction érectile, l'anxiété sociale, les problèmes de concentration et la dépression soient très différents, ils partagent un point commun dans la littérature scientifique. Comme expliqué, l'un des changements cérébraux observés est la désensibilisation. Ce terme désigne une diminution générale de la réactivité d'une personne à tous les plaisirs – une baisse de base de la dopamine et une réduction de la sensibilité à celle-ci. Des preuves de désensibilisation furent trouvées même chez des utilisateurs modérés de porno.[218]

La diminution du signal dopaminergique est associée à :

- la baisse du comportement sexuel,[219] pouvant expliquer des érections ou des orgasmes amorphes,
- la diminution de la prise de risque[220] et l'augmentation de l'anxiété, combinées à une tendance à des réactions colériques excessives,[221] pouvant réduire la volonté de socialiser,

---

218. Kühn, S. & Gallinat, J. *Brain Structure and Functional Connectivity Associated With Pornography Consumption: The Brain on Porn. JAMA Psychiatry* 71, 827–834 (2014).
219. Pitchers, K. K. et al. *DeltaFosB in the nucleus accumbens is critical for reinforcing effects of sexual reward. Genes Brain Behav.* 9, 831–840 (2010).
220. de Oliveira, A. R. et al. *Conditioned fear is modulated by D2 receptor pathway connecting the ventral tegmental area and basolateral amygdala. Neurobiol. Learn. Mem.* 95, 37–45 (2011).
221. *PET Scans Link Low Dopamine Levels and Aggression | Diagnostic Imaging.* Disponible sur https://www.diagnosticimaging.com/view/pet-scans-link-low-dopamine-levels-and-aggression

- l'incapacité à se concentrer,[222] pouvant expliquer des problèmes de mémoire et de concentration, et
- un manque de motivation[223] et d'anticipation saine, pouvant conduire à l'apathie[224] et à la procrastination, et contribuer à la dépression.[225]

En effet, lorsqu'un étudiant en médecine accepta courageusement de laisser des médecins réduire temporairement sa dopamine à l'aide d'un médicament, voici ce qui se produisit :

> Pendant la déplétion croissante de la dopamine dans ce cas, une série d'expériences subjectives apparurent et disparurent successivement. Ces expériences ressemblaient à des symptômes négatifs [perte de motivation, sens émoussés, diminution de la fluidité, baisse de l'humeur, fatigue, difficultés de concentration, anxiété, agitation, sentiments de honte et de peur], à des symptômes obsessionnels compulsifs, à des troubles de la pensée et à des symptômes anxieux et dépressifs. [Les éléments entre crochets sont énumérés ailleurs dans l'article cité.] »[226]

Les chercheurs sur l'addiction mesurèrent une diminution de la dopamine et de la sensibilité à la dopamine dans le cerveau de nombreuses personnes souffrant d'addiction, y compris les accros à internet.[227]

L'autre face de la médaille est que lorsque la dopamine et les éléments neurochimiques associés sont correctement régulés, l'attraction sexuelle, les interactions sociales, la concentration, la

---

222. Volkow, N. D. et al. *Evaluating dopamine reward pathway in ADHD: clinical implications. JAMA* 302, 1084–1091 (2009).
223. Trifilieff, P. et al. *Increasing dopamine D2 receptor expression in the adult nucleus accumbens enhances motivation. Mol. Psychiatry* 18, 1025–1033 (2013).
224. Volkow, N. D. et al. *Motivation deficit in ADHD is associated with dysfunction of the dopamine reward pathway. Mol. Psychiatry* 16, 1147–1154 (2011).
225. Robinson, D. S. *The Role of Dopamine and Norepinephrine in Depression. Primary Psychiatry* (2007). Disponible sur : https://eprints.soton.ac.uk/62526/.
226. De Haan, L., Booij, J., Lavalye, J., van Amelsvoort, T. & Linszen, D. *Subjective Experiences During Dopamine Depletion. Am. J. Psychiatry* 162, 1755–1755 (2005).
227. Kim, S. H. et al. *Reduced striatal dopamine D2 receptors in people with Internet addiction. Neuroreport* 22, 407–411 (2011).

réactivité sexuelle et le sentiment de bien-être deviennent plus naturels. Je suspecte qu'un retour à un signal dopaminergique normal aide à expliquer pourquoi de nombreux hommes rapportent des améliorations diverses similaires après avoir arrêté. Là encore, les résultats préliminaires montrent qu'une période de quatre semaines d'abstinence de porno laissa les participants plus enclins à prendre des risques, plus extravertis, plus consciencieux, plus altruistes, plus capables de retarder la gratification et moins névrosés.[228]

Malheureusement, de nombreux professionnels de la santé continuent de penser que la consommation de porno ne peut pas entraîner des symptômes comme la dépression, le brouillard mental, la faible motivation ou l'anxiété. Ils posent involontairement des diagnostics erronés, attribuant à tort ces symptômes à des troubles primaires sans interroger les patients sur leurs habitudes internet. Les utilisateurs de porno sont alors surpris de constater qu'arrêter le porno résout leurs symptômes :

> Je ne pense pas que la société sache ce que le porno en ligne fait vraiment à un homme. Tout ce qu'ils associent au porno, c'est la dysfonction érectile. Le porno transforme un homme en un garçon effrayé. J'étais maladroit socialement, déprimé, sans motivation, incapable de me concentrer, très peu sûr de moi, avec un tonus musculaire faible, une voix plus faible, et je n'avais absolument aucun contrôle sur ma vie. Les hommes vont chez le médecin, se font prescrire toutes sortes de médicaments, alors que souvent tout revient au porno et à ce qu'il fait à votre cerveau et à votre corps. J'ai arrêté le porno et je me sens mieux que je ne me suis senti depuis des années.

*

> Arrêter est l'antidépresseur dont j'avais besoin. Il y a neuf mois, j'étais un étudiant de 25 ans ayant abandonné l'université, travaillant dans un emploi que je détestais et déprimé. Quelques mois après avoir arrêté le porno, j'ai découvert mes superpouvoirs. J'ai fait beaucoup de choses pour la première fois, comme

---

228. Sproten, A. *How Abstinence Affects Preferences*. Disponible sur : http://www.alec-sproten.eu/language/en/2016/01/18/how-abstinence-affects-preferences/ . (2016).

> embrasser une fille deux minutes après l'avoir rencontrée ou être invité dans l'appartement d'une autre fille. Je pense que je n'ai plus de dépression. Il y a encore des moments difficiles, mais rien à voir avec avant, où je n'avais aucune énergie pour quoi que ce soit et des pensées suicidaires. Mon secret ? Le mois dernier, je n'ai utilisé internet qu'une heure. J'ai décidé de reprendre l'université en septembre, même si je dois tout payer moi-même.

Concernant les problèmes sexuels liés à l'usage de porno, les professionnels formés avant l'arrivée du porno en haute vitesse apprirent souvent que les préférences sexuelles sont aussi innées que l'orientation sexuelle. Plutôt que d'encourager les patients à expérimenter l'arrêt du porno pour inverser les goûts induits par celui-ci, ils peuvent proposer des traitements plus drastiques :

> En 2012, j'ai essayé d'obtenir de l'aide auprès d'un psychothérapeute/sexologue professionnel. J'ai trouvé le courage de lui dire que j'avais également un problème de consommation compulsive de porno depuis vingt ans. Je me suis heurté à un mur d'incompréhension. Il a tenté de me convaincre qu'il s'agissait d'un désir sexuel élevé (trouble hypersexuel) et de paraphilies irréversibles (scènes de sexe anal et de porno violent). Il a affirmé que l'addiction au porno n'existait pas et a voulu me prescrire un puissant anti-androgène pour réduire ma libido. Je n'ai pas accepté, conscient de ses effets secondaires, comme la gynécomastie [croissance mammaire].

De toute évidence, des professionnels de santé traitent également certains jeunes hommes pour une dysfonction érectile ou une éjaculation retardée, alors qu'ils auraient simplement besoin d'arrêter le porno. En une seule journée, j'ai lu deux témoignages à ce sujet. Le premier concernait un jeune homme dont l'oncle, psychiatre, lui avait affirmé que la dysfonction érectile causée par le porno était impossible. Le jeune homme expérimenta malgré tout et récupéra. L'autre témoignage venait d'un homme de 32 ans dont le médecin avait finalement recommandé un implant pénien lorsque les injections n'avaient pas fonctionné (sans parler du Viagra). Il résista, découvrit des informations sur l'impact du porno sur la dysfonction érectile, expérimenta et récupéra. Un autre homme rencontra une situation similaire :

> La profession médicale est terriblement en retard. J'ai dépensé des milliers de dollars chez des médecins, y compris un urologue réputé spécialisé en dysfonction érectile (j'ai dû voyager des heures pour le voir), des milliers pour des tests, des milliers pour des pilules. « Une érection devant du porno signifie que c'est dans votre tête... prenez du Viagra. » Pas une seule fois un professionnel de santé m'a dit : « Hé, regarder trop de porno peut causer des dysfonctions sexuelles. » Au lieu de cela, ils m'ont offert d'autres explications non prouvées comme liées à la dysfonction érectile et qui, dans mon cas, ne s'appliquaient pas (par exemple, l'anxiété, le stress... même si je ne montrais aucun signe de l'un ou de l'autre ; l'alimentation... même si mon poids est normal et que je mange équilibré ; un faible taux de testostérone... même si un faible taux de T n'a été lié à la dysfonction érectile que dans des cas extrêmes, et que mes taux ne sont pas vraiment bas).
>
> Et puis il y a les conseils absolument horribles de « sexologues » si obsédés par une approche « sexuellement positive » qu'ils nient non seulement les conséquences négatives potentielles de l'utilisation du porno, mais ridiculisent activement l'idée même de dysfonction érectile induite par le porno.[229] Donc, bien que je me sente idiot de ne pas avoir fait le lien entre le porno et ma dysfonction érectile moi-même, le fait est que j'ai cherché des conseils professionnels et que le porno n'a jamais été évoqué, sauf de manière positive : « Tout le monde le fait, c'est normal... en fait, c'est sain. » J'ai évalué la possibilité d'une intervention chirurgicale. Cela coûterait entre 25 000 et 30 000 dollars de ma poche, et les résultats ne sont pas encourageants (revascularisation pénienne). Le lendemain de ce rendez-vous, je suis tombé sur ces informations. Oh mon dieu... quelle révélation et

---

[229]. Ley, D. *An Erectile Dysfunction Myth. Psychology Today* (2013). Disponible sur http://www.psychologytoday.com/blog/women-who-stray/201308/erectile-dysfunction-myth.

quel soulagement ! Et ça fonctionne. Je ne suis pas à 100 %, mais je me suis considérablement amélioré et les choses continuent de s'améliorer. Tout ce que j'avais à faire, c'était d'arrêter de me masturber devant du porno. Incroyable. Honnêtement, je suis un peu en colère, étant donné que j'ai cherché des solutions auprès de professionnels, y compris des spécialistes, qui ont accepté avec grâce mon argent durement gagné mais m'ont donné de mauvais conseils.

Combien d'hommes reçoivent des informations et des traitements obsolètes dont ils n'ont pas besoin ? Leur cerveau a-t-il simplement besoin de repos pour retrouver une réactivité sexuelle normale ? La récupération des problèmes induits par le porno pourrait être un résultat naturel de l'abandon de la surstimulation chronique.

En fin de compte, au vu de ce que nous savons sur les liens entre les comportements et le fonctionnement du cerveau, il semble imprudent de prescrire des psychotropes à des jeunes sans d'abord examiner l'éventuelle surutilisation d'internet. Il est tout aussi imprudent de leur prescrire des médicaments pour améliorer leur sexualité sans aborder leur consommation de porno en ligne.

3
Reprendre le contrôle

La route de l'excès mène au palais de la sagesse. – William Blake

Bien que les gens rapportent de nombreux bienfaits de leur rétablissement, le plus grand cadeau est de reprendre le contrôle de leur vie. Un ancien utilisateur de porno explique :

> Malgré ce que certains disent, arrêter ne fera pas de vous un dieu de la confiance et de la compétence, même si pendant les premiers mois, on a vraiment l'impression que c'est le cas. Arrêter vous donnera plus de contrôle sur votre propre vie. C'est un peu comme la transition de l'adolescence à l'âge adulte. Au lieu d'agir par impulsion, vous apprendrez la maîtrise de soi et la pleine conscience à l'égard de l'un de vos instincts les plus primaires, ce qui déteindra sur chaque aspect de votre vie et rendra vos décisions entièrement dépendantes de vous.
>
> Quand j'ai commencé cela il y a 500 jours, j'avais du mal à me concentrer : je ne pouvais pas me fixer un objectif plus d'une semaine à la fois. Chaque jour de congé, je le gaspillais dans une indulgence paresseuse, sachant que je pourrais faire bien plus de mon temps. Aujourd'hui, je peux gérer des semaines de travail de 50 ou 60 heures sans même m'en rendre compte. Aujourd'hui, je peux faire de l'exercice régulièrement et m'y tenir. Aujourd'hui, je suis dans une relation comme je n'en ai jamais connue, parce que je peux enfin traiter mon partenaire comme un autre être humain plutôt que, parfois, comme un objet de désir (je sais maintenant par expérience que mes propres désirs ne sont pas aussi importants qu'ils le prétendent). Aujourd'hui, je m'améliore constamment au lieu de simplement souhaiter pouvoir le faire.

La première étape pour reprendre le contrôle est de donner à notre cerveau un repos complet de toute stimulation sexuelle artificielle pendant plusieurs mois. Recentrer notre attention sur la vie réelle nous aidera, entre autres, à établir si une consommation excessive chronique de pornographie, ou un autre problème, est à l'origine des symptômes.

Idéalement, une pause prolongée permet également de :
- restaurer la sensibilité du circuit de récompense de votre cerveau pour que vous puissiez à nouveau profiter des plaisirs quotidiens,
- réduire l'intensité des circuits cérébraux du « Il me le faut absolument ! » qui vous poussent à consommer,
- rétablir votre volonté (renforcer le cortex préfrontal du cerveau), et
- diminuer l'impact du stress pour qu'il ne déclenche pas de fortes envies.

Ensuite, il faut rester constant, car il peut falloir plusieurs mois, voire quelques années, pour que les circuits du « Je veux regarder du porno tout de suite ! » s'activent moins fréquemment – puis s'éteignent.

Certaines personnes appellent ce processus « redémarrage » (*reboot*). C'est une manière de redécouvrir qui vous êtes sans le porno dans votre vie. L'idée est qu'en évitant les stimulations sexuelles artificielles, vous éteignez et redémarrez le cerveau, en le restaurant même à ses « paramètres d'usine » originaux.

La métaphore n'est pas parfaite. Vous ne pouvez pas remonter le temps à un « point de restauration » ou effacer toutes les données, comme lorsque vous formatez le disque dur d'un ordinateur. Cependant, beaucoup de gens parviennent à inverser leurs problèmes liés au porno en offrant à leur cerveau un repos bien mérité, loin du porno, des fantasmes liés au porno et des substituts de porno. Et souvent, cette métaphore joue un rôle utile dans le processus. Après tout, les comportements problématiques et les symptômes de l'addiction au porno sont de nature matérielle, ils sont inscrits dans les structures du cerveau. En changeant de comportement, nous modifions ces structures. Avec le temps, de nouvelles façons de vivre se reflètent dans des changements de fonctionnement cérébral.

Par essais et erreurs, ceux qui se « redémarrent » découvrent que naviguer sur Facebook, des applications de rencontre ou des sites de services érotiques pour trouver des images revient à un alcoolique qui passerait à de la bière légère : contre-productif. En résumé, la stimulation sexuelle artificielle inclut tout ce que votre cerveau pourrait utiliser de la même manière qu'il utilisait le porno : rencontres érotiques cam2cam, textopornographie (*sexting*), lecture d'érotisme, applications de rencontres, fantasmes liés au porno… vous voyez l'idée.

Le but est désormais de trouver le plaisir en interagissant avec des personnes réelles, sans écran entre vous, et d'éveiller votre appétit pour la vie et l'amour. Au début, votre cerveau peut ne pas percevoir les personnes réelles comme particulièrement stimulantes. Cependant, en refusant systématiquement d'activer les circuits cérébraux liés au porno, les priorités se modifient progressivement.

> Je suis resté six mois complets sans même visiter un site porno. Quand j'en ai vu un par la suite, j'ai été surpris de voir à quel point le porno semblait artificiel et ridicule. Depuis, je n'ai vraiment plus beaucoup d'intérêt à en regarder. Le porno, c'est pour le sexe ce que regarder la photo d'une Ferrari est pour la conduire.

*

> Hier, en revenant d'une conférence, j'étais physiquement et mentalement épuisé. Or, cette fois, j'ai découvert une réserve d'énergie intérieure que je ne pensais pas avoir. Le sexe était incroyable, passionné, inimaginable. J'avais l'impression d'avoir à nouveau 20 ans. Après cinq ans à être « trop fatigué » pour avoir des relations sexuelles dans ce genre de moment, je sais maintenant que le problème ne venait pas d'une chimie déclinante avec ma femme, mais de l'énergie sexuelle que je gaspillais en me masturbant devant du porno tout le temps.

Au départ, le processus de redémarrage est difficile. Votre cerveau peut devenir très capricieux lorsque sa dose ne lui est pas accordée alors qu'il vous appelle avec l'envie. Cependant, la liberté réside dans le fait de lui permettre de retrouver une sensibilité normale et d'affaiblir les circuits d'addiction. Ce n'est qu'à ce moment-là que vous serez réellement libre de définir vos propres priorités.

Un homme décrit ainsi le processus :

> Lorsque vous retirez une source de plaisir au cerveau, c'est comme si vous enleviez un pied à une table. Le tout devient bancal et instable. Le cerveau a deux options : soit vous faire souffrir autant que possible pour vous « encourager » à remettre le pied de table, soit accepter que le pied est vraiment parti et trouver comment se rééquilibrer sans lui. Bien sûr, il essaye d'abord l'option une. Après un certain temps, il commence à travailler sur la deuxième, tout en continuant de pousser la première. Finalement, il semble que le cerveau se rééquilibre, abandonnant la une et réussissant pleinement la deuxième.

Dans ce chapitre, nous commencerons par des conseils standard que ceux qui ont effectué un redémarrage partagent fréquemment entre eux. Ensuite, nous examinerons les défis et pièges les plus courants du redémarrage. Enfin, nous aborderons quelques questions qui reviennent souvent.

Gardez à l'esprit que les cerveaux, les parcours et les circonstances varient. Il n'existe pas de solution miracle fonctionnant pour tout le monde. Sélectionnez les conseils qui pourraient vous aider à reprogrammer votre cerveau. Ne vous laissez pas piéger par des questions comme « Est-ce que je fais cela correctement ? » C'est vous qui déterminez la durée et les paramètres de votre redémarrage, en fonction de vos objectifs et de votre situation actuelle. De nombreux redémarreurs (sans dysfonction érectile induite par le porno) visent 100 jours ou trois mois, divisés en objectifs intermédiaires plus courts. Ceux qui souffrent de dysfonction érectile ont parfois besoin de plus de temps.

Le redémarrage est votre laboratoire. Si votre plan ne produit pas les résultats escomptés, ajustez-le. Sachez qu'il faut souvent quelques mois pour savoir si une approche particulière fonctionne, donc à moins que vous ne soyez retombé dans une consommation excessive de porno, suivez votre plan choisi pendant au moins quelques mois.

C'est incroyable ce que l'on apprend en faisant cela. Je pense que je comprends maintenant pleinement le dicton « Le savoir, c'est le pouvoir. » Une fois que vous comprenez comment quelque chose fonctionne et comment cela vous affecte, il devient beaucoup plus facile de trouver la volonté de changer, si vous le souhaitez.

Un conseil : le redémarrage ne garantit pas qu'une personne ayant eu des problèmes avec le porno puisse revenir en toute sécurité au porno en ligne à l'avenir. Beaucoup l'apprennent à leurs dépens. Ils supposent que leurs érections retrouvées signifient qu'ils peuvent utiliser du porno ou des substituts de porno, pour finalement se retrouver à nouveau avec des symptômes graves.

Suggestions recommandées

Voici quelques-uns des conseils les plus courants que l'on trouve sur les forums de rétablissement :

Gérer l'accès

Supprimez tout le porno

Effacez tout le contenu pornographique de vos appareils. Cela peut être difficile, mais cette action envoie à votre cerveau un signal clair que votre intention de changer est solide comme le roc. N'oubliez pas de supprimer les sauvegardes et la corbeille. Supprimez également les favoris des sites porno et l'historique de votre navigateur. Un utilisateur raconta posséder une collection de porno qu'il considérait comme un véritable trésor dont il ne pouvait absolument pas se séparer. Il la grava sur un disque, l'emballa, entouré de ruban adhésif comme s'il contenait la formule secrète du Coca-Cola, et le rangé dans un endroit peu accessible. Une fois rétabli, il s'en débarrassa.

Réorganisez vos meubles

Les signaux environnementaux associés à l'utilisation peuvent être de puissants déclencheurs, car ils activent des circuits sensibilisés. Les toxicomanes reçoivent souvent le conseil d'éviter les amis, quartiers et activités liés à leur consommation passée.

Vous ne pouvez pas les éviter ou déménager, mais vous pouvez apporter quelques changements et prendre soin de ne pas consommer de porno dans cette nouvelle configuration. Par exemple, utilisez vos appareils en ligne uniquement dans des lieux moins privés, que vous n'associez pas à l'utilisation du porno. Débarrassez-vous de votre « fauteuil de masturbation » ou déplacez simplement vos meubles :

> La réorientation de mon appartement a été merveilleuse, car je ne ressens plus les mêmes associations qu'avec l'ancien agencement. Il est étrange comment déplacer des objets de quelques mètres ou les tourner de quelques degrés peut changer l'énergie autour de votre attachement.

D'autres idées :

> J'ai rangé mon ordinateur de bureau. C'est celui sur lequel je me suis masturbé pendant des années, dont le filtrage est le moins fiable. Je ne l'utilise que pour le porno et pour perdre mon temps. Tout ce dont j'ai besoin peut être fait sur mon ordinateur portable.

*

> J'ai transformé mon bureau en un bureau ajustable pour travailler debout, ce qui a fait des miracles pour mes mauvaises habitudes de navigation sur internet. Puisque je ne suis plus confortablement assis sur une chaise, mon utilisation de l'ordinateur se limite aux tâches nécessaires plutôt qu'à tout ce qui me passe par la tête.

Envisagez un bloqueur de porno et un bloqueur de publicités
Les bloqueurs de porno ne sont pas infaillibles. Ils fonctionnent comme des dos d'âne ralentisseurs. Ils vous donnent le temps de réaliser que vous êtes sur le point de faire ce que vous ne voulez vraiment pas. Au début du rétablissement, avant que votre maîtrise de vous ne soit restaurée, ces bloqueurs peuvent s'avérer très utiles. Avec le temps, vous n'en aurez plus besoin. Des bloqueurs de porno gratuits sont disponibles sur les sites suivants :
– Qustodio – http://www.qustodio.com

– Esafely.com – http://www.esafely.com/home.php
– OpenDNS – https://www.dnsfilter.com

Je recommande vivement OpenDNS ou un autre service de filtrage web, surtout s'il comprend un délai de 3 minutes avant que les nouveaux paramètres ne prennent effet. Ainsi, même si vous flanchez, ces 3 minutes vous donnent suffisamment de temps pour réaliser que vous ne voulez pas vraiment faire cela et pour rétablir les paramètres. Bloquez toutes les catégories sexuelles, de rencontres et de blogs. Tumblr est un piège sournois qu'il ne faut pas laisser échapper.

Note : Si vous êtes un joueur de jeux vidéo, utiliser un bloqueur de porno peut être risqué. Votre cerveau est habitué à obtenir des doses de dopamine en trouvant les moyens de contourner les obstacles. Vous pourriez inconsciemment traiter le bloqueur de porno comme toute autre quête de jeu. Si cela arrive, supprimez le bloqueur de porno et essayez l'entraînement à l'extinction (ci-dessous) ou une autre approche.

Dans tous les cas, pensez à utiliser un bloqueur de publicités. Ainsi, vous n'aurez pas à voir des images aguicheuses dans la barre latérale lorsque vous planifiez vos vacances ou commandez des vitamines. Beaucoup trouvent les bloqueurs de publicités extrêmement utiles pour éloigner la tentation. « AdblockPlus » est gratuit.

Envisagez un compteur de jours
De nombreux forums proposent des compteurs de jours gratuits. Sous vos messages, un graphique à barres affiche vos progrès vers votre objectif, et il se met à jour automatiquement. Certaines personnes trouvent très satisfaisant de suivre visuellement leurs progrès.

Les avis sur les compteurs de jours sont partagés. Le risque est que si une personne replonge dans l'utilisation de porno, elle puisse considérer ses jours comme des points de jeu et utiliser son compteur réduit pour rationaliser une poursuite de sa consommation : « Puisque je n'ai pas perdu beaucoup de jours accumulés. » De telles périodes de consommation excessive érodent davantage les progrès que des incidents isolés, donc si vous utilisez un compteur de jours, adoptez une vision à long terme. Soyez satisfait de votre nombre total de jours sans porno.

Au final, ce qui compte, ce n'est pas le nombre de jours, mais l'équilibre du cerveau. Les cerveaux ne retrouvent pas tous leur équilibre selon un calendrier précis, et bien qu'ils aient indéniablement besoin de temps pour redémarrer, les jours accumulés ne sont pas toute l'histoire. L'équilibre cérébral bénéficie également de l'exercice physique, des interactions sociales, du temps passé dans la nature, d'un meilleur contrôle de soi, de soins personnels accrus, de la méditation, et ainsi de suite.

Une alternative à la définition d'un objectif à long terme pour le compteur de jours consiste à fixer de petits objectifs intermédiaires. Cela permet de ressentir à plusieurs reprises un sentiment gratifiant d'accomplissement tout en progressant vers un objectif plus lointain.

Entraînement à l'extinction (pas pour tout le monde)
Vous vous souvenez du chien de Pavlov ? Vous ne le réalisez peut-être pas, mais Pavlov n'a pas seulement appris à son chien à saliver au son d'une cloche, il lui a ensuite appris à ne plus saliver en sonnant la cloche sans lui donner de viande (et ce, à plusieurs reprises).

Ce processus est connu sous le nom d'« extinction des signaux ». Vous affaiblissez le lien ou le circuit entre un stimulus et une réponse habituelle. Certains utilisateurs de porno peuvent appliquer ce principe pour renforcer leur maîtrise de soi :

> (Âge : 16 ans) Chaque fois que j'étais sur mon PC, j'ouvrais un site porno. Une fois le site ouvert, je le fermais pour tester ma volonté. Ces deux premières semaines furent, de loin, les plus difficiles, et je ne sais toujours pas comment j'ai réussi à tenir. Après trente jours, je pouvais sentir que j'oubliais le porno. Aujourd'hui, je suis à 90 jours sans, et j'y pense à peine. Je me sens comme une nouvelle personne. Durant ces trois mois, je me suis masturbé quelques fois (environ 5), mais je n'ai jamais regardé de porno. Se masturber est juste quelque chose dont chaque adolescent a besoin de temps en temps.

Si l'entraînement à l'extinction (parfois appelé thérapie d'exposition avec prévention de la réponse) est trop risqué pour vous parce que jeter un coup d'œil à des sites pornos vous pousse à rechuter, essayez d'abord une approche indirecte pour renforcer votre volonté. L'exercice physique (ou tout autre facteur de stress bénéfique) et la méditation sont de bonnes options. Ces sujets seront abordés plus loin.

Soutien
Rejoignez un forum, trouvez un partenaire de responsabilisation
Participer à une communauté en ligne où d'autres expérimentent l'abandon du porno peut vous inspirer, vous offrir un espace pour vous défouler, procurer la satisfaction de soutenir les autres et fournir de nouveaux conseils pour accélérer vos progrès :

> Ne menez pas ce combat seul. Au final, vous serez celui qui vous poussera vers la réussite, mais une communauté en ligne peut vous apporter cette petite dose de motivation supplémentaire lorsque vous êtes au plus bas.

Des sites comme NoFap.com et Reboot Nation facilitent la recherche de partenaires de responsabilisation. Cela permet à vous et à l'un de vos pairs de vous soutenir mutuellement de manière plus approfondie tout en préservant l'anonymat. Ce soutien individuel est très bénéfique pour certaines personnes.

L'inconvénient des partenaires de responsabilisation et des forums est qu'il s'agit d'activités en ligne. Comme l'utilisation problématique du porno en ligne est liée à internet, vous devez passer moins de temps en ligne, pas plus. Bien que la plupart des gens reconnaissent qu'un forum les a aidés durant la première phase de rétablissement, il peut ensuite devenir un moyen d'éviter la vie réelle. À ce stade, certains consultent un forum uniquement lorsqu'ils ont besoin d'encouragements.

L'addiction est liée un contexte social, tout comme le rétablissement. Que vous trouviez du soutien et de la reconnaissance en ligne ou hors ligne importe moins que de les trouver.

Thérapie, groupes de soutien, soins de santé
Un bon thérapeute, qui comprend comment la nouveauté sexuelle puissante en ligne d'aujourd'hui peut altérer la réactivité sexuelle avec des partenaires, et que les addictions comportementales sont aussi réelles que n'importe quelle autre, peut être d'une grande aide. Certains organisent des groupes de soutien pour les personnes luttant pour arrêter leur consommation de porno. Il existe également des groupes d'entraide basés sur les 12 étapes, en ligne ou hors ligne.

Si vous avez d'autres problèmes, tels que des traumatismes d'enfance, des abus sexuels ou des problèmes familiaux, qui rendent naturellement l'attachement émotionnel difficile, un bon conseiller peut être un investissement judicieux.

De nouveau, si vous pensez souffrir de troubles obsessionnels compulsifs (TOC), vous pourriez avoir besoin de médicaments pendant un temps pour réduire l'anxiété liée au sevrage de la pornographie. Consultez un médecin. Un patient souffrant de TOC déclara :

> Les antidépresseurs m'ont vraiment aidé. Ils me donnent un coup de pied aux fesses et m'obligent à voir ma situation de manière positive et à ne pas me laisser emporter par tout cela.

Tenez un journal
Prenez note de vos progrès. Le redémarrage n'est pas un processus linéaire. Il y a de bons jours et de mauvais jours, et lors des mauvais jours, votre cerveau essaiera de vous convaincre que vous n'avez fait aucun progrès et que vous n'en ferez jamais. Relire des entrées plus anciennes de votre journal peut rapidement remettre les choses en perspective :

> Lorsque les envies étaient fortes, je regardais mon journal et voyais que j'étais allé trop loin pour abandonner. Mettez un mot de passe si vous ne voulez pas que quelqu'un d'autre le trouve.

Les journaux permettent d'extérioriser des choses que vous ne vous sentiriez pas à l'aise de partager. Vous pouvez également partager ces choses dans un journal en ligne anonyme mais public. Divers forums vous permettent de tenir un journal gratuitement (NoFap.com, RebootNation.org, YourBrainRebalanced.com). Vous et vos pairs vous offrez mutuellement soutien et conseils en vous basant sur les entrées de journal.

Gérer le stress, améliorer le contrôle de soi et les soins personnels
Exercice physique et stress bénéfiques

Parmi toutes les techniques que les redémarreurs expérimentent, l'exercice semble la plus universellement bénéfique. C'est une excellente distraction face aux envies, cela améliore la confiance en soi et la forme physique, et est même associé à une meilleure fonction érectile chez les hommes de moins de 40 ans.[230]

L'exercice est un régulateur d'humeur solide. Les scientifiques supposent qu'il peut aider à atténuer l'addiction, car des séances d'exercice aiguës augmentent temporairement les concentrations de dopamine, et l'exercice régulier entraîne des augmentations soutenues de dopamine et des ajustements connexes.[231] Cela aide à contrer le faible signal dopaminergique chronique qui hante les personnes en rétablissement avant que leur cerveau ne redémarre.[232] Voici les commentaires de deux personnes :

> Je ne saurais trop insister sur l'importance des « pompes ». Elles sont toujours accessibles et ne prennent qu'une trentaine de secondes pour en faire une bonne série de 20. Elles feront battre votre cœur et détourneront presque instantanément l'attention de votre corps de ces envies. Si elles persistent, faites plusieurs séries avec quelques secondes de pause, jusqu'à ce que vos bras vous semblent prêts à tomber.

*

---

230. Hsiao, W. et al. *Exercise is associated with better erectile function in men under 40 as evaluated by the International Index of Erectile Function. J. Sex. Med.* 9, 524–530 (2012).
231. MacRae, P. G., Spirduso, W. W., Walters, T. J., Farrar, R. P. & Wilcox, R. E. *Endurance training effects on striatal D2 dopamine receptor binding and striatal dopamine metabolites in presenescent older rats. Psychopharmacology (Berl.)* 92, 236–240 (1987).
232. Smith, M. A., Schmidt, K. T., Iordanou, J. C. & Mustroph, M. L. *Aerobic exercise decreases the positive-reinforcing effects of cocaine. Drug Alcohol Depend.* 98, 129–135 (2008).

> Soulevez des poids, ça aide. Si vous êtes mal à l'aise, utilisez les machines au lieu des poids libres. Le personnel de la salle de sport vous aidera si vous ne savez pas comment utiliser les machines.

L'exercice est connu comme un « stress bénéfique ». Autrement dit, stresser légèrement votre système provoque une réponse avec un bien-être accru. Certains redémarreurs rapportent que ces stress bénéfiques réinitialisent la sensibilité du cerveau au plaisir. Visitez gettingstronger.org pour en savoir plus sur la physiologie de l'exercice, le jeûne intermittent, les douches froides quotidiennes, etc.

Ces dernières, autrefois moquées comme une relique des théoriciens victoriens de la virilité, reçoivent des critiques élogieuses de nombreux chercheurs d'une méthode rapide pour restaurer la volonté et l'équilibre émotionnel perdus. Les douches froides ont même été proposées comme traitement médical pour la dépression.[233]

> Je suis sur une série de 81 jours en ce moment, et je prends les douches les plus froides possibles. Mon envie d'échapper à tout cela est forte, mais je résiste, et je sors de la douche comme si j'étais le roi du monde.

Rappelez-vous, il s'agit de trouver ce qui fonctionne pour vous. Si une douche froide améliore votre humeur et vous rend moins tenté de perdre du temps affalé devant un ordinateur, alors c'est utile, surtout lorsque vous luttez contre le sevrage. Ce n'est jamais une bonne idée d'exagérer quoi que ce soit, mais vous le saviez déjà.

Sortez

Les chercheurs ont découvert que passer du temps dans la nature est bénéfique pour le cerveau. Cela stimule la créativité, l'intuition et la résolution de problèmes.[234] Les redémarreurs l'ont également remarqué :

---

233. Shevchuk, N. A. *Adapted cold shower as a potential treatment for depression. Med. Hypotheses* 70, 995–1001 (2008).
234. *Researchers find time in wild boosts creativity, insight and problem solving. The University of Kansas* (2012). Disponible sur : https://news.ku.edu/2012/04/23/researchers-find-time-wild-boosts-creativity-insight-and-problem-solving.

Il y a quelque chose de très très puissant à être loin de la technologie et dans un environnement naturel. Cela accélère le recâblage, d'après mon expérience.

Si vous vivez en ville, marchez jusqu'aux parcs. Selon des chercheurs de l'Université de Sheffield, des environnements vivants et tranquilles peuvent avoir un effet positif sur le fonctionnement du cerveau humain.[235]

Sortez à la lumière naturelle et respirez de l'air frais. Nous ne sommes pas faits pour regarder des rectangles lumineux et respirer de l'air recyclé 24 heures sur 24, 7 jours sur 7.

Socialisation

Les humains ont évolué en tant que primates tribaux créant des liens de couple. Nos cerveaux ne peuvent pas facilement réguler l'humeur par eux-mêmes, du moins pas longtemps. Il n'est pas rare de se sentir anxieux ou déprimé (ou de chercher à s'automédicamenter par une addiction) lorsqu'on est isolé.

Cela dit, la connexion est l'une des meilleures assurances santé que la planète puisse offrir. Elle aide à réduire le cortisol, une hormone qui, sous stress, peut affaiblir le système immunitaire. « C'est beaucoup moins éprouvant pour nous si nous avons quelqu'un pour nous aider à nous réguler », a expliqué le psychologue et neuroscientifique James A. Coan dans le *New York Times*.[236]

Lorsque les utilisateurs de porno en rétablissement détournent leur attention de leur « soulagement » habituel, leur circuit de récompense cherche d'autres sources de plaisir. Finalement, il trouve les récompenses naturelles pour lesquelles il a évolué : interactions amicales, véritables partenaires, temps passé dans la nature, exercice, accomplissement, créativité, etc. Tout cela aide à atténuer les envies.

---

235. *Tranquil scenes have positive impact on brain. ScienceDaily*. Disponible sur : https://www.sciencedaily.com/releases/2010/09/100914095932.htm.
236. Parker-Pope, T. *Is Marriage Good for Your Health? - The New York Times*. Disponible sur : http://www.nytimes.com/2010/04/18/magazine/18marriage-t.html.

Si vous vous sentez antisocial, commencez simplement :

> Il existe de nombreux endroits où vous pouvez vous habituer à être parmi les gens sans que cela soit intimidant. Passez du temps à lire dans une bibliothèque ou une librairie, ou emmenez un magazine dans un café ou sur un banc de parc. Faites de longues promenades à l'extérieur. Cela m'aide à sortir de ma tête et à me sentir membre de la société.

*

> Je souris chaque fois que je me sens mal à l'aise, haha. Et ça marche.

*

> Je construis des relations avec des personnes rencontrées lors d'événements de réseautage, de club, etc. Je fais du bénévolat une fois par semaine en tant que conseiller et j'essaie de faire au moins un « acte aléatoire de bienveillance » chaque jour pour un inconnu. Cela m'aide à retrouver un peu d'équilibre.

Une autre option simple consiste à assister à des réunions avec une structure définie, comme Toastmasters ou un cours de danse.

Quoi que vous choisissiez, entraînez-vous à établir un contact visuel avec ceux que vous croisez. Commencez avec des personnes âgées. Transformez cela en jeu. Essayez d'améliorer votre score à chaque fois. Ajoutez un sourire, un hochement de tête ou un salut verbal jusqu'à ce que votre charisme naturel se manifeste automatiquement.

Méditation et techniques de relaxation

La méditation quotidienne peut être très apaisante pour quiconque lutte contre le stress du sevrage. La recherche montre également qu'elle aide la partie rationnelle, le cortex préfrontal, à garder le contrôle.[237]

Réflexions des membres de forums sur la méditation :

> J'ai entendu dire qu'il ne faut pas penser à arrêter son addiction. Il faut plutôt apprendre à méditer. Plus vous méditez, plus votre

---

237. *The underlying anatomical correlates of long-term meditation: larger hippocampal and frontal volumes of gray matter. - PubMed - NCBI.* Disponible sur : https://www.ncbi.nlm.nih.gov/pubmed/19280691.

esprit devient fort et plus votre addiction s'affaiblit. Mes pensées sur le porno ont considérablement diminué.

*

Lorsque je médite régulièrement, la partie de mon cerveau qui sait que je dois laisser le porno derrière moi (le cortex préfrontal) a beaucoup plus d'influence. Et quand je ne médite pas régulièrement, la partie de mon esprit qui trouve des rationalisations pour utiliser le porno comme moyen de gérer l'ennui et le stress prend le dessus. Il semble que la lutte contre le porno soit littéralement un combat entre les fonctions rationnelles et planificatrices, et les parties émotionnelles et réactives du cerveau.

Activités créatives, passe-temps, but dans la vie
Les premières semaines consistent principalement en une lutte de distraction. Un redémarreur a expliqué l'importance d'occuper son temps différemment en explorant et en apprenant de nouvelles choses :

> Vous ne pouvez pas espérer vivre exactement le même mode de vie que vous aviez auparavant (c'est-à-dire vous lever, travailler un peu, surfer sur internet, retravailler un peu, surfer à nouveau, regarder des contenus NSFW, retravailler, etc.) et espérer que quelque chose change. Ce schéma ne disparaîtra pas magiquement sans effort conscient.

Votre cerveau vous en remerciera. Et tout comme apprendre de nouvelles choses, la créativité est à la fois une excellente distraction et intrinsèquement gratifiante grâce à l'anticipation d'accomplir quelque chose d'important :

> J'aime la musique, et arrêter m'a aidé à la fois dans mes capacités créatives pour la musique et dans mon plaisir d'écoute. J'ai probablement « composé » vingt morceaux dans ma tête ces derniers mois depuis que j'ai arrêté. De plus, je suis bien plus créatif dans mes blagues et mes discussions. Tout d'un coup, les conversations ressemblent à jouer de la musique. Je prévois de rejoindre le club d'improvisation de mon université et de voir où cela me mène. Monter sur scène ne me semble plus intimidant. Excitant, plutôt.

*

> Je suis écrivain et musicien, mais j'ai laissé mon art de côté ces dernières années en me réfugiant dans le porno. Je pensais avoir un blocage de l'écrivain parce que je ne pouvais pas me permettre de mettre des mots sur papier ou des notes sur des cordes. Depuis que j'ai commencé ce voyage, je travaille sur trois chansons, et une quatrième commence à émerger.

De nombreuses personnes reprennent des passe-temps, anciens ou nouveaux, par leur redémarrage. Voici les commentaires de deux personnes :

> Je me suis mis à cuisiner et à pâtisser. C'est une excellente distraction, c'est amusant, et j'ai une récompense à la fin.

*

> Le yoga me fait sortir de la maison et m'aide à évacuer un peu de pression. Il y a aussi beaucoup de femmes magnifiques. Vraiment magnifiques. Mmm... les femmes.

Conseil : limitez les activités qui provoquent des pics de dopamine « vides », comme le jeu vidéo intense et fréquent, la malbouffe, le jeu d'argent, le défilement sur Facebook, Instagram, Tumblr, Twitter et Tinder, la télévision sans intérêt, etc. Orientez-vous vers des activités procurant une satisfaction durable et soutenable, même si elles ne sont pas aussi gratifiantes à court terme : avoir une bonne conversation, organiser votre espace de travail, donner ou recevoir une accolade, fixer des objectifs, rendre visite à quelqu'un, construire quelque chose ou jardiner. En résumé, tout ce qui vous donne un sentiment de connexion ou vous rapproche d'objectifs à long terme.

Une distraction puissante comme le porno en ligne peut être une forme d'automédication contre l'ennui, la frustration, le stress ou la solitude, mais si vous lisez ce livre, vous avez probablement réalisé que l'usage chronique d'une distraction à stimulation supernormale est un pacte faustien qui peut nuire à vos objectifs et à votre bien-être.

Plus vous vous sentez bien, moins vous ressentez le besoin de vous automédicamenter. Se remettre en forme et apprendre à manger sainement est un bon point de départ. Pendant des milliers d'années, les humains ont dû relever le défi de maintenir l'équilibre cérébral sans les drogues d'aujourd'hui. Beaucoup ont laissé des solutions perspicaces et inspirantes qui sont désormais accessibles à tous via internet. Pas besoin de réinventer la roue. Creusez. Visez grand. Prenez le temps de développer une philosophie de vie. Agissez en conséquence.

Attitude, éducation et inspiration
Soyez gentil avec vous-même
Ceux qui réussissent leur redémarrage avec une relative facilité gardent le sens de l'humour, acceptent leur humanité, aiment le sexe mais respectent leur sexualité, et se dirigent progressivement vers de nouvelles habitudes. Ils ne se martèlent pas de reproches, ni ne se menacent de catastrophes.

Le sexe est une pulsion fondamentale, et renoncer à la stimulation intense d'un usage régulier de porno représente un grand changement pour votre cerveau. Traversez cette transition en douceur, pardonnez-vous si vous glissez (mais essayez d'éviter les excès), et continuez. Pensez au snowboard ou au surf. Restez flexible. À cet égard, la thérapie d'acceptation et de pleine conscience montre des promesses pour traiter l'usage problématique de porno.[238]

Apprenez-en plus sur ce qui se passe dans votre cerveau
Que les redémarreurs connaissent beaucoup ou peu la science, ils apprécient généralement d'apprendre comment ils en sont arrivés là et comment changer de cap :

> Savoir simplement ce qui se passe dans le cerveau et ce qui en est la cause me procure un sentiment de soulagement. C'est fou à quel point l'esprit peut vous tromper subtilement. Avec ces nouvelles connaissances, je sens que je peux reconnaître ce qui se passe et agir avant qu'il ne soit trop tard.

Le site que j'ai créé, www.yourbrainonporn, est une plateforme remplie de recherches scientifiques pertinentes. Les ressources

---
238. Twohig, M. P. & Crosby, J. M. *Acceptance and commitment therapy as a treatment for problematic internet pornography viewing. Behav. Ther.* 41, 285–295 (2010).

vont d'articles et de vidéos faciles à comprendre, réalisés par des non-spécialistes, à de vastes collections d'abstracts médicaux et d'études sur l'addiction comportementale et la manière dont le porno altère la réactivité sexuelle.

Restez inspiré
Le redémarrage peut être un défi de taille, et il est utile de trouver une source d'inspiration régulière, voire quotidienne. Peut-être fréquentez-vous un forum en ligne où l'on vous encourage beaucoup. Peut-être avez-vous un philosophe préféré ou un livre spirituel que vous trouvez apaisant et motivant :

> Mon préféré était un livre qui disait de prendre un objectif que vous voulez atteindre ; décider des étapes nécessaires pour y parvenir ; et le faire, peu importe comment vous vous sentez. J'ai décidé d'avoir une meilleure vie sociale, alors je me suis inscrit à des clubs universitaires même quand je n'en avais pas envie. Je me suis inscrit à des clubs académiques liés à mes études même quand je n'en avais pas envie. J'ai engagé des conversations avec des gens dans mes cours même quand je n'en avais pas envie. Je suis allé à des fêtes dont j'avais entendu parler même quand je n'en avais pas envie. Je suis allé dans des bars et des clubs avec des gens quand ils m'ont invité même quand je n'en avais pas envie. J'ai invité des filles à des rendez-vous même quand j'étais vraiment nerveux à ce sujet. C'était vraiment difficile, mais, finalement, j'ai constitué un groupe d'amis formidable.

Il y a aussi des milliers de récits inspirants de rétablissement recueillis sur divers forums, disponibles sur www.yourbrainonporn.com. Visitez la page « Rebooting Accounts » ici : https://www.yourbrainonporn.com/rebooting-accounts/.

Les défis du redémarrage
Le sevrage
Peut-être parce que notre culture a tardé à reconnaître l'addiction physique réelle que représente le porno d'aujourd'hui, la gravité des symptômes de sevrage surprend souvent ceux qui arrêtent.

Le sevrage, c'est terrible. On n'en parle pas assez. C'est ce qui nous fait échouer. C'est le centre de récompense de notre cerveau qui nous supplie, nous menace, nous punit, nous implore, nous rationalise pourquoi nous avons besoin de regarder du porno. Le sevrage est douloureux ; c'est une douleur physique, mentale et émotionnelle. Ce sont les tremblements, les sueurs, des douleurs étranges à des endroits inhabituels, le brouillard mental que l'on ressent en arrêtant, et le moyen qu'a le cerveau de nous dire que tout ce mal-être peut disparaître avec une petite dose apparemment inoffensive. Pendant le sevrage, j'avais l'impression d'avoir une sinusite et mes dents me faisaient mal. Je n'avais pas de sinusite et mes dents allaient bien, mais mon cerveau, d'une certaine manière, devait me faire sentir mal pour essayer de me faire sentir bien grâce à la libération via le porno.

Dans toutes les addictions, l'arrêt de la consommation peut déclencher de véritables événements neurochimiques. Cela inclut généralement une réponse exagérée au stress et un puissant sentiment que le monde est désespérément gris et dénué de sens en l'absence du stimulus manquant. Les deux premières semaines sont souvent les plus difficiles :

> Laissez-moi vous dire la vérité dès que vous décidez de relever le défi : vous n'y arriverez pas. Ou, du moins, c'est ce que vous penserez chaque jour, et cela semblera si vrai que vous n'en pourrez plus. Vous passerez par les hauts et les bas émotionnels du sevrage. Vous êtes comme un homme qui entreprend de gravir une haute montagne sans jamais avoir marché auparavant. Au début, cela semblera impossible, mais en marchant un peu chaque jour, vos muscles, c'est-à-dire votre volonté, se renforceront et cela deviendra possible. Prenez donc les choses un jour à la fois. Ne voyez pas ce que vous faites comme une guerre pour arrêter pendant X jours, sinon cela vous semblera trop grand à surmonter. Réalisez que tout ce que vous faites, c'est dire « Non » une fois. Lorsque cette envie survient, vous dites « Non », vous criez dans un oreiller, vous hurlez intérieurement, vous rejetez ces pensées, vous vous distrayez, vous réalisez à quel point vous avez mieux fait sans porno, et com-

> bien vous avez à perdre en rechutant et en recommençant à zéro. Vous ne laissez pas cette envie aller plus loin. Voilà tout. Ce n'est pas X jours de volonté constante, juste un changement subtil de mode de vie, un simple « Non » chaque fois que le désir surgit et essaie de prendre le dessus.

Les sautes d'humeur sont souvent le premier signe que quelque chose bouge :

> Mon cerveau est comme une balançoire en ce moment. Ma journée peut passer d'excellente à presque suicidaire en l'espace de quelques heures. C'est difficile à supporter, mais cela me rassure : quelque chose essaie de se corriger.

Petit à petit, les couleurs reviennent, l'enthousiasme augmente et la stabilité s'installe. Dans sa conférence TEDx *The Pleasure Trap*, le psychologue Doug Lisle donne des exemples de la manière dont les gros mangeurs inversent leurs fringales alimentaires par des périodes de jeûne ou de consommation exclusive de jus. Le même principe d'augmentation de la sensibilité en éliminant la surstimulation s'applique à toutes les récompenses naturelles, y compris la masturbation devant du porno en ligne.

Certains utilisateurs de porno rapportent peu de détresse liée au sevrage. D'autres décrivent des symptômes de sevrage sévères. Voici le témoignage d'un utilisateur de porno de 26 ans, consommateur de longue date :

> La première semaine, j'ai eu le pire type d'insomnie imaginable. Je ne me souviens pas m'être endormi du tout pendant les six premiers jours. À mes yeux, cela rendait la Semaine de l'Enfer ('Hell Week') de l'entraînement des Navy SEALs américains facile en comparaison. Durant les semaines suivantes, les choses ont commencé à s'améliorer un peu, mais c'est après environ trois mois que les changements sont devenus vraiment visibles. J'ai enfin commencé à avoir de l'énergie pour faire des choses.

Certaines personnes n'avaient aucune raison de s'attendre à ce que le sevrage soit si éprouvant :

> N'ayant pas eu de problème majeur avec le porno, je pensais que les bienfaits seraient marginaux. Mais si vous pensez que

vous n'êtes pas accro, essayez d'arrêter et voyez ce qui se passe. Dans mon cas, une période de symptômes de sevrage assez sévères. Ils ont duré au moins un mois. Quelque chose m'affectait clairement de manière profonde sur le plan neurochimique, car en l'espace de 24 heures, je pouvais ressentir les extrêmes d'une sorte d'euphorie brillante et exultante suivie d'une morosité dépressive accablante. Aux alentours du premier mois, j'ai commencé à me sentir nettement mieux dans ma peau et les choses ont commencé à se mettre en place : les gens semblaient mieux disposés envers moi, mon langage corporel s'améliorait, j'ai commencé à plaisanter au travail et à voir généralement le côté positif de la vie.

Les symptômes de sevrage courants incluent : irritabilité, anxiété ou même panique, larmes inhabituelles, agitation, léthargie, maux de tête, brouillard mental, dépression, sautes d'humeur, envie de s'isoler, tension musculaire, insomnie, et envies intenses de consommer du porno.

Les émotions remontent fortement : dépression, angoisses étranges, sentiment d'inutilité. Tout ce avec quoi je luttais déjà – mais tout à la fois. C'était comme vivre une très mauvaise journée x 10 ! Et, bien sûr, la forte excitation sexuelle. Vous commencez vraiment à apprendre à contrôler vos fantasmes parce que si vous ne le faites pas, vous ressentirez l'inconfort.

Les symptômes moins courants, mais pas inhabituels, incluent : mictions fréquentes, tremblements, nausées, tension dans la poitrine rendant la respiration difficile, désespoir, bouffées de chaleur ou sensation de froid même devant un feu, suralimentation ou perte d'appétit, rêves érotiques inhabituels, fuite de sperme en allant aux toilettes, et sensation de plénitude, de pression ou de douleur dans les testicules (l'eau froide aide).

Des sautes d'humeur comme une fille enceinte de 13 ans. Je vois un arbre magnifique et je me mets à pleurer. Un désir intense et insatiable de contact humain... mais une peur terrible d'en obtenir un. Fringales alimentaires insatiables... J'ai presque mangé un gâteau entier en 24 heures. Je pète un câble POUR

UN RIEN, espèce d'idiot ! LOL Je traite les gens comme des merdes quand je me sens comme ça. C'est le pire symptôme.

Une autre chose frustrante avec les symptômes de sevrage est que le rétablissement n'est pas linéaire : il fluctue. Certaines personnes n'ont des symptômes aigus que pendant les deux ou trois premières semaines. D'autres continuent d'avoir des symptômes sporadiques pendant des mois, surnommés de manière informelle « syndrome de sevrage post-aigu » (PAWS : *Post Acute Withdrawal Syndrome*).

Je voulais simplement donner un peu d'espoir à ceux qui luttent avec les troubles mentaux associés à tout cela. Pendant plus d'un an et demi, je n'ai pas trouvé de joie dans grand-chose. Maintenant, je commence à ressentir la musique comme avant. Je peux profiter d'une conversation avec un inconnu sans être paralysé par l'anxiété sociale qui l'accompagnait.

En résumé, aussi difficile que ces dernières années aient été, je m'améliore vraiment. C'est clairement le PAWS, ou syndrome de sevrage post-aigu. Absolument aucun doute. La nature « en dents de scie » des symptômes, la nature si leeeeeente du rétablissement, et les symptômes eux-mêmes.

Les bons jours deviennent progressivement plus fréquents, mais les mauvais jours persistent longtemps avant que le cerveau ne revienne vraiment à la normale. Il est imprudent de mesurer vos progrès en vous comparant au temps de rétablissement de quelqu'un d'autre. Certaines personnes ont besoin de plus de temps que d'autres pour restaurer l'équilibre cérébral.

Point mort (Flatline)

Un jeune homme a décrit le point mort comme « l'initiation éprouvante et mystérieuse que l'on endure sans jamais en parler ». C'est un symptôme classique de sevrage chez ceux qui souffrent de dysfonction érectile induite par le porno, mais cela peut également se produire chez certains qui n'ont pas de DE au moment où ils arrêtent. J'ai déjà mentionné cet effet temporaire, mais il y a plus à dire. Voici une description typique du point mort :

Après quelques jours de crises cérébrales (envies), je suis entré dans un point mort pendant des semaines. En gros, je me sentais totalement indifférent aux filles, au sexe, à tout. Une petite voix de la bête du porno me harcelait dans un coin de mon esprit, mais la plupart du temps, je m'en fichais complètement. Et mon pénis était totalement inerte et petit. C'était comme si quelqu'un avait débranché la machine alimentant ma libido. Aucune libido, rien.

Inutile de dire que les gars veulent souvent abandonner le rétablissement à ce stade et retourner au porno, de peur de perdre définitivement leur libido s'ils ne l'utilisent pas. Cependant, il y a dix ans, un Australien courageux de 26 ans persista – et découvrit qu'au bout de sept semaines environ, son point mort s'était dissipé et que sa libido (et ses érections) étaient revenues en force.[239] Depuis, de nombreux hommes ont affronté le point mort et documenté leur rétablissement.

Personne ne sait encore ce qui cause le point mort, mais voici une théorie :

> Nous avons commencé à nous masturber devant du porno en ligne très jeunes, et nous avons continué de manière excessive jusqu'à épuiser nos esprits et nos corps. Lorsque vous êtes épuisé, votre cerveau et votre corps entrent en mode veille (ce que nous appelons le point mort) pour se régénérer afin de pouvoir réagir à nouveau à la stimulation. Si nous avions laissé notre cerveau se reposer à l'époque, le point mort n'aurait duré que quelques jours avant que tout redevienne normal. Mais nous ne l'avons pas laissé se reposer. Malgré le point mort, nous avons utilisé le porno jusqu'à toucher le fond. Maintenant, la récupération ne prend plus quelques jours, mais plusieurs mois, voire plus dans certains cas, mais ça passe.

Chaque point mort est un peu unique en termes de gravité et de durée. Chez certains, libido et érections reviennent simultanément, progressivement ou soudainement. Chez d'autres, la libido revient avant les érections, ou vice versa. Quelle qu'en soit l'origine, le point mort reste définitivement étrange. Avant l'avènement du porno en

---

239. *How I Recovered from Porn-related Erectile Dysfunction* | *Your Brain On Porn*. Disponible sur : https://yourbrainonporn.com/how-i-recovered-from-porn-related-erectile-dysfunction.

haute vitesse, l'arrêt de l'utilisation du porno n'était pas associé à une chute temporaire sévère de la libido. Comme je l'ai dit au chapitre deux, je soupçonne que les centres sexuels du cerveau sont impliqués, car les personnes ayant d'autres types d'addictions ne perdent pas temporairement leur fonction sexuelle lorsqu'ils arrêtent leur substance ou comportement.

Si vous rencontrez des problèmes de performance sexuelle liés au porno, devez-vous en parler à votre partenaire ? Beaucoup d'hommes rapportent que cela aide vraiment d'expliquer à leur partenaire ce qu'est le point mort et ses causes. Voici le témoignage d'une femme de 23 ans, dont le petit ami du même âge mit 130 jours à revenir à la normale :

> Parlez-en à votre copine. Cela vous enlève de la pression et vous aide à éviter de la blesser. La DEIP [dysfonction érectile induite par le porno] n'a rien de honteux. Aujourd'hui, le porno est très courant et presque tous les mecs en consomment ou en ont consommé à un moment donné (et toutes les filles le savent). Cela pourrait arriver à n'importe qui, car il n'est pas nécessaire d'être un consommateur excessif pour que votre cerveau soit perturbé. Mon copain a vraiment essayé de tout m'expliquer et je lui en suis tellement reconnaissante ! C'est tellement mieux de savoir ce qui se passe. Cela vous rapproche également lorsque votre partenaire vous inclut dans quelque chose comme ça, car cela devient alors une épreuve que vous traversez ensemble.

Tous les hommes qui arrêtent le porno ne subissent pas une perte temporaire de libido (point mort) durant leur rétablissement. Cependant, le pourcentage de ceux qui signalent un point mort semble augmenter à mesure que les utilisateurs ayant grandi avec le porno en haute vitesse représentent une proportion croissante des personnes souffrant de DE. Comme l'a dit un utilisateur :

> Certains hommes restent en période de point mort longtemps, d'autres pas, et certains n'en ont jamais. Il est difficile de mesurer quoi que ce soit parce que ce problème est tellement nouveau. Espérons que dans quelques années, nous comprendrons les tendances et pourrons donner de meilleurs conseils à ceux qui

viennent de commencer. Malheureusement, nous sommes les pionniers dans ce domaine.

Insomnie

Il est important de bien se reposer, car la fatigue peut déclencher l'envie de consommer du porno. Cependant, de nombreux redémarreurs ont utilisé leur rituel porno comme aide au sommeil pendant des années. Sans cela, le sommeil est d'abord difficile à trouver (l'insomnie est un symptôme standard de sevrage lié à l'addiction). Trouvez ce qui fonctionne pour vous.

> Je pensais que me masturber était la seule façon de m'endormir, mais après seulement dix jours, je dors déjà très bien. M'endormir dès que ma tête touche l'oreiller est vraiment génial.

Évitez de remplacer l'usage du porno par l'alcool. Certes, cela peut vous aider à vous endormir, mais l'alcool risque de vous réveiller trop tôt, sans être complètement reposé. De plus, remplacer une addiction par une autre potentiellement addictive n'est pas une bonne idée. Voici quelques suggestions qui ont fonctionné pour d'autres :

> La première semaine a été assez difficile pour moi en terme de qualité de sommeil. Une chose que j'ai faite pour m'en sortir a été de ne pas utiliser mon ordinateur portable ou lire au lit. Je l'installais sur la table de la cuisine et je ne me couchais que lorsque j'étais fatigué.

*

> Prenez une lampe de lecture. Quelque chose dans le fait d'avoir une seule lumière dans la pièce qui éclaire votre livre vous rendra trèèèès somnolent.

*

> J'ai commencé à courir tard le soir. Quand je rentre, je prends une douche et je vais au lit. Cela m'endort instantanément.

*

> J'écoute de la musique que j'aime et sur laquelle je peux me concentrer. Ça m'endort presque à chaque fois.

*

Lire fonctionne bien pour moi si je n'arrive pas à dormir. C'est un « comportement de remplacement » pour la masturbation devant du porno. J'ai aussi beaucoup travaillé à me dire que rater une nuit de sommeil n'est pas la fin du monde. Cela aide vraiment.

*

Mon approche a été un exercice régulier, autant de lumière du soleil que possible (mélatonine naturelle), et respecter la règle « utiliser le lit uniquement pour dormir et le sexe » – qui, pour moi, célibataire, signifie « utiliser le lit uniquement pour dormir ».

*

Si l'agitation devient vraiment insupportable, je fais des exercices de Kegel [exercices du plancher pelvien], même au milieu de la nuit. Ils ont tendance à apaiser l'envie ou le sevrage en redistribuant l'énergie, ou peu importe. Les muscles reçoivent un peu d'attention pendant un moment et finissent par « se rendormir ».

*

Levez-vous plus tôt. C'est aussi le meilleur moment pour faire de l'exercice. Vous serez fatigué quand il sera temps de vous coucher le soir.

*

Ce qui fonctionne pour moi, c'est de me réveiller et de me coucher à des heures régulières, et d'éviter toute activité physique intense juste avant de dormir.

*

Allongez-vous sur le dos et listez tout ce pour quoi vous êtes reconnaissant. Quand j'ai commencé à faire cela, ma liste de gratitude était longue. Maintenant, je n'arrive même pas à terminer ma liste de gratitude pour mes amis et mon chien que je suis déjà endormi.

Certains trouvent aussi des bénéfices avec des suppléments, des tisanes comme la camomille, et d'autres remèdes maison.

Déclencheurs

Un homme a décrit les déclencheurs comme « les facteurs externes qui vous font penser au porno ». Les déclencheurs courants incluent : la télévision et les films au contenu érotique, les flashbacks de porno, les érections matinales, l'usage de drogues récréatives ou d'alcool, les mots rappelant un site ou un acteur porno, et les publicités suggestives. Un homme a déclaré :

> La seule chose pire qu'une rechute, c'est une rechute parce que vous étiez trop ivre ou défoncé pour vous contrôler.

Les états d'esprit peuvent aussi être des déclencheurs : l'ennui, l'anxiété, le stress, la dépression, la solitude, le rejet, la fatigue, la frustration, la colère, l'échec, l'apitoiement, l'envie de se récompenser après un accomplissement, l'excès de confiance, la jalousie et la gueule de bois.

La procrastination déclenche aussi souvent des rechutes, d'où le terme humoristique « procrasturbation ». Tenez une liste des choses que vous souhaitez accomplir, ainsi qu'une liste d'activités sans risque pour les moments où vous manquez de motivation pour être productif.

Les déclencheurs sont évidemment uniques à chaque cerveau. En voici quelques-uns moins courants : douches chaudes, excès de sucre ou de glucides, trop de caféine, publicités pour des mariées russes, sites comme Stumbleupon, YouTube, Imgur et Reddit, espionner d'anciennes relations amoureuses sur Facebook, passer trop de temps sur l'ordinateur sans pause de quinze minutes chaque heure, jeux vidéo, vessie pleine, égocentrisme, manipuler ses parties génitales, vêtements qui les frottent, masturbation, smartphones et faim.

Les déclencheurs sont à la fois des problèmes et des solutions. Ils peuvent vous rendre fou pendant le redémarrage (au début), mais ils vous montrent aussi quand être en état d'alerte maximale. Certains redémarreurs prennent la mesure radicale de se déconnecter complètement d'internet pendant un mois ou deux.

La mauvaise nouvelle, c'est que les circuits déclencheurs peuvent parfois persister longtemps, même après un redémarrage complet.

Ils s'affaiblissent cependant. Par exemple, un alcoolique sobre depuis vingt ans peut ne plus être déclenché par les publicités pour la bière. Pourtant, s'il en buvait une, ses circuits sensibilisés pourraient s'activer et lui faire perdre le contrôle. Il en va de même pour les anciens utilisateurs de porno : ils deviennent insensibles aux signaux autrefois risqués, mais s'ils replongent, ils risquent de faire des excès.

Vous devrez rester attentif aux déclencheurs pendant longtemps, il est donc utile de les identifier et d'y prêter attention. Vous aurez également besoin d'une réponse prédéfinie pour y faire face.

Ces hommes expliquent comment ils utilisent les déclencheurs à leur avantage :

> Un jour, je surfais sur internet lorsque mes parents décidèrent de sortir. Je ne voulais pas les accompagner, alors j'ai continué ce que je faisais. Lorsqu'ils fermèrent la porte, quelque chose fit tilt dans ma tête. Soudain, une forte envie de porno me traversa l'esprit : je fus excité par la fermeture d'une porte ! C'était la première fois que je réalisais que « mes parents quittant la maison » était un déclencheur pour moi. Cela peut sembler évident, mais je ne l'avais pas remarqué. Maintenant, chaque fois que mes parents quittent la maison, je vais me promener, j'appelle un ami ou j'arrête simplement d'utiliser mon ordinateur et je fais quelque chose d'utile.

*

> Mon plus gros problème a toujours été de rester allongé au lit avec mon iPhone. C'est définitivement un déclencheur d'accès facile. J'utilisais aussi presque exclusivement du porno la nuit. Maintenant, à 23 h, j'éteins tous les appareils électroniques, je range mon ordinateur portable dans le placard, je règle mon réveil et je le place loin de mon lit. Je me lave le visage, me brosse les dents, etc. Ensuite, j'écris dans mon journal ou je lis jusqu'à ce que je sois fatigué. Cela élimine tous les déclencheurs et tentations. Au lieu de laisser mon esprit vagabonder, je lis un livre.

Lorsque vous ressentez **la pulsion**, posez-vous les questions suivantes :

– Quelles émotions suis-je en train de ressentir ?
– Quelle heure est-il ?
– Qui d'autre est dans les environs ?
– Qu'est-ce que je viens de faire ?
– Où suis-je ?
– Que pourrais-je faire d'autre qui répondrait à mes besoins ?

Pourriez-vous aller courir, apprendre un nouveau mot dans une autre langue, travailler sur ce roman que vous avez toujours voulu écrire ou appeler un ami ? Choisissez une réponse qui procure un sentiment d'accomplissement, de connexion ou de soin de soi.

Une fois que vous avez identifié le déclencheur et décidé d'une récompense alternative pour cette situation, notez votre plan : « Quand ____ se produit (déclencheur), je vais ____ (nouvelle routine), parce que cela me procure ____ (récompense) ». Les récompenses peuvent inclure plus d'énergie, un sentiment de fierté, une meilleure santé, des sentiments de bonheur, la satisfaction d'avoir réglé une tâche, une confiance accrue, une meilleure humeur, une mémoire améliorée, une dépression réduite, le désir de socialiser, de meilleures érections, etc.

Si vous pratiquez constamment le principe « affronter et remplacer », votre nouveau comportement deviendra un jour automatique. Si, pour une raison quelconque, vous ne pouvez pas appliquer votre nouvelle routine, faites comme les athlètes olympiques : visualisez-vous en train de l'accomplir dans les moindres détails.

Émotions

Les personnes qui arrêtent le porno remarquent souvent qu'elles ressentent davantage d'émotions. Pourquoi cela pose-t-il un défi ? Parce que des émotions inconnues peuvent être accablantes au début, surtout si elles sont indésirables.

> Du bonheur inexplicable à une tristesse paralysante, je ressens maintenant des émotions comme jamais auparavant. La masturbation devant du porno avait anesthésié ces extrêmes, me laissant terne et complaisant.

> Vous allez rencontrer des émotions que vous n'avez pas ressenties depuis des années, voire jamais. Des filles qui ne comptaient pas pour vous auparavant deviendront soudainement le centre de votre foutue vie. Cet examen que vous avez raté ? Vous ne l'ignorez plus ; vous vous inquiétez pour votre note ; vous vous inquiétez pour l'examen final dans deux semaines. Et c'est bien ; c'est même génial. C'est la souffrance qui vous apprend et vous permet de grandir, mais ça fera mal. Par moments, vous vous sentirez triste, confus, peut-être même déprimé. Ne tombez pas dans ce piège. Les émotions passent, les souvenirs s'estompent, et vous en sortirez plus fort. Souvenez-vous que vous avez des années de croissance émotionnelle et de maturité devant vous. Ce ne sera peut-être pas facile, et vous ne vous sentirez pas à l'aise, mais cela en vaut la peine.

Comme l'a souligné cet homme, vous ne pouvez pas avoir les hauts sans être prêt à affronter les bas :

> Le porno, au fond, ressemble beaucoup à n'importe quelle autre substance ou comportement addictif. Il ENGOURDIT votre douleur, mais c'est là tout le problème. On ne peut pas engourdir sélectivement une émotion ou un sentiment sans engourdir toutes les émotions et tous les sentiments. Ainsi, même si ces choses atténuent la vulnérabilité, la solitude, la tristesse, la déception et la peur, elles atténuent également la gamme positive des émotions comme le bonheur, l'espoir, la joie et l'amour.

Effet de poursuite (chaser)
Le terme effet de poursuite ou effet chasseur est souvent utilisé pour décrire les envies intenses qui surviennent parfois après un orgasme. Tout comme les symptômes de sevrage, l'effet de poursuite du plaisir peut faire dérailler un redémarrage en un instant.

> L'effet de poursuite est contre-intuitif, mais bien réel. Je n'avais presque pas envie de me masturber pendant que ma copine était à l'étranger, mais dès que nous avons recommencé à avoir des relations sexuelles, mes envies de porno sont devenues plus fortes.

*

> Parfois, je me sens encore plus excité dans les jours qui suivent un orgasme. Dans ces moments-là, j'éprouve aussi une forte attirance pour d'autres femmes.

Certains hommes remarquent également un effet de poursuite après une pollution nocturne ; d'autres, non. Quoi qu'il en soit, ces envies intenses et souvent inattendues après un orgasme peuvent précipiter un redémarreur imprudent dans la frénésie :

> Après le redémarrage, j'ai eu une aventure. Nous sommes allés au lit. J'ai commencé à lui arracher ses vêtements et j'étais DUR IMMÉDIATEMENT (woohoo !). Nous avons eu des rapports pendant environ deux heures et demie, ce qui DOIT être un record pour moi. Mais j'ai vécu l'effet de poursuite redouté. J'étais tellement excité le lendemain matin que je me suis masturbé pendant qu'elle était sous la douche. Plus tard dans la journée, je me suis senti vraiment déprimé. En fait, je me suis masturbé plusieurs fois.

*

> Après trois mois sans porno, ma nouvelle copine et moi avons eu du plaisir ensemble, et maintenant, un jour ou deux plus tard, je remarque clairement de puissantes envies de me masturber et de regarder du porno à nouveau. Cela semble si contradictoire, mais c'est ce qui se passe. Je me masturbe davantage et j'ai même regardé du porno amateur hier.

*

> J'ai remarqué qu'après une frénésie de porno, il faut vraiment se pousser pour reprendre le bon chemin, car l'orgasme vous rend plus excité. Les trois premiers jours sont difficiles.

L'effet de poursuite est probablement une version amplifiée des fluctuations neurochimiques naturelles qui suivent tout orgasme. Heureusement, parfois, l'effet de poursuite peut aider à relancer la libido après une longue période de point mort :

> Le matin du jour 68, quelque chose de très étrange s'est produit, que je n'avais jamais expérimenté adolescent : un rêve érotique. Avec le recul, maintenant que j'en suis à 91 jours, je ressens cela

comme un tournant, presque comme une renaissance. Depuis, j'ai vraiment commencé à voir les bienfaits du redémarrage. J'ai plus d'énergie et ma dysfonction érectile semble avoir disparu.

Certaines personnes rapportent que l'effet de poursuite diminue avec le temps. En fait, la disparition de la version extrême de cet effet peut être un signe que le processus de redémarrage progresse :

> Depuis que je me suis masturbé dimanche soir avec ma première érection solide obtenue avec une stimulation minimale, sans fantasme et une étonnante endurance jusqu'à l'orgasme, je me sens plus énergique et excité. L'esprit clair, pas de véritable effet de poursuite. On peut dire que je suis sur la bonne voie.

Ce mari a trouvé une utilisation particulièrement positive pour son effet de poursuite :

> Étant donné que nous avons fait l'amour tendrement hier soir, ma femme a décidé de descendre discrètement le couloir ce matin pour voir ce que je regardais (elle connaît l'effet de poursuite). Alors j'ai fait ce que tout guerrier ferait : je lui ai montré ce qu'est vraiment l'effet de poursuite ! Je l'ai poursuivie dans la chambre pour lui démontrer que je ne chasse plus qu'ELLE. Arrivé en retard au travail… Cela en valait la peine !

Rêves perturbants et flashbacks
Les gens remarquent souvent qu'ils se souviennent mieux de leurs rêves après avoir arrêté. Cela peut être agréable ou non :

> J'ai remarqué que mes rêves sont revenus. Quand je me masturbais comme un fou ces dix dernières années, honnêtement, je n'avais presque aucun rêve, ou seulement quelques-uns.

Les rêves vifs semblent faire partie intégrante du processus de nettoyage mental lors du sevrage. Souvent, les gens rêvent qu'ils rechutent, car le cerveau essaie d'activer des circuits familiers, mais ces rêves finissent par s'estomper.

> Je fais les rêves les plus tordus, des trucs que je ne me sens pas à l'aise de raconter à qui que ce soit. Je comprends que ce n'est que mon esprit qui traverse le sevrage, mais j'espère que

ça va bientôt s'arrêter. J'aimerais vraiment avoir une bonne nuit de sommeil.

Les flashbacks de porno sont également courants et peuvent causer de l'angoisse :

> Il y a tellement de fois où je ne vois pas un inconnu ou un ami pour ce qu'il est vraiment. Je vois juste des éclairs d'eux nus, filles ou gars. Je comprends parfaitement que des gens normaux fantasment sur quelqu'un qu'ils aiment vraiment (un adolescent qui n'arrive pas à se concentrer en classe parce qu'il pense à quoi ressemble sa professeure nue, par exemple). Ce n'est donc pas le fait que je déshabille mentalement des gens qui me dérange. C'est le fait que cela arrive SI SOUVENT et en réponse à des déclencheurs si aléatoires et indésirables. Même lorsque je ne trouve pas la personne attirante, ou que je ne veux pas la trouver attirante. Comme des personnes âgées ou de jeunes enfants. Mon esprit est juste complètement déréglé. Je peux gérer si je croise simplement quelqu'un dans la rue et que je peux rapidement me ressaisir et oublier, mais si c'est quelqu'un avec qui je discute réellement, cela dégénère presque en crise de panique. Je mets fin à la conversation rapidement et je vais dans un endroit calme pour me relaxer.

Il est préférable de traiter les flashbacks comme des rêves. C'est-à-dire, les considérer comme un nettoyage mental plutôt que comme une preuve que le redémarrage ne fonctionne pas. Reconnaissez-les simplement et laissez-les passer sans leur attribuer de signification. Recentrez votre attention sur vos sens et ce qui se passe autour de vous. Détendez-vous et respirez profondément.

Note : les personnes ayant des tendances au TOC peuvent avoir plus de mal à ignorer les flashbacks. Elles leur attribuent une signification là où il n'y en a pas. Elles pourraient bénéficier d'une aide professionnelle.

Le cycle de la honte

De nombreux utilisateurs de porno en ligne d'aujourd'hui ont grandi avec l'érotisme sur internet et sont plutôt blasés quant à son usage. S'ils ressentent de la honte, c'est à cause de leur incapacité à contrôler leur consommation, et non à cause du contenu ou de l'acte en lui-même. Leur honte s'évapore lorsqu'ils reprennent le contrôle.

Cependant, si votre usage du porno est associé dans votre esprit à des reproches parentaux, conjugaux ou religieux, à des menaces ou des punitions – ou est entremêlé avec des idées rigides sur la masturbation – vous pourriez avoir besoin d'aide pour reconsidérer votre rapport au porno et votre image de vous-même.

La dopamine augmente fortement – surtout chez les adolescents – lorsqu'ils anticipent une nouveauté ou prennent un risque, y compris en faisant quelque chose d'interdit. Cet élan neurochimique poussait nos ancêtres adolescents à explorer de nouveaux territoires et à éviter la consanguinité. Cela explique pourquoi « les fruits défendus ont meilleur goût ». Je rappelle que les recherches montrent que l'anxiété augmente en réalité l'excitation.[240]

Avec toute cette dopamine qui hurle « Oui ! », il est facile pour le circuit primitif de récompense du cerveau de surévaluer les activités condamnées. Elles apparaissent comme hyperexcitantes et offrent également un bref répit apaisant lorsque la honte frappe. Cela explique comment certains tombent dans un cycle « honte-frénésie-honte ».

Il serait imprudent de prétendre que toute l'histoire est connue en ce qui concerne la chimie cérébrale de l'addiction, mais ce cadre biologique de neuroplasticité – et l'analogie informatique derrière l'idée de redémarrage – se rapproche beaucoup plus des faits que l'angoisse conservatrice à propos des stimuli sexuels visuels proprement dits ou la complaisance libérale sur l'innocuité du porno.

Il est intéressant de noter que les personnes (y compris religieuses) sur les forums que nous surveillons progressent souvent rapidement

---

240. Barlow, D. H., Sakheim, D. K. & Beck, J. G. *Anxiety increases sexual arousal. J. Abnorm. Psychol.* 92, 49–54 (1983).

dans leur redémarrage lorsqu'elles revoient leur défi lié au porno en termes biologiques :

> Je ne vois plus mon addiction comme l'influence de démons ou l'expression naturelle de mon cœur pécheur et pervers, mais comme un désir très humain, très naturel (quoique mal orienté) d'intimité sexuelle. C'était une mauvaise habitude, renforcée par des neurochimiques, mais rien de mystérieux ou d'éthéré. J'ai réalisé que j'avais déjà le pouvoir de contrôler mes actions. Et je l'ai fait. J'ai compris que la vie que je voulais mener était incompatible avec l'usage du porno, alors j'ai pris cette décision. « Simplement » ne signifie pas facilement, bien sûr.
>
> Le succès dans ce domaine m'a donné la confiance nécessaire pour relever d'autres défis. Depuis que j'ai commencé cette série de 90 jours, j'ai perdu plus de 10 kilos, commencé à apprendre le swing, rejoint un groupe de musique, et je sors avec une fille. Je ne parle pas de superpouvoirs ici. Tout ce potentiel était déjà en moi, emprisonné derrière mon habitude du porno. Je me regarde dans le miroir et je ne ressens pas de regret. Je pense que c'est ce que ressentent les gens « normaux ». Je déteste le temps que j'ai gaspillé à me sentir coupable et honteux, mais je me projette maintenant avec une conscience claire. J'aime ma vie.

La clé semble de canaliser beaucoup d'énergie dans des actions constructives et la compassion envers soi-même – plutôt que dans des batailles intérieures pénibles, mais excitantes.

Usage intermittent

Les risques liés à une consommation très fréquente de porno sont bien connus de nombreux utilisateurs. Ce qui l'est moins, c'est que l'usage intermittent (par exemple, deux heures de frénésie devant du porno suivies de quelques semaines d'abstinence, et ainsi de suite) peut renforcer la compulsion à consommer. Les raisons sont biologiques, et de nombreuses recherches sur l'addiction ont étudié l'usage intermittent, notamment dans des études impliquant des drogues et de la malbouffe.[241] Les périodes d'abstinence (deux à quatre semaines) entraînent des changements neuroplastiques[242] qui ne se produisent pas chez d'autres utilisateurs. Ces modifications augmentent les envies, intensifient les réponses au stress[243] et peuvent provoquer des symptômes de sevrage sévères.[244]

Ainsi, une frénésie après une période d'abstinence peut vous frapper plus durement, peut-être en raison de l'intensité accrue de l'expérience.[245] En bref, les frénésies intermittentes peuvent avoir les mêmes effets que l'usage continu, voire, dans certains cas, des effets plus graves.

Il est crucial pour quiconque essaie d'arrêter le porno de comprendre ce phénomène et de reconnaître pourquoi la cohérence (même avec une rechute ponctuelle) facilite beaucoup plus l'arrêt que les frénésies intermittentes. Ce phénomène pourrait également expliquer pourquoi les utilisateurs qui déclarent consommer moins de porno (comme certains utilisateurs religieux, souvent consommateurs intermittents) obtiennent des scores plus élevés que prévu aux tests d'addiction ou de compulsivité liés au porno.[246]

---

241. Avena, N. M., Rada, P. & Hoebel, B. G. *Evidence for sugar addiction: Behavioral and neurochemical effects of intermittent, excessive sugar intake.* Neurosci. Biobehav. Rev. 32, 20–39 (2008).
242. *Natural and Drug Rewards Act on Common Neural Plasticity Mechanisms with ΔFosB as a Key Mediator.* Disponible sur : https://www.ncbi.nlm.nih.gov/pmc/articles/PMC3865508/.
243. Cottone, P. et al. *CRF system recruitment mediates dark side of compulsive eating.* Proc. Natl. Acad. Sci. 106, 20016–20020 (2009).
244. Becker, H. C., Diaz-Granados, J. L. & Weathersby, R. T. *Repeated ethanol withdrawal experience increases the severity and duration of subsequent withdrawal seizures in mice.* Alcohol Fayettev. N 14, 319–326 (1997).
245. Cameron, C. M., Wightman, R. M. & Carelli, R. M. *One month of cocaine abstinence potentiates rapid dopamine signaling in the nucleus accumbens core.* Neuropharmacology 111, 223–230 (2016).
246. Grubbs, J. B., Stauner, N., Exline, J. J., Pargament, K. I. & Lindberg, M. J. *Perceived addiction to Internet pornography and psychological distress: Examining relationships concurrently and over time.* Psychol. Addict. Behav. J. Soc. Psychol. Addict. Behav. 29, 1056–1067 (2015).

Pièges courants
Edging

La pratique du *edging* (se maintenir sur la limite) consiste à se masturber jusqu'au seuil de l'orgasme, à plusieurs reprises, sans atteindre l'orgasme (souvent tout en regardant du porno). Cette pratique est assez répandue sur les forums *Nofap*, où certains se convainquent parfois que c'est l'éjaculation qu'il faut éviter, et non l'usage du porno.

Un redémarreur explique pourquoi l'edging est déconseillé :

> Au lieu d'atteindre l'orgasme et d'en finir, vous habituez votre cerveau à baigner dans des neurochimiques excitants pendant des heures. C'est la pire chose que vous puissiez faire, sans exception. La pire. Je pense que la plupart d'entre nous n'étaient pas accros au porno, mais plutôt au edging devant du porno.

Chez les hommes, l'edging sollicite fortement la prostate. De plus, il ne prépare pas bien aux relations sexuelles avec une vraie personne, car il est généralement lié à une stimulation visuelle prolongée, à la recherche constante de nouveauté, en cliquant de scène en scène, et à l'usage de sa main (ou d'un sextoy).

La dopamine atteint son pic juste avant l'orgasme. L'edging maintient donc la dopamine aussi haute que possible naturellement, parfois pendant des heures. Le cerveau reçoit des signaux puissants pour renforcer les associations entre l'excitation et ce que l'utilisateur regarde, que ce soit des fétiches ou simplement un écran. Une dopamine chroniquement élevée risque également de provoquer des changements cérébraux liés à l'addiction, comme la diminution de la sensibilité au plaisir.

Avant l'ère d'internet, les hommes se masturbaient généralement, atteignaient l'orgasme et passaient à autre chose en quelques minutes. L'orgasme déclenche des changements neurochimiques qui inhibent la dopamine pendant un certain temps, ce qui soulage normalement la frustration sexuelle. Or, appuyer constamment sur l'accélérateur de la dopamine, sans jamais freiner, crée un état continu d'envies sans satisfaction :

> Ce qui m'a vraiment poussé sur la voie destructrice du porno, c'est quand j'ai changé mon habitude : je ne le faisais plus pour l'orgasme, mais pour la sensation menant à l'orgasme.

Sachez qu'au début, vous ne trouverez peut-être pas satisfaisant un seul orgasme sans porno, tout comme vous pourriez ne pas trouver la masturbation sans porno suffisamment stimulante pour atteindre l'orgasme. C'est parce que votre cerveau ne ressent pas encore les récompenses de manière naturelle. Il n'est pas besoin de vous forcer à atteindre l'orgasme. Soyez patient.

Fantasmer

Les recherches sur l'imagerie mentale montrent que fantasmer ou imaginer une expérience active bon nombre des mêmes circuits neuronaux que la vivre réellement.[247] La plupart des gens rapportent qu'éviter les fantasmes au début d'un redémarrage est très utile – même pendant les rapports sexuels avec un partenaire – car cela réduit les envies. Cependant, si une personne a peu d'expérience sexuelle, il peut *éventuellement* être bénéfique d'avoir des fantasmes réalistes sur des partenaires potentiels pour aider à reconnecter le cerveau aux relations humaines réelles (plutôt qu'aux écrans). Après tout, les humains fantasment depuis des millénaires. Évitez toutefois de placer de vraies personnes dans vos scénarios pornographiques favoris.

> Le fantasme est considéré comme risqué, car, au début, nos fantasmes ne sont que des versions modifiées de scènes de porno. Le fait que votre cerveau soit quelque peu insensible au plaisir et à la créativité signifie que vous ne pouvez pas clairement imaginer à quoi ressemblerait cette fille attirante nue. Ou ce qu'une sexualité affectueuse et attentionnée pourrait être. Solution ? « Rappelons-nous juste cette scène porno qui nous a maintenus en « edging » pendant des heures. » C'est là que réside le danger. Une personne en bonne santé qui a des fantasmes naturels sur quelqu'un ne se mettra pas en difficulté, tandis qu'un accro au porno qui continue à fantasmer sur la base de son

---

247. *Why does a vivid memory 'feel so real?'* ScienceDaily. Disponible sur https://www.sciencedaily.com/releases/2012/07/120723134745.htm.

passé pornographique ne fera qu'aggraver les choses. Mon avis est que, lorsque vous commencez à vous rétablir, si votre esprit commence à fantasmer tout seul, sans être extrême ni irréaliste, vous devriez le laisser faire. Ne le renforcez pas nécessairement, mais permettez-lui d'exister.

*

Si un fantasme ressemble même vaguement à du porno, il devrait être écarté pendant un redémarrage. Deux raisons :

– les fantasmes pornographiques peuvent mener à une rechute ;

– ils peuvent renforcer les circuits neuronaux déréglés que nous essayons de corriger dans notre redémarrage. Votre cerveau ne fait pas la distinction entre une image provenant d'un écran ou de votre propre esprit, donc faire passer des images semblables à du porno dans votre tête revient presque au même que regarder du porno.

Cela dit, je ne pense pas que tous les fantasmes soient mauvais ou contre-productifs. Pendant mon redémarrage, pour la première fois de ma vie, j'ai commencé à avoir spontanément un autre type de fantasme, axé sur l'intimité mais sans sexe – comme échanger des sourires, se tenir la main, faire des massages du dos ou des pieds. Je sais que cela peut sembler ringard, mais ces fantasmes sont en fait très vivants et agréables. Au fait, je ne fais jamais d'edging ni ne me masturbe pendant ces fantasmes (si je le faisais, ils deviendraient probablement sexuels).

Utilisation de substituts au porno

C'est une autre façon facile de saboter votre redémarrage. Si vous essayez d'arrêter le porno, il est facile de se rationaliser en regardant, par exemple, des photos de mannequins en string. Après tout, ce n'est pas de la pornographie, non ? En réalité, la partie primitive de votre cerveau *ne sait pas ce qu'est la pornographie*. Elle sait seulement si quelque chose est excitant (pour vous) ou non (votre cerveau est en bonne compagnie – en 1964, le juge Potter Stewart de la Cour suprême des États-Unis déclara fameusement que, bien qu'il ne puisse pas définir la pornographie, il la reconnaissait quand il la voyait).

Les opinions sur le fait que des photos en bikini constituent du porno sont sans importance. Ce qui compte vraiment, ce sont les pics de dopamine dans le circuit de récompense. La question à se poser est : « Quel type d'entraînement cérébral a conduit aux problèmes que je rencontre, et suis-je en train de le reproduire ? »

Parcourir Imgur, site d'hébergement d'images, parce que vous le trouvez excitant activerait-il les circuits sensibilisés liés à l'addiction et renforcerait-il votre problème de porno ? Bien sûr. Vous cliquez et naviguez à la recherche de nouveauté sexuelle en deux dimensions parce que votre cerveau est avide de stimulation. Cela peut ralentir votre rétablissement. En revanche, tomber sur des images explicites par accident, puis fermer immédiatement la page, peut, en fait, renforcer votre volonté. Souvenez-vous : l'objectif est de réinitialiser le cerveau pour qu'il s'excite à nouveau pour de vraies relations.

L'addiction au porno en ligne n'est pas une addiction au nu ou à l'érotisme, mais à la nouveauté sur écran. Un homme a résumé ce qu'il a appris :

> Pourquoi regardes-tu des vidéos sur YouTube de filles dansant en shorts ? À quoi bon le sexting, les webcams, le téléphone rose, fantasmer constamment, lire des histoires érotiques, naviguer sur des applications de rencontres (sans intention de contacter qui que ce soit), taper des noms d'actrices porno dans les recherches d'images, consulter les réseaux sociaux, etc. ? Toutes ces activités renforcent les mêmes circuits que tu essaies d'affaiblir. Elles gardent ton esprit occupé par des pensées sexuelles, des seins, des fesses, le sexe, l'excitation, des filles sexy, etc. Elles rendent le redémarrage plus difficile et plus douloureux. Soit essaie d'avoir des relations sexuelles (approche des partenaires potentiels, organise des rendez-vous, flirte, contacte des amis, sors), soit fais quelque chose de totalement non lié au sexe (travail, études, exercice, sorties).

Forcer la performance sexuelle prématurément (DE)
Traditionnellement, hommes et femmes supposaient qu'intensifier l'excitation était la solution face à un manque de dynamisme sexuel chez un partenaire. Cependant, ceux qui souffrent de dysfonction

sexuelle liée au porno découvrent souvent qu'ils guérissent plus rapidement en laissant leur libido se réveiller naturellement, sans pression liée à la performance sexuelle. Un homme décrit ainsi le soutien de sa petite amie :

> Elle a été incroyable. Je lui ai dit que j'utilisais parfois des fantasmes pornos pour rester dur, et elle m'a répondu qu'elle préférait que je devienne mou plutôt que d'utiliser du porno. Savoir cela a rendu les choses plus faciles, et je n'ai même pas pensé au porno depuis cette conversation il y a quelques semaines. Elle m'a également interdit de prendre des médicaments pour la dysfonction érectile, car elle voulait que je règle cela naturellement. Voici mon conseil :
>
> – parlez à votre partenaire. C'est de loin l'aide la plus importante ;
>
> – prenez votre temps et avancez au rythme qui vous convient ;
>
> – les suppléments n'ont eu absolument aucun effet ;
>
> – ne tombez pas dans le piège de regarder du porno, même si vous n'avez pas l'intention d'en abuser.
>
> Ce qui est drôle, c'est que ma copine a traversé une phase similaire il y a un moment : elle regardait trop de porno et a fini par ne trouver excitant que les scènes entre filles, bien qu'elle ne soit pas lesbienne. Elle a donc dû renoncer au porno et comprenait parfaitement ce que je traversais. Bien sûr, nous avons eu des bas. Elle a eu des moments d'insécurité. J'ai passé des soirées horribles à me sentir inadéquat et inutile, mais, au final, nous avons discuté et en sommes sortis plus forts. Puis, le week-end dernier, j'ai réussi à rester suffisamment dur pour avoir des rapports sexuels. C'est une énorme avancée pour moi, le début d'une nouvelle aventure sexuelle, et c'est fantastique.

Si l'orgasme déclenche des ondulations neurochimiques notables (l'effet de poursuite) ou vous pousse à une consommation incontrôlée, ne vous forcez pas à aller jusqu'au bout pendant un certain temps. Gardez vos activités sexuelles douces et discrètes, sans pression de performance, le temps que votre sensibilité au plaisir revienne naturellement. Il vaut mieux rester sur sa faim que d'épuiser son désir sexuel.

Si nécessaire, demandez à votre partenaire de ne pas jouer les stars du porno pour tenter de vous exciter prématurément. Vous pourrez rattraper le temps perdu une fois que vous serez revenu à votre pleine forme.

> Il y a seulement quelques semaines, je m'étais presque résigné à ne jamais pouvoir atteindre l'orgasme pendant des rapports pénétratifs. Hier soir, j'ai eu des rapports avec ma partenaire deux fois et j'ai atteint l'orgasme les deux fois ! Dès que nous avons commencé à nous embrasser et à nous toucher, je n'ai pas pu retenir mon envie de la pénétrer. Cela semblait si naturel. La sensibilité de mon pénis est définitivement revenue, et je sens qu'il y a encore plus à venir.

Supposer qu'un fétiche est permanent
La croyance que « je ne peux rien contre mes fétiches, c'est juste qui je suis » peut devenir un sérieux obstacle pour arrêter le porno en ligne, car cela peut donner l'impression que vous abandonnez votre seul espoir de satisfaction sexuelle. En réalité, ce n'est qu'en procédant par élimination que vous saurez si vous avez affaire à un « fétiche » superficiel induit par le porno ou profondément enraciné dans votre identité sexuelle.

Évidemment, si un fétiche disparaît dans les mois suivant l'arrêt du porno, c'est qu'il n'était pas fondamental à votre identité sexuelle. En attendant, les envies de sensations fortes peuvent vous tromper sur ce qui mène vraiment au bonheur. Comme l'a dit un jeune homme :

> À l'été 2011, j'ai développé un nouveau fétiche et, mon dieu, je pouvais sentir la dopamine dans mon cerveau. J'étais tellement heureux et excité en regardant ce nouveau type de porno que mon corps tremblait. Depuis, je suis beaucoup moins heureux et je n'ai jamais retrouvé la normale.

Confus par la combinaison de frissons passés et de mécontentement présent, certains utilisateurs de porno escaladent à travers des genres de plus en plus extrêmes. D'autres se demandent si leur orientation sexuelle a changé lorsqu'ils trouvent de nouvelles choses intensément excitantes, tandis que d'autres le sont moins.

Certains cherchent désespérément une certitude en se masturbant frénétiquement devant différents types de porno pour essayer de comprendre. Cette vérification compulsive peut les plonger dans une addiction profonde ou un comportement semblable aux TOC, sans rien clarifier. D'autres encore tentent de vivre leurs fétiches sans grande satisfaction.

Conseil : si vous êtes dans un trou, arrêtez de creuser. Excluez *d'abord* l'usage excessif de porno comme cause. Reposez-vous, ne testez pas. Arrêtez le porno et les fantasmes pornographiques pendant quelques mois. Soyez vigilant, car l'inconfort du sevrage ou le point mort peut vous persuader que vous avez besoin de scénarios plus extrêmes pour trouver satisfaction, alors qu'elle réside en réalité dans un cerveau équilibré (dans la direction opposée). L'activité addictive tend à alimenter davantage d'activité plutôt qu'à l'apaiser.[248]

> Le porno m'a rendu capable d'être excité uniquement en imaginant des images extrêmes. J'ai fait beaucoup de choses extrêmes avec des prostituées, mais j'en suis ressorti complètement insatisfait. Même avec des escortes transgenres, rien de ce qu'elles faisaient ne m'excitait. Je devais me forcer à devenir excité en pensant à du porno extrême. En outre, je passais d'une activité sexuelle à une autre toutes les quelques minutes, comme je passais d'une vidéo à une autre chez moi. Pendant ma période de consommation de porno, je ne pouvais pas être excité simplement en étant près d'une femme nue (ce que j'aimais plus que tout et que j'aime à nouveau aujourd'hui). Aujourd'hui, quand je suis intime avec une femme, c'est une véritable connexion, un sentiment exceptionnel et génial. Aucun fantasme forcé.

Les utilisateurs de porno en ligne d'aujourd'hui montrent que la sexualité humaine est bien plus malléable qu'on ne le pensait. Les spectateurs peuvent utiliser le contenu hyperstimulant pour produire des états d'excitation supranormaux et les maintenir pendant des heures. Comme la surconsommation mène à la désensibilisation, le cerveau recherche plus de dopamine via la nouveauté, le choc, le contenu interdit, les pratiques fétichistes, etc. C'est à ce moment-là que les goûts pornographiques antérieurs peuvent ne plus suffire.

---

248. Toates, F. *How sexual desire works: The enigmatic urge.* (Cambridge University Press, 2014).

Il existe clairement des fenêtres précoces de développement pendant lesquelles des associations profondes peuvent se câbler plus ou moins de façon permanente. Et, bien sûr, pendant la puberté, tous les souvenirs érotiques prennent de la puissance et sont renforcés par l'excitation. Une consommation assidue de porno chez les adolescents, dont les cerveaux sont hautement plastiques, peut métamorphoser les goûts sexuels avec une rapidité surprenante. Les recherches montrent que plus on commence à consommer du porno jeune, plus on est susceptible de visionner du contenu comme la bestialité ou la pornographie infantile.[249] Lors d'un sondage informel de 2012 auprès d'utilisateurs (principalement jeunes) sur r/nofap, 63 % admirent que « mes goûts sont devenus de plus en plus extrêmes ou déviants ».[250] La moitié s'en inquiétait ; l'autre, non. Quoi qu'il en soit, les fétiches liés au porno disparaissent souvent après l'arrêt.

La mauvaise pulsion

Le moment idéal pour gérer une mauvaise envie est avant qu'elle ne se manifeste. Lorsque vous arrêtez pour la première fois, préparez-vous :

> Essayez d'être chez vous le moins possible. Si vous ne trouvez rien à faire durant les premiers jours, allez lire dans une bibliothèque, une librairie ou un parc. Ne pas rester dans un endroit où vous vous masturbez habituellement sera incroyablement utile pour surmonter les premiers jours de sevrage.

Préparez maintenant une liste des raisons pour lesquelles vous évitez le porno et consultez-la lorsque La Pulsion surgit. Mieux encore, écrivez-vous une note que vous pourrez lire quand elle arrive :

> Vous commencez à faire du edging. À ce stade, il n'y a plus de retour en arrière. Un peu plus... encore un peu... et c'est fini.

---

249. Seigfried-Spellar, K. C. *Deviant Pornography Use: The Role of Early-Onset Adult Pornography Use and Individual Differences. Int. J. Cyber Behav. Psychol. Learn. IJCBPL* 6, 34–47 (2016) ; Seigfried-Spellar, K. C. & Rogers, M. K. *Does deviant pornography use follow a Guttman-like progression?* 29, 1997–2003 (2013).

250. Reddit/NoFap. *Porn Genre Survey April 2012 - Summary Results.pdf. Reddit/NoFap.* Disponible sur : https://docs.google.com/file/d/0B7q3tr4E-V02wbkpTTVk4R2VGbm8/.

L'orgasme ne sera probablement pas très intense. Vous ressentirez surtout un soulagement. « Maintenant, je peux retourner à mon travail », vous direz-vous. « Ce n'était pas si mal. Je ne ressens aucune honte. Ça ne vaut vraiment pas la peine de se priver à ce point. »

Environ une heure plus tard, vous ressentirez une baisse d'énergie, suivie d'un brouillard mental. Cela se transformera en anxiété. L'anxiété n'est pas causée par la masturbation, mais par la chute d'énergie. Rien de grave ne vous est arrivé. Personne ne vous a réprimandé. Vous n'avez pas eu de pensées négatives. Tout allait bien jusqu'à il y a une heure. Maintenant, vous vous sentez légèrement mal. Vous avez du mal à vous concentrer. Vous aimeriez ne pas avoir de travail à faire. Vous avez juste envie de vous affaler devant la télé.

À la fin de la journée, vous n'aurez pas accompli vos tâches. Vos mécanismes de défense face à la procrastination s'activeront. Votre état mental sera complètement à la merci de facteurs externes. Combien de travail pourrez-vous accomplir le lendemain ? Rencontrerez-vous des obstacles ? La dépression s'installe. Votre esprit refuse de s'engager dans quoi que ce soit, de peur d'aggraver les choses. Vous ne voulez voir personne. Votre cerveau est en mode veille. Vous décidez de ne plus céder.

Ensuite, établissez une liste de ce que vous ferez à la place lorsque La Pulsion surgira. Certaines personnes utilisent la technique du « X rouge » :

> J'ai totalement arrêté de fantasmer sur le porno il y a environ quatre semaines. Chaque fois qu'un flashback porno me vient à l'esprit, je visualise un grand X rouge dessus et j'imagine une forte sirène d'ambulance. Si l'image persiste, je l'imagine exploser dans ma tête. La clé est de le faire immédiatement. Avec le temps, la technique devient automatique.

Si vous ne savez pas quoi faire d'autre, attendez et ne faites rien. Dites-vous : « Voici des envies. Elles sont apparues de nulle part et n'ont aucun pouvoir réel sur moi. Je ne suis pas mes pensées ; je ne les ai pas invoquées ; je ne les veux pas ; et je n'ai pas à agir en conséquence. » En général, la pensée disparaît sans laisser de trace (pendant un moment). Toutes les envies finissent par s'estomper, généralement en moins d'un quart d'heure.

Une fois que vous aurez compris que vous êtes plus fort que vos pulsions et qu'elles passent toujours, vous serez en bonne voie pour vous débarrasser du porno. Lors de mes tentatives précédentes, je cédais toujours à une mauvaise pulsion. Une fois que j'ai finalement résisté, j'ai compris que je pouvais vaincre n'importe quelle mauvaise envie. C'est précisément dans le moment où vous vous sentez le plus faible, où vous avez l'impression que la pulsion va vous vaincre, que vous devez rester fort. De l'autre côté de cette pulsion se trouve votre percée.

Voici d'autres astuces qui fonctionnent pour certaines personnes :

Votre cerveau essaiera de rationaliser l'usage de la pornographie parce qu'il en veut désespérément. L'essentiel ici est de ne pas discuter avec votre cerveau. Reconnaissez simplement que vous avez cette pensée, ou répondez : « Non. »

*

Je passe simplement mes parties sous l'eau froide dans l'évier. Ça tue les envies immédiatement. Ça aide aussi avec les douleurs aux testicules.

*

J'essaie de faire remonter l'énergie sexuelle dans ma poitrine et le haut de mon corps pour soulager la pression dans mon pantalon. Ça me donne un sentiment de puissance. Cela apaise l'envie de me masturber et me donne une impression de force prête à agir, comme si je pouvais abattre une maison ou faire l'amour avec passion – de manière consentie et ludique, bien sûr. J'adore ça.

*

Vous vous dites toujours quelque chose comme « Je le fais une dernière fois » ou « Aujourd'hui, c'est la dernière fois » ? Changez cela en « Aujourd'hui, je ne le fais pas. »

*

Vivez comme si le porno n'existait pas. Oubliez-le complètement. Ne passez pas vos journées à combattre des pulsions. Ne vous forcez pas. Acceptez l'idée que vous ne regarderez plus jamais de porno de votre vie.

Quand La Pulsion se manifeste et que vous avez l'impression de perdre le contrôle, éteignez votre appareil et réfléchissez avant d'agir. Même si vous cédez ensuite, vous le ferez en conscience, et c'est le premier pas vers le changement de comportement.

N'abandonnez jamais. Peu importe si vous réinitialisez le processus tous les deux jours pendant un mois ou deux. Si c'est le mieux que vous puissiez faire, vous utilisez déjà le porno deux fois moins qu'avant. L'histoire la plus inspirante que j'aie jamais lue concernait un gars qui avait réussi une série de quinze jours… après trois ans d'essais. Tant que vous revenez, parce que vous savez que c'est important pour votre bien, vous ne pouvez pas échouer. Ce n'est qu'une question de temps avant de réinitialiser vos circuits neuronaux et de vous libérer.

Questions courantes
Combien de temps dois-je faire un redémarrage ?
De nombreux sites qui renvoient à www.yourbrainonporn.com disent qu'il recommande 60 ou 90 jours, ou huit semaines, etc. En réalité, YBOP ne fixe aucune durée précise, car le temps nécessaire dépend de la gravité de vos problèmes liés au porno, de la façon dont votre cerveau réagit et de vos objectifs. Les délais dans les témoignages de redémarrage varient énormément parce que chaque cerveau est différent, et certains hommes souffrent de DE ou DEI persistantes induites par le porno.

Considérez un redémarrage comme l'opportunité de découvrir ce qui fait vraiment partie de vous et ce qui était lié au porno, qu'il s'agisse de dysfonctionnement sexuel, d'anxiété sociale, d'excitation excessive, de TDA, de dépression ou autre. Une fois que vous comprenez clairement comment le porno vous a affecté, vous pouvez diriger votre propre navire.

Puis-je avoir des relations sexuelles pendant mon redémarrage ?
C'est à vous de décider. Certaines personnes trouvent qu'une pause temporaire de toute stimulation sexuelle permet au cerveau de se reposer et accélère le rétablissement. En revanche, le contact affectueux quotidien est toujours bénéfique, avec ou sans sexe. Si vous ressentez que l'effet de poursuite vous déséquilibre après un rapport sexuel, vous pourriez essayer des ébats doux sans objectif d'orgasme pendant un certain temps. Cela vous apporte les bienfaits de l'intimité tout en laissant votre cerveau se reposer de la stimulation sexuelle intense. Cependant, si un redémarrage prend beaucoup de temps, des rapports sexuels avec un partenaire peuvent parfois aider à normaliser la libido.

Encore une fois, si vous pensez souffrir de DE induite par le porno, vous pourriez obtenir de meilleurs résultats en ne forçant aucune performance sexuelle jusqu'à ce que vos érections reviennent spontanément avec votre partenaire.

Dois-je éliminer la masturbation pendant le redémarrage ?
Pas nécessairement. Vous pouvez d'abord essayer de supprimer le porno, les fantasmes pornographiques et les substituts de porno. Pour certaines personnes, cela suffit à retrouver un équilibre. D'autres trouvent que la masturbation est un puissant déclencheur qui active les circuits liés au porno, et ils obtiennent de meilleurs résultats en faisant une pause temporaire.

> Chaque fois que je me disais que je ne ferais que me masturber sans retourner au porno, il ne fallait pas longtemps avant que la masturbation devienne ennuyeuse. Je fantasmais sur des souvenirs réels au début, mais mon cerveau passait rapidement à des souvenirs de scènes pornographiques et à des fantasmes irréalistes. De là, je passais à de la fiction érotique, puis à des images d'amateurs, pour finir directement par du hardcore.

D'autre part, lorsque la DE induite par le porno est présente, la majorité des redémarreurs trouvent qu'ils doivent réduire drastiquement la masturbation et l'orgasme (temporairement). Lorsqu'il y a une pathologie, vous devez généralement faire plus que simplement éliminer la cause – dans ce cas, l'usage du porno. Par exemple, vous ne guérissez pas une jambe cassée en continuant de marcher dessus. Une fois cassée, il faut la plâtrer, utiliser des béquilles et éviter de marcher pendant la guérison. Il en va de même pour la DE induite par le porno. Vous n'avez pas besoin d'un plâtre, mais vous devez donner à votre cerveau le temps de guérir, sans stimulation sexuelle intense. Cela dit, plus longtemps ne signifie pas nécessairement mieux, et certains trouvent utile de réintroduire une masturbation occasionnelle sans porno après une longue pause.

Note : ne vous forcez pas à vous masturber en utilisant des fantasmes ou d'autres aides si cela ne se produit pas spontanément.

Comment savoir si je suis revenu à la normale ?
Évidemment, il n'y a pas de réponse simple à cette question, car les objectifs diffèrent pour chacun. Parmi les objectifs courants : le retour d'érections saines, la facilité à atteindre l'orgasme pendant les rapports sexuels, la normalisation de la libido, la diminution des goûts fétichistes liés au porno, la gestion des envies, etc. Il n'est pas rare de continuer à constater des améliorations longtemps après la fin du redémarrage. Voici quelques signes encourageants :

– vous avez envie de flirter avec des partenaires potentiels, qui vous paraissent bien plus attirants ;

– vous avez fréquemment des érections matinales (ou partielles) ;

– vous pouvez atteindre l'orgasme sans ressentir un intense effet de poursuite ;

– les rapports sexuels avec un partenaire sont fantastiques (note : il se peut que vous ayez un peu d'éjaculation prématurée ou retardée au début. La pratique mène à la perfection) ;

– votre libido change : « Ma libido a disparu par intermittence pendant six mois. Mais quand elle est revenue, c'était une libido plus saine. Le désir de mater du porno et de fixer les femmes de manière sexuelle avait disparu. »

Comment savoir si je n'ai pas simplement une libido élevée ?
Arrêtez le porno et les fantasmes pornographiques et voyez ce qu'il en est de votre libido quelques semaines plus tard. Il est surprenant de constater que la plupart des redémarreurs trouvent plus facile d'éliminer la masturbation que le porno. Pour beaucoup, la masturbation n'est tout simplement pas aussi intéressante sans le porno, et ils sont étonnés de découvrir que c'est le porno, et non une libido élevée, qui alimentait leur quête constante de soulagement. Certainement, si vous ne pouvez pas vous masturber sans porno en ligne ou si votre pénis reste partiellement en érection lorsque vous le faites, ce n'est pas une question d'excitation ou de besoin de « relâchement ». Votre cerveau cherche une solution : le soulagement par un bref pic neurochimique.

La confusion entre les envies de porno (preuve de changements cérébraux et d'un apprentissage pathologique) et ce qu'on appelle une « libido élevée » donne lieu à des débats animés dans la presse populaire. Cependant, les scientifiques ont montré que les envies et la libido élevée naturelle sont distinctes. Les études trouvent peu de chevauchement entre ceux qui atteignent le seuil de comportement sexuel problématique et ceux qui ont une libido véritablement élevée.[251] Le premier cas est une dysfonction (diagnostiquée comme une « préoccupation ») impliquant une hyperréactivité aux stimuli (sensibilisation) et un manque de contrôle inhibiteur (hypofrontalité). Chez les utilisateurs de porno, ces symptômes s'accompagnent souvent d'un manque de désir pour les relations sexuelles avec un partenaire. La libido élevée, en revanche, est simplement l'enthousiasme pour l'activité sexuelle, y compris avec un partenaire.

---

251. Miner, M. H. et al. *Understanding the Personality and Behavioral Mechanisms Defining Hypersexuality in Men Who Have Sex With Men. J. Sex. Med.* 13, 1323–1331 (2016) ; Štulhofer, A., Jurin, T. & Briken, P. *Is High Sexual Desire a Facet of Male Hypersexuality? Results from an Online Study. J. Sex Marital Ther.* 42, 665–680 (2016) ; Carvalho, J., Štulhofer, A., Vieira, A. L. & Jurin, T. *Hypersexuality and high sexual desire: exploring the structure of problematic sexuality. J. Sex. Med.* 12, 1356–1367 (2015).

Réflexions finales

Rien ne devient réel tant qu'il n'est pas expérimenté. – John Keats

Si vous suspectez que votre consommation de porno pourrait vous nuire, faites une expérience simple : arrêtez pendant un certain temps et observez ce qui se passe. Il n'est pas nécessaire d'attendre que les experts atteignent un consensus. Arrêter le porno, ce n'est pas comme subir une procédure médicale non testée ou prendre un médicament risqué – des situations où des recherches définitives sont non seulement possibles, mais nécessaires. Si vous tentez cette démarche et ressentez un malaise, vous pourriez être tenté de vous demander si l'addiction au porno est un mythe. Internet étant ce qu'il est, vous trouverez facilement des personnes convaincantes affirmant cela. Même votre médecin pourrait balayer vos préoccupations. Ce scepticisme semblera d'autant plus crédible si l'abstinence vous cause des effets négatifs comme l'anxiété ou une baisse de libido. Cependant, ces symptômes, tout comme votre envie de regarder du porno ou de trouver une justification pour le faire, pourraient bien vous indiquer quelque chose d'important : la manière dont vous utilisez les stimuli omniprésents d'internet pour gérer votre humeur. Si vous n'êtes pas sûr que le porno soit un problème pour vous, arrêtez simplement, et prêtez attention à ce qui se passe.

Arrêter le porno en ligne revient à éliminer le sucre raffiné ou les graisses saturées de votre alimentation. C'est simplement renoncer à une forme de divertissement qui n'existait pas il y a peu de temps, et sans laquelle tout le monde vivait bien. Abandonner le porno est une sorte de reconstitution historique, vous permettant de vivre comme presque tout le monde l'a fait dans l'histoire. Comme l'a dit un utilisateur de porno :

> Voici le schéma :
> 1. Un comportement excitant mais nuisible à long terme est introduit pour de l'argent ;

2. Les gens deviennent accros ;

3. Des recherches précises et scientifiques prennent des décennies pour apparaître ;

4. Les accros commencent à s'informer ;

5. Ils entament l'élimination du comportement.

Le problème est que ce cycle est extrêmement destructeur. Les cigarettes furent largement introduites au début du XXe siècle et il fallut des décennies pour les réguler. Nous savons maintenant que certains types d'aliments sont nocifs. Et pourtant, en ce qui concerne la nourriture, nous sommes encore à la phase 2-3. Devinez où nous en sommes avec le porno ? Les recherches scientifiques utiles n'ont que quelques années.

Le consensus sur les risques du porno en ligne pourrait encore prendre du temps, malgré les efforts des urologues qui ont exprimé leurs préoccupations lors des conférences annuelles de l'American Urological Association,[252] y compris une équipe de la marine américaine,[253] et les mises en garde de centaines d'experts en santé sexuelle, comme le docteur britannique Anand Patel, qui conseille : « Bien qu'il soit difficile de se sevrer du porno, le retour à une excitation sexuelle normale et à une fonction érectile est tout à fait possible sans médicament. »[254] Malheureusement, les sexologues qui insistent sur le fait que le porno est exclusivement « sexuellement positif » mettront plus de temps à comprendre.

Un jeune psychiatre, lui-même récemment guéri d'une dysfonction sexuelle induite par le porno,[255] souligna que le phénomène du porno

---

252. Tarek Pacha, DO. *Part #1: Porn Induced Erectile Dysfunction (PIED): problem and scope.* (2016).
253. Thompson, D. *Study sees link between porn and sexual dysfunction.* Disponible sur : https://medicalxpress.com/news/2017-05-link-porn-sexual-dysfunction.html.
254. Patel, A. *This is the real reason young men suffer from erectile dysfunction.* Netdoctor (2017). Disponible sur : https://web.archive.org/web/20160918091534/http://www.netdoctor.co.uk/healthy-living/sexual-health/a26930/erectile-dysfunction-online-porn-young-men/.
255. Ko, C.-H. et al. *The exacerbation of depression, hostility, and social anxiety in the course of Internet addiction among adolescents: a prospective study.* Compr. Psychiatry 55, 1377–1384 (2014).

en ligne n'a que dix ou quinze ans, et qu'il devance largement la recherche. Il fit remarquer :

> La recherche médicale avance à un rythme d'escargot. Avec un peu de chance, nous aborderons ce sujet dans vingt ou trente ans... quand la moitié de la population masculine sera incapable. Les laboratoires pharmaceutiques ne peuvent pas vendre de médicaments à quelqu'un qui arrête le porno.

Peut-être n'avons-nous pas à être aussi pessimistes. Il existe déjà une trentaine d'études sur le cerveau (et douze publications d'experts en neurosciences de l'addiction[256]), sans compter des dizaines d'autres études liant l'usage problématique du porno à des dysfonctions sexuelles, une baisse de l'excitation avec de vrais partenaires, une hyperréactivité aux stimuli pornographiques, et une satisfaction sexuelle et relationnelle réduite. Ces résultats concordent avec les témoignages que j'ai assemblés depuis des années.

---

256. Park, B. Y. et al. *Is Internet Pornography Causing Sexual Dysfunctions? A Review with Clinical Reports. Behav. Sci.* 6, (2016) ; Stark, R. & Klucken, T. *Neuroscientific Approaches to (Online) Pornography Addiction.* in *Internet Addiction* 109–124 (Springer, Cham, 2017). doi:10.1007/978-3-319-46276-9_7 ; Love, T., Laier, C., Brand, M., Hatch, L. & Hajela, R. *Neuroscience of Internet Pornography Addiction: A Review and Update. Behav. Sci. Basel Switz.* 5, 388–433 (2015) ; Phillips, B., Hajela, R. & Hilton, D. L. JR. *Sex Addiction as a Disease: Evidence for Assessment, Diagnosis, and Response to Critics. Sex. Addict. Compulsivity* 22, 167–192 (2015) ; Kraus, S. W., Voon, V. & Potenza, M. N. *Neurobiology of Compulsive Sexual Behavior: Emerging Science. Neuropsychopharmacology* 41, 385–386 (2016) ; Kraus, S. W., Voon, V. & Potenza, M. N. *Should compulsive sexual behavior be considered an addiction? Addiction* 111, 2097–2106 (2016) ; Kühn, S. & Gallinat, J. *Neurobiological Basis of Hypersexuality.* in (ed. *Neurobiology, International Review of Neurobiology*) (Academic Press) ; Griffiths, M. D. *Compulsive sexual behaviour as a behavioural addiction: the impact of the internet and other issues. Addiction* 111, 2107–2108 (2016) ; Brand, M. & Laier, C. *Cybersexsucht. Suchttherapie* 16, 173–178 (2015) ; Kraus, S. W., Voon, V., Kor, A. & Potenza, M. N. *Searching for clarity in muddy water: future considerations for classifying compulsive sexual behavior as an addiction. Addiction* 111, 2113–2114 (2016) ; Brand, M., Young, K. S., Laier, C., Wölfling, K. & Potenza, M. N. *Integrating psychological and neurobiological considerations regarding the development and maintenance of specific Internet-use disorders: An Interaction of Person-Affect-Cognition-Execution (I-PACE) model. Neurosci. Biobehav. Rev.* 71, 252–266 (2016) ; Hilton Jr., D. L., Carnes, S. & Love, T. L. *The Neurobiology of Behavioral Addictions.* in *Neurobiology of Addiction* 176–190 (Oxford University Press, 2016).

Il reste encore beaucoup à apprendre sur les effets du porno en ligne. En attendant que la recherche progresse, faites confiance à votre propre expérience. Comme l'a écrit un ancien utilisateur :

> Une fois que vous avez expérimenté la vérité sur le porno par vous-même, vous ne pouvez plus être trompé par la propagande, qu'elle vienne des religieux, des libéraux ou des producteurs de porno. Ils ont tous leur *agenda*, mais vous avez des connaissances et pouvez créer votre propre opinion basée sur ce qui est le mieux pour vous.

Comprendre la science de la désinformation
Si vous vous demandez pourquoi il n'existe pas encore de consensus sur les effets du porno en ligne malgré l'avalanche de mises en garde de la part des personnes concernées et de leurs soignants, l'histoire des « Guerres du tabac » pourrait vous éclairer. Il y a des années, presque tout le monde fumait, y compris les stars de cinéma à l'écran. Les gens adoraient fumer : cela apaisait les nerfs, procurait un petit coup de fouet prévisible et donnait une allure sophistiquée. Comment une activité aussi agréable pourrait-elle vraiment être nuisible ? La nicotine était-elle vraiment addictive ? Lorsque du goudron fut trouvé dans les poumons de cadavres, des fumeurs incrédules préférèrent accuser l'asphalte.

Les études de causalité ne pouvaient être réalisées, car elles auraient nécessité de créer deux groupes aléatoires de personnes, demandant à l'un de fumer pendant des années tandis que l'autre s'abstenait – une démarche clairement non éthique. Pendant ce temps, d'autres types de preuves s'accumulaient : études de corrélation, témoignages anecdotiques de médecins et de patients, etc. Les études prospectives, comparant des groupes de sujets similaires ayant des habitudes de tabagisme différentes, prirent des décennies.

Parallèlement, les études financées par l'industrie du tabac ne montraient aucune preuve de danger ou d'addiction. De manière prévisible, chaque fois qu'une nouvelle preuve de nocivité apparaissait, l'industrie publiait des études de réfutation pour donner l'impression que les autorités étaient en conflit – et qu'il était bien trop tôt pour arrêter de fumer. Le directeur du Comité de recherche sur l'industrie du tabac déclara : « Si la fumée dans les poumons causait infailliblement le cancer, nous l'aurions tous. Nous l'aurions eu depuis longtemps. La cause est bien plus compliquée que cela. » Il rejeta également les liens statistiques en affirmant qu'ils ne prouvaient pas la « causalité ».

Cependant, la réalité finit par s'imposer. Le tabac fit de plus en plus de victimes, et la recherche sur l'addiction devint plus sophistiquée, révélant la physiologie de l'addiction à la nicotine. En fin de compte, l'emprise de l'industrie du tabac fut brisée. Aujourd'hui, les gens continuent de fumer, mais en connaissance de cause. Les efforts pour brosser un tableau trompeur de l'innocuité du tabac ont cessé.

Entre-temps, d'énormes dégâts inutiles avaient été causés. Des informations cruciales pour la santé, qui auraient dû devenir de notoriété publique en quelques années, prirent des décennies – tandis qu'une incertitude fabriquée protégeait les profits du tabac.

La campagne des géants du tabac visant à semer le doute sur le lien entre tabagisme et maladies est désormais une étude de cas classique dans une science appelée *agnotologie* : *l'étude de la production culturelle de l'ignorance*. Elle examine la diffusion délibérée de désinformation publique et de doutes dans un domaine scientifique. Comme l'explique Brian McDougal, auteur de *Porned Out* :

> Il est difficile d'imaginer qu'une génération entière ait fumé sans avoir conscience des dangers, mais la même chose se produit aujourd'hui avec le porno en ligne.

Le porno en ligne est-il le nouveau tabac ? Presque tous les jeunes hommes ayant accès à internet regardent du porno, et le pourcentage de femmes spectatrices augmente. Dès qu'une pratique devient la norme, on présume souvent, sans l'examiner, qu'elle est inoffensive ou « normale », c'est-à-dire qu'elle ne peut pas produire de résultats physiologiques anormaux. Pourtant, cela s'est révélé faux pour le tabac.

Et, tout comme pour le tabac, les études de causalité ne peuvent être menées. Il serait non éthique de créer deux groupes d'enfants, de garder l'un comme « vierges du porno » et de laisser l'autre explorer librement le porno en ligne pendant des années pour observer quel pourcentage perd l'attirance pour de vrais partenaires, devient anxieux en société, ou développe des dysfonctions sexuelles et des goûts fétichistes extrêmes.

Les études suivant des utilisateurs de porno et des non-utilisateurs sur plusieurs années pourraient ne jamais voir le jour, en particulier pour les moins de 18 ans. Trouver un groupe qui n'utilise pas de porno et un autre qui rapporte fidèlement son usage serait également un défi. À l'inverse, étudier le tabagisme était facile : soit vous fumiez, soit vous ne fumiez pas, et vous étiez parfaitement heureux de dire quelle marque de cigarettes, combien par jour, et depuis quand.

D'autres types de preuves, formelles et informelles, continuent de s'accumuler, montrant que des utilisateurs de porno en ligne rencontrent de graves problèmes, comme l'explique ce livre. Des chercheurs de renom rapportent des liens entre l'usage du porno et la dépression, l'anxiété, l'inconfort social, l'addiction/la compulsion, les fétiches et l'escalade des goûts, l'insatisfaction sexuelle et relationnelle, ainsi qu'un faible désir pour de vrais partenaires, sans oublier l'augmentation des préoccupations concernant les performances sexuelles et l'image corporelle.[257]

Heureusement, des personnes rapportent des rétablissements surprenants de divers symptômes après avoir arrêté le porno. Cependant, les centres de traitement des addictions constatent l'augmentation des cas d'addiction facilitée par le porno en ligne. Les avocats notent une hausse des divorces où l'usage du porno en ligne est un facteur, affirmation corroborée par des recherches récentes sur le lien entre usage du porno et probabilité accrue de divorce.[258] Et une méta-analyse de 2016 corréla l'usage du porno avec l'agression sexuelle[259] (toutefois, corrélation n'équivaut pas

---

257. Goldsmith, K., Dunkley, C. R., Dang, S. S. & Gorzalka, B. B. *Pornography consumption and its association with sexual concerns and expectations among young men and women. Can. J. Hum. Sex.* (2017). doi:10.3138/cjhs.262-a2
258. Perry, S. L. & Schleifer, C. *Till Porn Do Us Part? A Longitudinal Examination of Pornography Use and Divorce. J. Sex Res.* 1–13 (2017). doi:10.1080/0 0224499.2017.1317709
259. Wright, P. J., Tokunaga, R. S. & Kraus, A. *A Meta-Analysis of Pornography Consumption and Actual Acts of Sexual Aggression in General Population Studies. J. Commun.* 66, 183–205 (2016).

causalité). Alors, voulons-nous ignorer les effets secondaires possibles au nom d'une activité non essentielle comme l'orgasme induit par écran ?

La riposte de l'arrière-garde

Comme toujours dans un nouveau domaine scientifique, les progrès suscitent une certaine résistance de la part de l'arrière-garde. Les médias et les sexologues « sexpositifs » décrivent régulièrement les efforts pour comprendre et expliquer les effets potentiels du porno en ligne comme des tentatives de pathologiser des comportements sexuels divers ou de culpabiliser la sexualité. Ces affirmations détournent l'attention des preuves scientifiques.

Ces opposants n'acceptent pas non plus la prédominance des recherches en neurosciences sur le cerveau des utilisateurs de porno. Jetons un coup d'œil à l'un des courants d'opposition les plus répandus, dans le but de vous aider à devenir un consommateur mieux informé des affirmations neuroscientifiques sur les effets du porno en ligne.

Deux des trente-sept études cérébrales mentionnées ci-dessus sont souvent citées comme réfutant complètement le modèle de l'addiction au porno (Steele et al., 2013,[260] et Prause et al., 2015[261]). Cependant, leurs résultats réels racontent une autre histoire. Des experts suggèrent que les résultats de ces deux études s'alignent en réalité avec le modèle de l'addiction. Les deux études étaient des études EEG, qui mesurent l'activité électrique, ou ondes cérébrales, sur le cuir chevelu. Bien que la technologie EEG existe depuis cent ans, le débat persiste sur ce qui cause réellement les ondes cérébrales ou sur ce que signifient précisément les lectures EEG. Pourtant, bien qu'énigmatiques, elles révèlent quelque chose sur les niveaux d'activité cérébrale.

---

260. Steele, V. R., Staley, C., Fong, T. & Prause, N. *Sexual desire, not hypersexuality, is related to neurophysiological responses elicited by sexual images. Socioaffective Neurosci. Psychol.* 3, (2013).
261. Prause, N., Steele, V. R., Staley, C., Sabatinelli, D. & Hajcak, G. *Modulation of late positive potentials by sexual images in problem users and controls inconsistent with "porn addiction". Biol. Psychol.* 109, 192–199 (2015).

La sexologue formée par Kinsey, Nikky Prause, agit comme porte-parole pour ces deux études EEG. Elle affirma à plusieurs reprises que les études de 2013 et 2015 réfutent à la fois l'addiction au porno et au sexe. Ses affirmations audacieuses furent largement diffusées dans des articles souvent dépourvus d'autres perspectives scientifiques. Il semble même qu'elle ne soit plus affiliée à une institution académique.[262]

Que prouvent réellement ces études ? Et dans quelle mesure justifient-elles les affirmations à leur sujet ? Avant d'y répondre, gardons à l'esprit que chacune n'était qu'une phase d'une seule expérience. L'étude de 2013 mesura les ondes cérébrales chez des « individus ayant des difficultés à réguler leur consommation de porno », tandis que celle de 2015 mesura les réponses EEG d'un groupe témoin, puis compara les résultats aux données des sujets de 2013. En d'autres termes, la première étude n'avait pas de groupe témoin au moment de sa publication.

En ce qui concerne celle de 2013, deux affirmations sensationnalistes furent faites en contradiction directe avec les résultats réels de l'équipe. Premièrement, la porte-parole déclara que les « cerveaux de ses sujets ne réagissaient pas aux images comme ceux d'autres addicts à leur drogue ». Elle affirma également que ses résultats soutenaient l'idée que l'addiction au porno n'était rien de plus qu'un « fort désir sexuel ».[263]

Les deux études mesurèrent les lectures EEG des participants lorsqu'ils regardaient des images. Parmi celles-ci, 38 étaient sexuelles et impliquaient une femme et un homme. Les 187 autres images non sexuelles étaient classées comme agréables (le parachutisme...), neutres (un portrait...) ou désagréables (un corps mutilé...). Les lectures EEG évaluaient uniquement l'attention portée aux images, non l'excitation sexuelle ou l'activation du système de récompense.

---

262. Disponible sur : https://www.yourbrainonporn.com/relevant-research-and-articles-about-the-studies/critiques-of-questionable-debunking-propaganda-pieces/is-nicole-prause-influenced-by-the-porn-industry/ .
263. *New Brain Study Questions Existence of "Sexual Addiction"*. *Psychology Today*. Disponible sur http://www.psychologytoday.com/blog/the-sexual-continuum/201307/new-brain-study-questions-existence-sexual-addiction.

L'étude de 2013 (Steele et al.) rapporta deux découvertes EEG principales.

Premièrement, les sujets avaient des lectures EEG plus élevées pour les photos pornographiques que pour tout autre type d'image. Sans surprise, il est typique que les sujets (addicts ou non) accordent plus d'attention à un couple nu ayant des relations sexuelles qu'à la photo de quelqu'un mangeant un sandwich. Bien qu'il soit incertain que ces sujets présentent une addiction au porno, les études montrent systématiquement qu'un P300 élevé (mesure EEG) se produit lorsque des personnes présentant une addiction sont exposées à des stimuli associés à leur addiction (réactivité aux stimuli). En bref, l'attention des sujets aux images érotiques n'était certainement pas incompatible avec une addiction.

Cependant, dans sa précipitation à réfuter l'addiction au porno, la porte-parole Prause déclara dans son communiqué de presse et lors d'entretiens que les « cerveaux des sujets ne ressemblaient pas à ceux des addicts ». Ce n'est pas vrai. Les cerveaux des sujets ressemblaient beaucoup à ceux des addicts. Autrement dit, ils montraient une augmentation de l'attention en réponse aux images associées à leur comportement compulsif. Rien dans l'étude de 2013 ne soutient une telle affirmation, et l'équipe de recherche n'a pas encore divulgué la « différence cérébrale » censée exister entre ses sujets et les addicts aux drogues.

La deuxième découverte de l'étude de 2013 ? Les utilisateurs problématiques de porno présentant une activation cérébrale plus importante face au porno avaient un désir *moindre* d'avoir des relations sexuelles avec un partenaire (mais pas un désir moindre de se masturber), comparé aux utilisateurs problématiques avec une activation cérébrale moins importante. Autrement dit, les individus avec une activation cérébrale accrue et des envies de porno préféraient se masturber devant du porno plutôt que d'avoir des relations sexuelles avec une vraie personne. Cela semble bien correspondre à l'idée que certains pourraient réellement présenter une addiction. Beaucoup de gens préoccupés par leur consommation de porno rapportent qu'ils se masturbent fréquemment, mais que le sexe avec un partenaire n'est pas aussi excitant que le porno.

Pourtant, la porte-parole affirma publiquement l'opposé de ce que son équipe avait découvert, prétendant que les utilisateurs de porno avaient simplement une « libido élevée ». Pour rappel, le désir de ses sujets pour des relations sexuelles avec un partenaire diminuait à mesure que leurs envies de porno augmentaient. Pas moins de cinq articles évalués par des pairs soulignèrent que les résultats de cette étude étaient cohérents avec le modèle de l'addiction au porno.[264]

Deux ans plus tard, en 2015, Prause et son équipe comparèrent un véritable groupe témoin aux sujets de 2013 et produisirent une seconde étude (Prause et al.).[265] Les sujets témoins montrèrent des pics prévisibles dans les lectures EEG lorsqu'ils regardaient des images de porno « vanille », et ces pics étaient légèrement plus élevés que ceux des utilisateurs problématiques de porno de 2013. En d'autres termes, tant les témoins que les utilisateurs problématiques enregistrèrent des pics EEG en réponse au porno, mais les utilisateurs problématiques y accordèrent légèrement moins d'attention que les témoins. Cela suggère que leur cerveau ne trouvait pas les images sexuelles aussi intéressantes que ceux des témoins.

Lors de l'étude précédente, la porte-parole de l'équipe déclara que le pic dans les lectures EEG des utilisateurs problématiques signifiait qu'ils ne présentaient pas d'addiction. Cette fois-ci, elle affirma que les lectures EEG (comparativement) plus faibles des utilisateurs problématiques réfutaient l'addiction au porno. En réalité, des lectures EEG plus faibles indiquent que les utilisateurs problématiques prêtaient moins d'attention aux images, comparé aux témoins sains.

---

264. Park, B. Y. et al. *Is Internet Pornography Causing Sexual Dysfunctions? A Review with Clinical Reports.* Behav. Sci. 6, (2016) ; Banca, P. et al. *Novelty, conditioning and attentional bias to sexual rewards.* J. Psychiatr. Res. 72, 91–101 (2016) ; Kunaharan, S., Halpin, S., Sitharthan, T., Bosshard, S. & Walla, P. *Conscious and Non-Conscious Measures of Emotion: Do They Vary with Frequency of Pornography Use?* Appl. Sci. 7, 493 (2017) ; Love, T., Laier, C., Brand, M., Hatch, L. & Hajela, R. *Neuroscience of Internet Pornography Addiction: A Review and Update.* Behav. Sci. Basel Switz. 5, 388–433 (2015) ; Hilton, D. L. *'High desire', or 'merely' an addiction? A response to Steele et al.* Socioaffective Neurosci. Psychol. 4, (2014).
265. Prause, N., Steele, V. R., Staley, C., Sabatinelli, D. & Hajcak, G. *Modulation of late positive potentials by sexual images in problem users and controls inconsistent with "porn addiction".* Biol. Psychol. 109, 192–199 (2015).

Plus simplement, les consommateurs fréquents de porno semblaient désensibilisés (ennuyés, habitués) aux images statiques de porno vanille. Cette conclusion s'aligne parfaitement avec d'autres études cérébrales sur les utilisateurs de porno en ligne, toutes jugées cohérentes avec le modèle de l'addiction par des experts. Par exemple, Kühn & Gallinat[266] découvrirent également que la consommation plus importante de porno était corrélée à une moindre activation cérébrale en réponse à des images de porno vanille. De même, Banca et al.[267] constatèrent que les personnes présentant une addiction au porno s'habituent plus rapidement aux images sexuelles. Les auteurs de l'étude Banca avertirent qu'une réponse cérébrale lente pourrait pousser à une escalade vers des contenus plus extrêmes, ce qui peut être un signe d'addiction.

La source de la confusion réside dans le fait que, superficiellement, il semble que l'étude de 2013 ait rapporté des pics EEG plus élevés pour les utilisateurs problématiques de porno, tandis que l'étude de 2015 ait rapporté des pics EEG plus faibles pour ces mêmes utilisateurs. La distinction clé est : « Pics EEG comparés à qui ? » L'étude de 2013 mesura seulement les utilisateurs problématiques de porno et compara leurs pics EEG pour le porno à ceux pour des images non pornographiques. Les pics pour le porno étaient plus élevés que pour tout autre type d'image. En revanche, l'étude de 2015 compara les pics EEG des utilisateurs problématiques de 2013 à ceux d'un nouveau groupe témoin. Les pics élevés pour le porno des utilisateurs problématiques étaient légèrement inférieurs à ceux des témoins.

Les études sur le porno en ligne et leur interprétation sont compliquées par le fait que regarder des images pornographiques (statiques ou vidéos) constitue le comportement addictif plutôt qu'un simple déclencheur. En comparaison, regarder des images de bouteilles de vodka est un déclencheur pour un alcoolique (car on ne peut pas siroter une image). Bien qu'un tel déclencheur puisse activer davan-

---

266. Kühn, S. & Gallinat, J. *Brain Structure and Functional Connectivity Associated With Pornography Consumption: The Brain on Porn.* JAMA Psychiatry 71, 827–834 (2014).
267. Banca, P. et al. *Novelty, conditioning and attentional bias to sexual rewards.* J. Psychiatr. Res. 72, 91–101 (2016).

tage le cerveau d'un alcoolique que celui d'un témoin, l'alcoolique a besoin de boire plus d'alcool pour ressentir le même effet qu'un non-alcoolique. De même, les gros consommateurs de porno dans les études de Kühn et Prause semblaient avoir besoin de stimulations plus intenses pour ressentir leur excitation. Ils ne réagissaient pas normalement à de simples images statiques. Les experts considèrent cela comme une preuve de tolérance (et de changements cérébraux liés à l'addiction).

Jusqu'à présent, six articles évalués par des pairs contestent l'interprétation de la porte-parole de l'équipe concernant le deuxième article.[268] Tous suggèrent que l'étude de 2015 mit en évidence une désensibilisation/habituation (conforme aux prédictions du modèle de l'addiction) chez les utilisateurs fréquents de porno. Cependant, Prause continue d'affirmer que son équipe réfuta le modèle de l'addiction.

Certaines critiques évaluées par des pairs soulignent également des défauts méthodologiques graves dans ces deux études. Premièrement, l'étude EEG de 2013 n'avait pas de groupe témoin composé de personnes ne présentant pas d'addiction pour comparaison, bien qu'un groupe témoin soit indispensable pour étayer les affirmations présentées. Deuxièmement, bon nombre des utilisateurs problématiques de porno inclus dans l'expérience n'étaient pas réellement des personnes présentant une addiction au porno. Dans les études comparant les schémas d'activation cérébrale de

---

268. Park, B. Y. et al. *Is Internet Pornography Causing Sexual Dysfunctions? A Review with Clinical Reports. Behav. Sci.* 6, (2016) ; Kunaharan, S., Halpin, S., Sitharthan, T., Bosshard, S. & Walla, P. *Conscious and Non-Conscious Measures of Emotion: Do They Vary with Frequency of Pornography Use? Appl. Sci.* 7, 493 (2017) ; Love, T., Laier, C., Brand, M., Hatch, L. & Hajela, R. *Neuroscience of Internet Pornography Addiction: A Review and Update. Behav. Sci. Basel Switz.* 5, 388–433 (2015) ; Kraus, S. W., Voon, V. & Potenza, M. N. *Neurobiology of Compulsive Sexual Behavior: Emerging Science. Neuropsychopharmacology* 41, 385–386 (2016) ; Kraus, S. W., Voon, V. & Potenza, M. N. *Should compulsive sexual behavior be considered an addiction? Addiction* 111, 2097–2106 (2016) ; Gola, M. *Decreased LPP for sexual images in problematic pornography users may be consistent with addiction models. Everything depends on the model.* (Commentary on Prause, Steele, Staley, Sabatinelli, & Hajcak, 2015). *Biol. Psychol.* 120, 156–158 (2016).

ceux avec ou sans addiction, il est essentiel d'établir qui utilise le porno de manière compulsive et qui ne le fait pas. Contrairement à d'autres études sur l'addiction au porno, ces chercheurs n'évaluèrent pas préalablement les sujets à l'aide d'un outil de mesure de la consommation de porno en ligne. Au contraire, ils furent recrutés à Pocatello, Idaho, via des annonces en ligne cherchant des participants « rencontrant des problèmes pour réguler leur consommation d'images sexuelles ».

Dans une interview de 2013, la porte-parole admit qu'un certain nombre de sujets rencontraient seulement des problèmes mineurs (c'est-à-dire qu'ils ne présentaient pas d'addiction). Comment peut-on « réfuter le modèle de l'addiction » sans recruter et étudier des sujets qui seraient considérés comme présentant une addiction ?[269]

Troisièmement, les chercheurs ne dépistèrent pas les troubles mentaux, les comportements compulsifs ou d'autres addictions chez les sujets. Cela est crucial dans toute étude cérébrale sur l'addiction pour garantir que les chercheurs mesurent les effets potentiels de l'addiction et non ceux d'un autre trouble.

Quatrièmement, et peut-être plus sérieusement, les sujets de l'étude n'étaient pas homogènes. Ils incluaient des hommes et des femmes, dont sept non-hétérosexuels, mais tous étaient exposés à un porno standard, probablement peu intéressant, mettant en scène un homme et une femme. Cela seul invalide les conclusions. Pourquoi ? Étude après étude, il est confirmé que les hommes et les femmes ont des réponses cérébrales significativement *différentes* face aux images ou films sexuels. C'est pourquoi les chercheurs sérieux en addiction choisissent soigneusement leurs sujets.

Ces défauts, qui rendent les résultats non interprétables, pourraient expliquer pourquoi des neuroscientifiques omirent ces études dans des revues récentes de la littérature.[270]

---

269. Gola, M. *Decreased LPP for sexual images in problematic pornography users may be consistent with addiction models. Everything depends on the model.* (Commentary on Prause, Steele, Staley, Sabatinelli, & Hajcak, 2015). *Biol. Psychol.* 120, 156–158 (2016).

270. Stark, R. & Klucken, T. *Neuroscientific Approaches to (Online) Pornography Addiction.* in *Internet Addiction* 109–124 (Springer, Cham, 2017). doi:10.1007/978-3-319-46276-9_7 ; Kühn, S. & Gallinat, J. *Neurobiological*

Il est facile de trouver des articles en ligne se basant sur les affirmations de Prause selon lesquelles « l'addiction au porno a été réfutée » ou « invalidée » par ces deux études EEG. Néanmoins, ses affirmations demeurent incorrectes. Les informations générées par ces études ne soutiennent pas les conclusions qu'elle en tire. Pire, les problèmes méthodologiques signifient que ces informations ne soutiennent de manière fiable aucune conclusion.

Un autre argument souvent mis en avant par Prause est que l'addiction n'existe pas ; il n'existe que « la tendance culturelle à qualifier de "troubles addictifs" la honte sexuelle liée à certains comportements sexuels ».[271] Elle qualifia également les forums de rétablissement en ligne de « forums de culpabilisation ».

La revendication de la honte est fréquente parmi des blogueurs et chercheurs, dont certains semblent d'anciens religieux ou réagir à une éducation conservatrice. Cependant, cette affirmation est déconcertante, car la majorité des membres des forums les plus populaires sur le rétablissement de la consommation de porno en ligne semblent agnostiques ou athées[272] et continueraient volontiers à utiliser le porno s'ils n'étaient pas préoccupés par des symptômes graves. Toute honte qu'ils ressentent est liée à leur incapacité temporaire à contrôler leur usage, et non à une honte sexuelle. De plus, il y a peu de preuves que les participants de ces forums cherchent à se culpabiliser mutuellement. Les visiteurs de sites comme reddit/nofap s'étonnent souvent du soutien mutuel et de la bienveillance de leurs membres.

En outre, il n'existe aucune preuve que tout type de honte amène les changements cérébraux bien connus et liés à l'addiction que des neuroscientifiques respectés observent chez les utilisateurs de

---

Basis of Hypersexuality. in (ed. *Neurobiology, International Review of Neurobiology*) (Academic Press).
271. Disponible sur : https://www.yourbrainonporn.com/relevant-research-and-articles-about-the-studies/critiques-of-questionable-debunking-propaganda-pieces/is-nicole-prause-influenced-by-the-porn-industry/.
272. *NoFap April 2012 Survey - Summary Results.pdf. NoFap 2012 Survey - Google Docs.* Disponible sur : https://drive.google.com/a/reuniting.info/file/d/0B7q3tr4EV02weTFmV0oySnpJZjA/view.

porno. Au contraire, tout porte à croire que ces changements sont à l'origine des témoignages d'addiction et de conditionnement sexuel non désiré.

Certains sexologues ne sont pas les seuls à insister sur l'innocuité, voire les bienfaits, de la consommation de porno, en s'appuyant souvent exclusivement sur leurs propres travaux. Il n'est pas rare non plus que des conseillers en sexualité rejettent des études, qu'elles soient corrélationnelles, longitudinales ou autres, du fait qu'elles contredisent leur point de vue.

Certains réclament des « études en double aveugle » avant de prendre au sérieux les prétendus effets nocifs. Bien que cela semble rigoureusement scientifique – après tout, qui pourrait s'opposer à quelque chose d'aussi respectable que le « double aveugle » ? – c'est en fait profondément absurde. « Double aveugle » signifie que ni l'investigateur ni le sujet ne savent qu'une variable a été modifiée. Par exemple, aucun des deux ne sait qui reçoit un médicament ou un placebo. « Simple aveugle » signifie que l'investigateur sait, mais pas le sujet. Il devrait être évident qu'aucun de ces types d'études n'est possible dans le cas de la consommation de porno. Le sujet saura toujours s'il ou elle a arrêté d'utiliser du porno. Si quelqu'un réclame des « études en double aveugle » dans ce contexte, vous pouvez être sûr d'une chose : il ne sait pas de quoi il parle.

Comme je l'ai dit, l'expérience causale la plus éclairante possible est menée actuellement par des milliers de personnes sur divers forums en ligne. Les utilisateurs de porno éliminent une seule variable qu'ils ont tous en commun : la consommation de porno. Cette « étude » n'est pas parfaite. D'autres variables jouent également dans leur vie, mais cela est tout aussi vrai dans une étude formelle testant, par exemple, les effets d'antidépresseurs. Les sujets auront toujours des régimes alimentaires, des situations relationnelles, des enfances, etc., différents. Il est grand temps que des chercheurs académiques objectifs suivent l'exemple des pionniers en ligne et conçoivent des recherches qui révèlent une direction causale non sujette à interprétations politisées.[273]

---

273. Wilson, G. *Eliminate Chronic Internet Pornography Use to Reveal Its Effects.* ADDICTA Turk J Addict 3, 1–13 (2016).

Certains experts pensent que les détracteurs de l'addiction au porno ne sont pas très différents des lobbyistes de l'industrie du tabac.[274] La divergence est que leurs motivations semblent souvent découler d'un « positivisme sexuel » non critique.

Éducation – De quel type et par qui ?

Que s'est-il passé lorsque des chercheurs posèrent des questions basées sur la réalité des adolescents plutôt que sur des théories de chercheurs ? Les données s'alignèrent immédiatement avec les récits de ce livre.

Une étude sur le sexe anal auprès d'hommes et de femmes âgés de 16 à 18ans[275] analysa un large échantillon qualitatif provenant de trois sites diversifiés en Angleterre. Les chercheurs rapportèrent que « Peu de jeunes hommes ou femmes déclarèrent trouver le sexe anal plaisant, et tous s'attendaient à ce que le sexe anal soit douloureux pour les femmes. »

Pourquoi les couples s'engagent-ils dans le sexe anal si aucune des parties ne le trouve agréable ? « Les principales raisons données par les jeunes pour avoir des relations sexuelles anales étaient que les hommes voulaient copier ce qu'ils voyaient dans la pornographie, et que "c'est plus serré". Et "les gens doivent aimer ça s'ils le font" (énoncé parallèlement à l'attente apparemment contradictoire que ce sera douloureux pour les femmes). »

Cela ressemble à un exemple parfait de conditionnement cérébral adolescent : « Voilà comment ça se fait ; c'est ce que je devrais faire. » À cela s'ajoute le désir de se vanter auprès de ses pairs de pouvoir reproduire les actes vus dans le porno.

Cependant, les consommateurs de porno peuvent également rechercher des pratiques sexuelles plus « osées » et une stimulation

---

274. Hatch, L. *The Bogus Sex Addiction 'Controversy' and the Purveyors of Ignorance. Psych Central.com.* Disponible sur : https://web.archive.org/web/20170106094358/http://blogs.psychcentral.com/sex-addiction/2014/03/the-bogus-porn-addiction-controversy-and-the-purveyors-of-ignorance/.
275. Marston, C. & Lewis, R. *Anal heterosex among young people and implications for health promotion: a qualitative study in the UK.* BMJ Open 4, e004996 (2014).

plus intense (« plus serrée ») en raison de la diminution de la sensibilité au plaisir (désensibilisation) signalée chez les utilisateurs de porno d'aujourd'hui. Si tel est le cas, les adolescents ont besoin de bien plus que de simples « discussions sur le plaisir, la douleur, le consentement et la coercition » (recommandées par les chercheurs sur le sexe anal). Les jeunes consommateurs doivent également apprendre comment la surstimulation chronique peut modifier leur cerveau et les pousser à rechercher une stimulation de plus en plus intense.

Déjà, les adolescents réalisent que le porno a des effets indésirables sur leur vie. Un sondage de 2014 auprès de jeunes de 18 ans à travers le Royaume-Uni[276] révéla les résultats suivants :

– La pornographie peut être addictive :
D'accord : 67 % – Pas d'accord : 8 %

– La pornographie peut avoir un impact néfaste sur les opinions des jeunes sur le sexe ou les relations :
D'accord : 70 % – Pas d'accord : 9 %

– La pornographie conduit à une pression sur les filles ou jeunes femmes pour agir d'une certaine manière :
D'accord : 66 % – Pas d'accord : 10 %

– La pornographie conduit à des attitudes irréalistes envers le sexe : **D'accord : 72 % – Pas d'accord : 7 %**

– Il n'y a rien de mal à regarder de la pornographie :
D'accord : 47 % – Pas d'accord : 19 %

Est-il possible que les adolescents ayant grandi avec le porno en streaming et observé les effets sur leurs pairs en sachent plus sur son impact que les sexologues qui s'efforcent de les éduquer ? Seuls 19 % des adolescents considèrent qu'il y a quelque chose de mal à regarder de la pornographie, mais plus des deux tiers perçoivent ses effets néfastes. Ces résultats suggèrent que de nombreux jeunes ne correspondent pas au récit de la sexologie sur le

---

[276]. *Researchers find time in wild boosts creativity, insight and problem solving.* The University of Kansas (2012). Disponible sur https://news.ku.edu/2012/04/23/researchers-find-time-wild-boosts-creativity-insight-and-problem-solving.

porno. Ils ne pensent pas qu'il est mal de regarder de la pornographie, c'est-à-dire qu'ils ne la rejettent pas (on peut supposer) pour des raisons puritaines ou par une honte liée à une vision « négative » de la sexualité. Pourtant, beaucoup de ceux qui n'ont aucune objection au porno en soi croient qu'il peut causer de sérieux problèmes. Étant donné les preuves, nous devons écouter les utilisateurs d'aujourd'hui et leurs pairs, car le phénomène évolue à une vitesse fulgurante. Il semble futile d'essayer de tenir les adolescents totalement à l'écart de contenus explicites, et gravement irresponsable de ne pas les informer correctement de ses dangers potentiels.

Alors, que faisons-nous pour préparer les (futurs) utilisateurs de porno afin qu'ils puissent, comme les fumeurs, faire des choix éclairés ? Peut-être avez-vous entendu que l'éducation est la solution. Je suis d'accord, mais une telle éducation doit être assurée par des experts formés en sciences du cerveau. Les consommateurs doivent être informés des symptômes signalés par les utilisateurs de porno en ligne d'aujourd'hui, ainsi que de la manière dont le cerveau apprend, de la façon dont la surconsommation chronique peut le détériorer (conditionnement sexuel, addiction), et ce qu'implique l'inversion de ces changements cérébraux indésirables.

En outre, tous les âges peuvent bénéficier de connaissances sur le fonctionnement du mécanisme primitif d'appétit du cerveau, le circuit de récompense, dont les priorités sont définies par l'évolution : favoriser la survie et le succès génétique. Ce mécanisme dit « Oui ! » à plus de calories ou à davantage d'« opportunités de fécondation », quelles que soient les conséquences potentielles.

Le public doit également savoir que l'équilibre du circuit de récompense est indispensable pour le bien-être émotionnel, physique et mental tout au long de la vie, en raison de son influence sur nos perceptions et nos priorités, souvent à notre insu. Et il doit être informé des méthodes qui aident à maintenir cet équilibre du circuit de récompense : exercice physique et autres stress bénéfiques, temps passé dans la nature, amitiés, relations saines, méditation, etc.

Une fois que nous commençons à réfléchir clairement à la neuroplasticité, nous sommes inévitablement amenés à nous demander ce que nous voulons de la vie – ce que nous considérons comme une bonne vie. Chacun de nous doit répondre à cette question pour soi-même, mais nous sommes mieux à même d'y parvenir lorsque nous comprenons les menaces que des substances et comportements posent à notre capacité de choisir la vie que nous désirons. L'autodétermination exige que nous nous comprenions du mieux possible.

Lorsque nous avons affaire à des jeunes, nous avons une responsabilité encore plus grande de comprendre les risques que peuvent poser les contenus sexuels explicites. Les adolescents ne peuvent pas décider en toute sécurité, seuls, de ce qui constitue une bonne vie, et il y a des raisons de penser que la perturbation de leurs circuits de récompense peut provoquer des conséquences plus graves que chez les adultes. Ainsi, j'aimerais également voir une éducation généralisée sur les vulnérabilités uniques du cerveau adolescent en matière de conditionnement sexuel et d'addiction. Les cerveaux des adolescents sont plus plastiques que ceux des adultes, et d'un point de vue évolutif, leur tâche la plus importante est de s'adapter à leur environnement sexuel pour pouvoir se reproduire avec succès.

Emmenez les jeunes à la campagne et faites-leur mesurer les effets physiologiques que cela a sur eux. Aidez-les à apprécier les possibilités de connexion et d'épanouissement qui n'ont pas besoin d'accès wifi. Encouragez-les à faire une pause loin des écrans. Nous en savons beaucoup plus sur le fonctionnement du cerveau qu'il y a seulement quelques années. Nous avons le devoir de partager ces connaissances avec les jeunes et de les aider à s'épanouir dans une culture où des fortunes sont bâties sur la solitude et l'addiction.

Au lieu de cela, on entend parfois que les écoles devraient seulement enseigner aux enfants le consentement, le harcèlement des personnes différentes, les dangers de la honte sexuelle et la manière de distinguer le « bon porno » du « mauvais porno ». Par exemple, en 2013, le *Daily Mail* proclamait : « Les enseignants devraient donner des leçons sur la pornographie et dire aux élèves "ce n'est pas si mauvais", affirment des experts. » L'idée avancée est que tout ce que l'on doit savoir pour apprécier le porno est la différence entre fantasme et réalité.

Il n'existe malheureusement pas la moindre preuve scientifique soutenant l'idée que diriger les jeunes vers du « bon porno » préviendra les problèmes ou les préparera à l'environnement hyperstimulant d'aujourd'hui. Une telle pensée va en fait à l'encontre de centaines d'études en neurosciences sur l'addiction à internet et des recherches sur les utilisateurs de porno en ligne.[277] Toutes suggèrent que le véritable danger réside dans internet lui-même, c'est-à-dire dans la disponibilité à la demande d'une stimulation infiniment séduisante. Même si les utilisateurs se limitent au « bon porno », ils risquent toujours de perdre leur attraction pour des partenaires réels s'ils conditionnent involontairement leur réponse sexuelle à des écrans, au voyeurisme, à l'isolement et à la capacité de passer à plus de stimulation en un clic.

> Je ne regarde que des images fixes de femmes athlétiques, mais je cherche cette fille ou cette image qui me fera jouir, donc je parcours des centaines d'images par session. Ma copine actuelle correspond en réalité à ce qui m'excite habituellement. Bien que je sois très attiré par elle, je remarque des érections faibles. Je pense que mon cerveau s'est reprogrammé pour s'habituer à l'aspect « recherche » ainsi qu'à la variété et au confort de ne pas avoir à plaire à quelqu'un d'autre que moi-même.

Regarder du « bon porno » n'éliminera pas les risques, pas plus que laisser les spectateurs dans l'ignorance des dangers potentiels par peur de les culpabiliser. Pour les utilisateurs dont les cerveaux s'adaptent facilement à la surstimulation (et en souffrent en conséquence), dans un monde où des images sexuellement excitantes sont accessibles instantanément et sans fin, peut-on réellement parler de « bon » porno numérique ? Une seule image explicite ne causera probablement pas de problèmes, tout comme une cuillère de sucre ne provoquera pas de diabète, mais, sur internet, le sucre est partout. Qu'ils soient religieux, ex-religieux ou non religieux, les utilisateurs sont confrontés à la nouveauté érotique inépuisable du Web, un stimulus supernormal risqué.

---

277. Banca, P. et al. *Novelty, conditioning and attentional bias to sexual rewards. J. Psychiatr. Res.* 72, 91–101 (2016).

Il est également évident qu'enseigner une « sexualité réaliste » ne dissuade pas les adolescents d'accéder à des contenus extrêmes lorsqu'ils sont livrés à eux-mêmes. Les cerveaux adolescents ont évolué avec une attirance pour l'étrange et le merveilleux ; ils sont puissamment attirés par la nouveauté et la surprise. Une politique naïve consistant à leur montrer uniquement du contenu « approprié » reviendrait à leur remettre un vieux numéro de *Playboy* en leur disant que les seules pages acceptables se trouvent entre les pages cinq et huit. Adolescent, quelles pages auriez-vous tourné en premier ?

Pendant que nous sommes sur le sujet, les hypothèses sur le bon porno et le mauvais porno, ainsi que celles sur la culpabilisation sexuelle, pourraient découler d'intentions moins nobles. Elles préparent le terrain pour des débats interminables sur les valeurs. Elles invitent les voix les plus bruyantes et leurs journalistes dévoués à plaider en faveur des types de porno qu'ils préfèrent tout en affirmant que leurs critiques cherchent à imposer leurs normes arbitraires de « culpabilisation ». Pourtant, comme le montrent les recherches,[278] le contenu du porno et l'orientation du spectateur pourraient être de moindre importance par rapport à la méthode de diffusion. Depuis l'avènement des clips en streaming de vidéos porno, l'escalade et la transformation des goûts sexuels, une gamme de dysfonctionnements sexuels et une perte d'attraction pour des partenaires réels semblent toucher un pourcentage dans tous les groupes : homosexuels, hétérosexuels et autres. C'est la manière dont les utilisateurs peuvent se surstimuler qui semble créer les problèmes.

---

278. Janssen, E. & Bancroft, J. *The Psychophysiology of Sex., Chapter: The Dual-Control Model: The role of sexual inhibition & excitation in sexual arousal and behavior.* in *The Psychophysiology of Sex* 197–222 (Indiana University Press, 2007) ; Downing, M. J., Schrimshaw, E. W., Scheinmann, R., Antebi-Gruszka, N. & Hirshfield, S. *Sexually Explicit Media Use by Sexual Identity: A Comparative Analysis of Gay, Bisexual, and Heterosexual Men in the United States. Arch. Sex. Behav.* (2016). doi:10.1007/s10508-016-0837-9

À propos de ce danger, personne ne sait encore ce que la pornographie en réalité virtuelle apportera, mais les rapports provenant à la fois du laboratoire[279] et de la vie réelle[280] sont inquiétants :

> La réaction de tout le monde à qui je l'ai montré est la même : « Bordel. C'est intense. Ça va tout changer. »

*

> J'étais un des premiers à adopter la VR… et, en 2015, les choses ont vraiment commencé à décoller, mais mon addiction aussi. Pour la première fois de ma vie, je me suis retrouvé à payer pour du porno parce que je ne voulais pas attendre que les torrents soient disponibles !

*

> J'ai 42 ans et je pratique le PMO [pornographie + masturbation + orgasme] presque quotidiennement depuis mes 12 ans. Je n'ai jamais eu de problèmes avec la DEIP [dysfonction érectile induite par le porno]. Cela fait seulement quelques mois que j'ai été exposé au porno en réalité virtuelle – peut-être deux fois par mois. Mais même cette exposition limitée a déclenché des problèmes de DEIP. Ça n'en vaut tout simplement pas la peine.

*

> On doit vraiment faire quelque chose pour combattre cette merde. Les gamins qui grandissent dans un monde de porno en VR vont vivre un enfer. Pour l'industrie du porno, ce seront des poissons faciles à pêcher. C'est à nous, ceux qui ont la connaissance, l'expérience et les moyens, d'aider la future génération. On pourrait être la génération qui met fin au porno, si on combine nos énergies. Mais si on rendait au moins notre message aussi clair qu'une paire de seins en pixels, on pourrait donner à la prochaine génération d'hommes une chance de se battre !

---

279. Blair, O. *Virtual reality pornography could raise issues about consent, researchers warn | The Independent.* Disponible sur : http://www.independent.co.uk/life-style/love-sex/porn-virtual-reality-pornography-consent-issues-reality-fantasy-tech-a7744536.html.

280. Zolo, M. *I tried VR porn, and we are F**KED.* | *Naughty Nomad,* Disponible sur : http://naughtynomad.com/2016/11/02/i-tried-vr-porn-and-we-are-fked.

Pour l'instant, recentrons le débat sur les effets de la pornographie sur ses utilisateurs et sur les données scientifiques solides qui aident à expliquer ce qu'ils traversent. Dans ce processus, nous pouvons tous apprendre beaucoup sur la sexualité humaine.

En fin de compte, une telle focalisation servira également les utilisateurs de porno. Comme les fumeurs, ils pourront faire des choix éclairés sur l'usage de la pornographie avec une pleine connaissance de ses risques pour des cerveaux plastiques comme les nôtres.

Nous sommes ce que nous faisons de manière répétée. — Aristote

Postface

Le livre de Gary Wilson est encore plus pertinent aujourd'hui qu'à sa publication en décembre 2017. Il a été pionnier dans l'explication des causes profondes de nombreux problèmes de santé mentale[281] et physique liés à l'utilisation problématique de la pornographie aujourd'hui : dysfonctionnements sexuels chez les jeunes hommes ;[282] perte d'intérêt pour les partenaires réels ; diminution de la satisfaction dans les relations sexuelles ; escalade vers des types de pornographie que les utilisateurs trouvaient auparavant répugnants ; ainsi que dépression et anxiété sociale. Ces évolutions se produisent en grande partie à l'insu du grand public. Les pays assistent à une augmentation des abus sexuels entre enfants, du sexting coercitif, ainsi qu'à une augmentation alarmante des strangulations et des agressions sexuelles. Ces problèmes sont influencés, entre autres, par la consommation massive et généralisée de pornographie.

L'industrie pornographique joue un rôle déterminant dans la suppression des informations relatives aux risques pour la santé liés à la pornographie dans les médias grand public. Les gouvernements

---

281. Une étude italienne réalisée en 2024 montre que la consommation problématique de pornographie est associée à des niveaux plus élevés d'anxiété, de dépression, de stress, de solitude et d'idées suicidaires, ainsi qu'à une moindre satisfaction dans la vie. *Problematic Pornography Use, Mental Health, and Suicidality among Young Adults, Mujde Altin, Diego De Leo, Noemi Tribbia, Lucia Ronconi, Sabrina Cipolletta* ; https://pubmed.ncbi.nlm.nih.gov/39338111/.

282. Une étude de 2021 indique que « parmi les participants qui avaient commencé à se masturber devant du porno à un très jeune âge (<10 ans), 58 % (11/19) souffraient d'une forme de dysfonction érectile [dysfonction érectile] (P = 0,01) contre 20,7 % (61/295) dans le groupe qui avait commencé entre 10 et 12 ans, 20,8 %)... Conclusions : cette prévalence de la dysfonction érectile chez les jeunes hommes est alarmant

Associations entre la consommation de pornographie en ligne et les dysfonctionnements sexuels chez les jeunes hommes : analyse multivariée basée sur une enquête internationale en ligne ;

Associations Between Online Pornography Consumption and Sexual Dysfunction in Young Men: Multivariate Analysis Based on an International Web-Based Survey ; Tim Jacobs, Björn Geysemans, Guido Van Hal, Inge Glazemakers, Kristian Fog-Poulsen, Alexandra Vermandel, Stefan De Wachter, Gunter De Win. https://publichealth.jmir.org/2021/10/e32542/

du monde entier ne prennent que lentement conscience de l'impact dévastateur que le conditionnement sexuel et la dépendance à la pornographie sur internet ont sur nos jeunes populations. En conséquence, ils cherchent à introduire une législation sur la vérification de l'âge qui exigera des contrôles « efficaces » de l'âge des utilisateurs potentiels. L'objectif est d'empêcher les enfants d'accéder facilement à la pornographie violente hardcore, qui conditionne leur comportement. L'industrie pornographique, ainsi que plusieurs géants de la technologie, font pression sur les gouvernements pour éviter, ou du moins retarder, cette législation protectrice.

Il ne s'agit pas seulement des sites pornographiques, car les réseaux sociaux, particulièrement populaires auprès des enfants et des jeunes adultes, constituent une autre nouvelle frontière. Certains utilisent des plateformes telles que X comme principale source de pornographie. Même certains sites de jeux vidéo contiennent des thèmes pornographiques et du matériel pédopornographique. Les filles sont également visées. Only Fans, qui contient principalement de la pornographie, fait de la publicité sur des applications gratuites telles que la très populaire plateforme TikTok, afin d'inciter les jeunes filles au début de l'adolescence à devenir des *performeuses* sexuelles lorsqu'elles atteindront l'âge de 18 ans.

Les parents, les professionnels de la santé, de l'éducation et du droit, et les politiciens doivent comprendre la vulnérabilité du cerveau des adolescents face à la nouveauté constante et aux stimuli au-delà de la normale disponibles sur internet. Ils pourront ainsi aider les enfants et les adultes à traverser en toute sécurité les défis de la puberté et de l'adolescence dans un environnement en profonde mutation.

La bonne nouvelle, c'est que lorsque les utilisateurs arrêtent de consommer du porno, les problèmes qu'il provoque diminuent ou disparaissent souvent. Ce livre contribue grandement à aider les adultes et les enfants dans ce choix.

Mary Sharpe
The Reward Foundation

Lectures complémentaires

Burnham, Terry et Phelan, Jay, *Mean Genes: From Sex to Money to Food Taming Our Primal Instincts,* New York : Basic Books, 2000.

Chamberlain, Mark, PhD et Geoff Steurer MS, LMFT, *Love You, Hate the Porn: Healing a Relationship Damaged by Virtual Infidelity,* Salt Lake City : Shadow Mountain, 2011.

Church, Noah B.E., *Wack: Addicted to Internet Porn,* Portland : Bvrning Qvestions, LLC, 2014.

Doidge, Norman, MD, *The Brain That Changes Itself,* New York : Viking, 2007. [Disponible en français sous le titre *Les étonnants pouvoirs de transformation du cerveau,* Pocket, 2010.]

Fisch, Harry, MD, *The New Naked: The Ultimate Sex Education for Grown-Ups,* Naperville : Sourcebooks, Inc. 2014.

Fradd, Matt, *The Porn Myth: Exposing the Reality Behind the Fantasy of Pornography,* Ignatius Press, 2017.

Hall, Paula, *Understanding and Treating Sex Addiction: A Comprehensive Guide For People Who Struggle With Sex Addiction And Those Who Want To Help Them,* East Sussex : Routledge, 2013.

McDougal, Brian, *Porned Out: Erectile Dysfunction, Depression, And 7 More (Selfish) Reasons To Quit Porn,* Kindle ebook, 2012.

Maltz, Wendy, LCSW, DST et Larry Maltz, *The Porn Trap: The Essential Guide to Overcoming Problems Caused by Pornography,* New York : Harper, 2010.

Robinson, Marnia, *Cupid's Poisoned Arrow: From Habit to Harmony in Sexual Relationships,* Berkeley : North Atlantic Books, 2011.

Toates, Frederick, *How Sexual Desire Works: The Enigmatic Urge,* Cambridge : Cambridge University Press, 2014.

Table des matières

L'auteur   4

Préface à la deuxième édition   5

Introduction   9

1. À quoi avons-nous affaire ?   19

2. Quand le désir s'emballe   79

3. Reprendre le contrôle   145

Réflexions finales   195

Postface   218

Lectures complémentaires   220

www.ingramcontent.com/pod-product-compliance
Lightning Source LLC
Chambersburg PA
CBHW030318080526
44584CB00012B/608